U0890595

药品生产质量管理

YAOPIN SHENGCHAN ZHILIANG GUANLI

主　编　刘竺云　王立中

江苏大学出版社
JIANGSU UNIVERSITY PRESS
镇　江

图书在版编目(CIP)数据

药品生产质量管理/刘竺云,王立中主编.—镇江：江苏大学出版社,2018.12(2025.1 重印)
ISBN 978-7-5684-1004-5

Ⅰ.①药… Ⅱ.①刘… ②王… Ⅲ.①制药工业－工业企业管理－质量管理 Ⅳ.①F407.763

中国版本图书馆 CIP 数据核字(2018)第 295024 号

药品生产质量管理
Yaopin Shengchan Zhiliang Guanli

主　　编/刘竺云　王立中
责任编辑/李菊萍
出版发行/江苏大学出版社
地　　址/江苏省镇江市京口区学府路301号(邮编：212013)
电　　话/0511-84446464(传真)
网　　址/http：//press.ujs.edu.cn
排　　版/镇江文苑制版印刷有限责任公司
印　　刷/广东虎彩云印刷有限公司
开　　本/718 mm×1 000 mm　1/16
印　　张/16.5
字　　数/323 千字
版　　次/2018 年 12 月第 1 版
印　　次/2025 年 1 月第 5 次印刷
书　　号/ISBN 978-7-5684-1004-5
定　　价/48.00 元

如有印装质量问题请与本社营销部联系(电话：0511-84440882)

编　委　会

主　编：刘竺云　王立中

编　委：刘竺云（泰州职业技术学院）

王立中（泰州职业技术学院）

王中华（泰州职业技术学院）

马永刚（泰州职业技术学院）

陈祝银（泰州职业技术学院）

赵　静（泰州职业技术学院）

李　岩（泰州职业技术学院）

唐　伟（默克制药（江苏）有限公司）

张建中（扬子江药业集团有限公司）

潘友华（江苏中天药业有限公司）

顾种宜（江苏苏轩堂药业有限公司）

高小勇（江苏辛巴生物医药有限公司）

前言

目前，我国高职高专的教学改革如火如荼，教材编写也正处在探索发展阶段。《药品生产质量管理》是全国高职高专教育“十三五”规划教材，完全按照高等职业教育人才培养的要求编写。本书依据2010年版《药品生产质量管理规范》（GMP）的标准和实施要求，以各制药企业GMP相关技能培养为目标，强化实践环节，把药品生产质量管理规范的原则要求变成可操作的具体行为，增强学生对于药品生产质量管理的规范意识。

本教材按照GMP要求和药品生产工作过程进行划分整理，按项目—任务的框架结构共设置“GMP的认知”“卫生管理”“硬件管理”和“软件管理”四篇，14个项目，45个任务，将GMP的基本知识与实际生产经验紧密结合。

在本教材编写过程中，借鉴和参考了相关教材和辅导资料，得到了编写单位领导和教师的大力支持，在此一并表示诚挚的感谢。

由于编者水平有限，书中难免存在不妥之处，敬请广大读者批评指正。

编　者

2018年8月

目录

第一篇　GMP的认知

第二篇　卫生管理

第三篇　硬件管理

第四篇 软件管理

第一篇

GMP 的认知

项目一 GMP 概述

任务一 药品与药品批准文号

任务目标

知识目标：① 了解药品的特殊性；② 熟悉药品的不良反应；③ 掌握药品的定义和质量要求；④ 掌握药品的批准文号。

技能目标：能够正确分析药品的批准文号；能够判断药品与非药品。

素质目标：培养学生科学严谨、实事求是的态度，促进良好职业道德的养成。

任务卡

<table>
<tr><td>任务名称</td><td>药品与药品
批准文号</td><td>学号</td><td></td><td>姓名</td><td></td></tr>
<tr><td>关键点</td><td colspan="5">一、药品基本知识
二、识别药品与非药品
三、药品批准文号确认与查询</td></tr>
<tr><td colspan="2">开始时间</td><td colspan="2"></td><td>完成时间</td><td></td></tr>
<tr><td colspan="2">执行人</td><td colspan="2"></td><td>审核人</td><td></td></tr>
</table>

任务情景

1. 场地：多媒体实训室。

2. 材料：各种药品和非药品包装、说明书和标签。

3. 要求：① 正确识别各类药品和非药品；② 正确查询和识别药品批准文号。

任务准备

药品： 用于预防、治疗、诊断人的疾病，有目的地调节人的生理功能并规定有适应证或者功能主治、用法和用量的物质，包括中药材、中药饮片、中成药、化学原料药及其制剂、抗生素、生化药品、放射性药品、血清、疫苗、血液制品、诊断药品等。

药品批准文号： 药品监督管理部门对特定生产企业按法定标准、生产工艺和生产条件对某一药品的法律认可凭证，每一个生产企业的每一个品种都有一个特定的批准文号。

药品批准文号格式： 国药准字 +1 位字母 +8 位数字。

试生产药品批准文号格式：国药试字 +1 位字母 +8 位数字。

进口药品批准文号格式：1 位字母 +8 位数字。

所谓“1 位字母”，即常见的 H、Z、B、S、T、F、J，它们代表的意义依次为化学药品、中药、通过国家药品监督管理局整顿的保健药品、生物制品、体外化学诊断试剂、药用辅料、进口分包装药品。“8 位数字”中第 1、2 位为原批准文号的来源代码，其中“10”代表原卫生部批准的药品，“19”、“20”代表 2002 年 1 月 1 日以前国家药品监督管理局批准的药品，其他使用各省行政区划代码前两位代表原各省级卫生行政部门批准的药品（比如“13”为河北省、“61”为陕西省）。“8 位数字”中的第 3、4 位为换发批准文号之年公元年号的后两位数字，但来源于原卫生部和国家药品监督管理局的批准文号仍使用原文号中年号的后两位数字。“8 位数字”中的第 5 至 8 位为顺序号。

药品生产企业必须在取得药品批准文号后方可生产。药品批准文号不允许随意改变。对上市后经过再评价，证明疗效不确、不良反应或者其他原因危害人们健康的药品，药品监督管理部门有权撤销其批准文号。

生产新药或者已有国家标准的药品，须经国务院药品监督管理部门批准，并发给药品批准文号；但是，生产没有实施批准文号管理的中药材和中药饮片除外。实施批准文号管理的中药材、中药饮片品种目录由国务院药品监督管理部门会同国务院中医药管理部门制定。

任务实施

（一）药品实物展示

准备药品和非药品实物若干，现场让学生辨认。

（二）多媒体展示与判断

1. 脑白金是药品吗（图 1-1）？如何判断药品与非药品？

图 1-1　脑白金图片

答：____

____

2. 爱乐维是药品吗（图 1-2）？为什么？

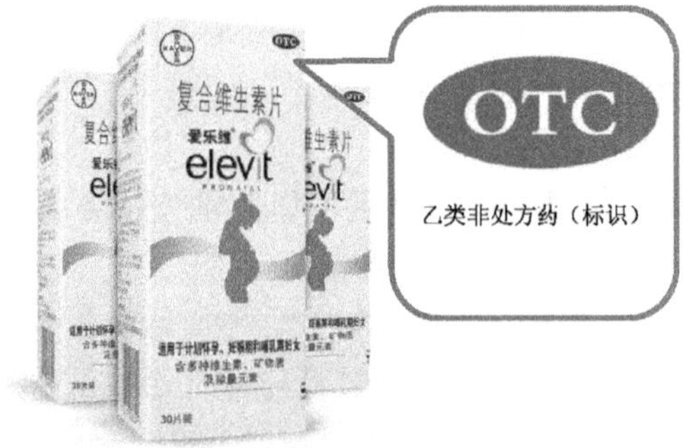

【药品名称】
通用名称：复合维生素片
商品名称：复合维生素（爱乐维）
英文名称：Vitamin Complex Tablets
【贮　　藏】 25℃以下密封贮藏
【包　　装】 30s/盒
【有 效 期】 24 月
【执行标准】 进口药品注册标准 JX20030333
【批准文号】 H20140354
【生产企业】 Bayer S. A.（阿根廷）

图 1-2　爱乐维复合维生素片

答：____

____

3. 下列哪种药是处方药？哪种药是非处方药？

图 1-3　处方药与非处方药

答：____

____

____

____

任务强化

1. 列举说明药品与非药品的不同之处。

2. 在线查询 5 种常见药品的批准文号，并与实际产品进行对比，得出报告。

3. 请列举处方药和非处方药各 3 种，指出它们的不同之处。

任务二 GMP 的起源与发展

任务目标

知识目标： 熟悉 GMP 的发展历史；掌握 GMP 的基本概念；掌握我国 GMP 的发展情况。

技能目标： 能够正确讲述 GMP 的起源与发展。

素质目标： 培养学生科学严谨、实事求是的态度，促进良好职业道德的养成。

任务卡

<table>
<tr><td>任务名称</td><td colspan="2">GMP 的
起源与发展</td><td colspan="2">学号</td><td colspan="2"></td><td>姓名</td><td></td></tr>
<tr><td>关键点</td><td colspan="8">一、GMP 的诞生
二、GMP 的发展历史</td></tr>
<tr><td colspan="2">开始时间</td><td colspan="3"></td><td colspan="2">完成时间</td><td colspan="2"></td></tr>
<tr><td colspan="2">执行人</td><td colspan="3"></td><td colspan="2">审核人</td><td colspan="2"></td></tr>
</table>

任务情景

1. 场地：多媒体实训室。

2. 材料：GMP 调研文件资料、课程教材、GMP 法规等。

3. 要求：① 正确讲述GMP的诞生；② 正确讲述GMP的发展历史。

任务准备

（一）任务术语

GMP是英文“Good Manufacturing Practices for Drugs”的缩写，直译为“良好的药品生产实践”。在我国，GMP被称为“药品生产质量管理规范”。

（二）GMP的起源与发展

1. 药害“导火索”

20世纪世界各国医药领域科学技术突飞猛进，新药的研制和应用，都具有划时代的意义，同时也因不良反应付出了惨痛的代价。

导入案例

1933年，减肥药“二硝基酚”在美国上市销售，1935—1937年，消费者服用“二硝基酚”减肥引起白内障、骨髓抑制，死亡人数多达177人。

1935年，德国生物学家格哈特·多马克发现磺胺在体内具有抑菌作用，1937年6月，美国一药师为方便小儿服用，以二甘醇代替乙醇作溶剂将磺胺配制成色、香、味俱全的口服液体制剂，称为“磺胺酏剂”，用于治疗感染性疾病，因当时的美国法律无新药临床试验规定，田纳西州的马森基尔公司顺利将该产品投入上市。同年10月，美国南部地区发现358名服用该产品的患者出现肾衰竭，死亡107人，多为儿童。这成为20世纪影响最大的药害事件之一。究其原因，是助溶剂二甘醇在体内被氧化成草酸。

1955年，治疗阿米巴痢疾的药物“氯碘喹啉”在日本上市，用于治疗肠炎，但该药严重损伤脊髓和视神经系统，导致78965人发生脊髓-视神经炎症，其中1万多人瘫痪、失明，500多人死亡。

1956年，原联邦德国格仑南苏制药厂生产了一种用于治疗和减轻孕妇妊娠反应的镇静药，商品名为“反应停”，通用名为“沙利度胺”，英文名为“Thalidomide”，上市后在28个国家销售。临床应用期间发现，此药导致胎儿畸形多达14000余例，患儿出现先天性心脏和胃肠道畸形，无肢、短肢或手直接连在躯体上，肢体畸形，肢间有蹼，类似海豹，故称“海豹肢体畸形”。此药导致约一半畸婴死亡，目前尚有数千人存活，给受害者和家庭造成极大的痛苦和伤害。该厂商也因“反应停”事件而声名狼藉，直至2012年8月，才首度向受害者道歉。目前，沙利度胺临床主要用于控制瘤型麻风反应症。

当时美国食品药品监督管理局（Food and Drug Administration，FDA）吸取

了“磺胺酏剂”事件的教训，在审查“反应停”时，因其缺乏足够的临床试验数据和相关的安全信息资料而拒绝进口。此药由美国经销商向医生分发做初步临床试验，由于此试验不受 FDA 的监管，也造成 17 例畸形婴儿出生，但受害程度远低于其他国家。

1906 年，美国国会通过了第一部《纯净食品和药品法》，由当时的美国农业部化学物质局负责执行。该法案明令禁止制售有毒有害、掺假、假冒或滥用标识的食品、酒类、药品，禁止滥加添加剂及使用或添加肮脏、腐败或腐臭物质等行为，该法案的通过对于美国药政管理具有一个里程碑式的意义。

1938 年，美国国会对《纯净食品和药品法》进行修正，通过了《联邦食品、药品和化妆品法案》。该法案规定，所有新药上市前须通过安全性审查，禁止厂商出于欺骗目的在药品标签上做出虚假医疗声明的行为。此法案显著扩大了美国食品药品监督管理局监管的权限。

1959 年，美国一位参议员组织了多次听证会，对制药厂商的某些行为表示关注，其中包括药品疗效无法确证，他试图通过新法案增加 FDA 的管理权限，但提议遭到强烈反对，“反应停”事件的引证获得了支持，并由此促成了 GMP 的诞生。

1962 年，美国 FDA 组织美国坦普尔大学（Temple University）6 名教授编写制定 GMP，经过 FDA 官员多次讨论和修改后定稿。

同年，美国国会对《联邦食品、药品和化妆品法案》做出了重大修正，赋予 FDA 更大的监管权限，对在美国上市销售的药品提出监控和质量要求：① 要求制药企业证明该上市药品是有效的；② 要求制药企业证明该上市药品是安全的；③ 要求制药企业向 FDA 报告该上市药品的不良反应；④ 要求制药企业实施药品生产质量管理规范。

1963 年，美国国会第一次颁布 GMP 法令，FDA 负责监督实施，收到实效。此后，FDA 对 GMP 进行数次修订，并在不同领域不断充实完善，使 GMP 成为美国法律体系的一个重要组成部分。

1969 年，在第 22 届世界卫生大会上，世界卫生组织（WHO）建议各成员方生产药品时采用 GMP 制度，以确保药品质量，并要求成员方加入“国际贸易药品质量签证体制”，这标志着 GMP 的理论和实践从一个国家走向世界。

GMP 获得认可和广泛采用不是偶然的，而是人类在历经多次药害事件后，用血泪和生命换来的警惕和智慧。

知识链接

“反应停”事件巾帼英雄

弗朗西斯·凯思琳·奥尔德姆·凯尔西（Frances Kathleen Oldham Kelsey），1914 年出生于加拿大，获得芝加哥大学药学和医学博士学位并留校任教。1960 年，她成为 FDA 雇员，入职仅一个月就接到“反应停”在美国的上市申请，她要求厂商提供更多的动物试验和临床试验数据等资料，以证明该药的安全性。由于厂商未能提供足够的资料，在承受各方压力的情况下，她仍坚持拒绝批准“反应停”在美国销售，美国因此逃过一劫。1962 年，她被美国政府授予“杰出联邦公民总统奖（President's Award for Distinguished Federal Civilian Service）”。

2. GMP 的发展与推广

1972 年，美国政府规定：外国厂商及在美国境内的药品生产厂商销售上市药品必须向 FDA 注册，药品生产企业生产的药品必须符合美国的 GMP。

1976 年，FDA 又对 GMP 进行了修订，并作为美国法律予以推行实施；1979 年，美国 GMP 修订本增加了包括验证在内的一些新概念与要求。目前美国实施的现行 cGMP，体现了美国药品生产质量管理的最新水平。

1973 年，日本制药工业协会提出了本国的 GMP；1974 年由日本政府颁布并指导推行，1980 年正式实施 GMP。

1975 年 11 月，世界卫生组织正式颁布 GMP；1977 年，第 28 届世界卫生大会上世界卫生组织再次向各个成员方推荐 GMP，并把 GMP 确定为世界卫生组织的法规。GMP 经过修订后，收载于“《世界卫生组织正式记录》第 226 号附件 12”中。

此后，大多数欧洲国家开始认识、起草、宣传本国的 GMP，原欧共体也颁布了欧洲的 GMP。到 1980 年，有 63 个国家颁布了 GMP。到目前为止，已经有 100 多个国家实行了 GMP。

3. 我国 GMP 发展历程

我国在制药行业推行 GMP 始于 20 世纪 80 年代初，比最早提出 GMP 的美国落后了 20 年。

1982 年，原中国医药工业公司参照美国 GMP 制定了《药品生产管理规范（试行稿）》，开始在一些制药企业试行。一些化学原料药生产企业为打开国际市场，促进化学原料药出口，接受 FDA 的 GMP 现场检查，以得到 FDA 认可，也参照引用了美国 GMP。

1984 年，我国颁布的《中华人民共和国药品管理法》（以下简称《药品管理法》）中，首次立法提出了“药品生产质量管理规范”，要求生产企业制定和执行保证药品质量的规章制度和卫生要求。

1985 年，国家医药管理局修订并颁布了《药品生产管理规范》；中国医药工业公司编写了《药品生产管理规范实施指南（1985 年版）》，并于 1985 年 12 月发布。

1988 年，根据《药品管理法》，国家原卫生部颁布了我国第一部《药品生产质量管理规范（1988 年版）》，作为正式规章执行。

1991 年，根据《药品管理法实施办法》的规定，国家医药管理局成立推行 GMP、GSP 委员会，协助国家医药管理局组织医药行业实施 GMP 和 GSP 的工作。

1992 年，原卫生部对《药品生产质量管理规范（1988 年版）》进行了修订。

1995 年 7 月，经国家技术监督局批准，成立了中国药品认证委员会，该委员会接受企业的 GMP 认证申请并开展认证工作。

1998 年，新成立的国家药品监督管理局总结了几年来实施 GMP 的情况，对 GMP 进行再次修订，于 1999 年 6 月颁布了《药品生产质量管理规范（1998 年修订）》并实施。

由于监管部门贯彻实施力度不够，一些厂家的 GMP 意识缺失，在利益驱使下将 GMP 要求置于脑后，在实施过程中出现了后果严重的药品质量事故。在全民呼唤食品药品安全的严峻形势下，在借鉴国际先进做法、认真总结经验教训的基础上，我国 GMP 迎来了一次大规模的修订。2010 年 10 月，原卫生部审议通过《药品生产质量管理规范（2010 年修订）》，于 2011 年 2 月颁布实施，后期又发布了 11 个附录。

我国的 GMP 国际化倾向更加明显，逐步向国际水平靠拢。

《药品生产质量管理规范》（2010 年修订） ［节选］

第一章 总 则

第一条 为规范药品生产质量管理，根据《中华人民共和国药品管理法》《中华人民共和国药品管理法实施条例》，制定本规范。

第二条 企业应当建立药品质量管理体系。该体系应当涵盖影响药品质量的所有因素，包括确保药品质量符合预定用途的有组织、有计划的全部活动。

第三条　本规范作为质量管理体系的一部分，是药品生产管理和质量控制的基本要求，旨在最大限度地降低药品生产过程中污染、交叉污染以及混淆、差错等风险，确保持续稳定地生产出符合预定用途和注册要求的药品。

第四条　企业应当严格执行本规范，坚持诚实守信，禁止任何虚假、欺骗行为。

任务实施

（一）搜集案例，分组讨论

学生准备相关案例视频，围绕视频现场分组讨论，上台讲解并分析原因。

（二）多媒体展示

分组上台用 PPT 展示并讲解 GMP 起源与发展的主要历史进程。

任务强化

1. 查询 GSP、GLP、GCP 的意义和范围。
2. 分析 GMP 的实施对制药企业的影响。
3. 简述药物一致性评价与 GMP 的关系。

任务三　GMP 的分类与特点

任务目标

知识目标：熟悉 GMP 的特点；掌握 GMP 的分类方式。

技能目标：能够正确区分 GMP 的分类方式；能够正确描述 GMP 的特点。

素质目标：培养学生科学严谨、实事求是的态度，促进良好职业道德的养成。

任务卡

任务名称	GMP 的分类与特点	学号		姓名	
关键点	一、GMP 的分类 二、GMP 的特点				
开始时间		完成时间			
执行人		审核人			

任务情景

1. 场地：多媒体实训室。
2. 材料：GMP 调研文件资料、课程教材、GMP 法规等。
3. 要求：① 正确讲述 GMP 的特点；② 正确进行 GMP 的分类。

任务准备

（一）GMP 的类型

1. 按适用范围分类

1）国际范围适用的 GMP　① 世界卫生组织制定的 GMP；② 欧盟制定的 GMP；③ 由药品生产检查相互承认公约制定的 PIC-GMP（PIC，Pharmaceutical Inspection Convention/Pharmaceutical Inspection Cooperation Scheme，“PIC/S”）；④ 由东南亚国家联盟制定的 ASEN-GMP。

2）国家权力机构颁布的 GMP　如中华人民共和国原卫生部、美国 FDA 制定的 GMP。

3）工业组织制定的 GMP　如美国制药工业联合会制定的 GMP，标准不低于美国政府制定的 GMP，原中国医药工业公司制定的 GMP 实施指南，甚至药厂或公司自己制定的 GMP。

2. 按性质分类

1）作为法典规定　如美国、日本和我国的 GMP。

2）建议性的规定　对药品生产和质量管理起指导性作用的组织，如联合国世界卫生组织制定的 GMP。

（二）GMP的特点

尽管各类GMP的应用不同，但预防为主和全过程的质量管理的核心理念是一致的，各类GMP有以下共同特点：① 融合机构、人员、硬件、软件，构建质量体系；② 强调岗位人员的职责和个人能力培养，特别注重关键人员的资历和经验；③ 所有事务管理程序化、过程标准化；④ 生产过程实施全面质量管理；⑤ 生产过程采取预防污染、交叉污染及混淆、差错的措施；⑥ 生产过程强调中间控制和风险控制；⑦ 强调确认和验证；⑧ 实施严格的审批、审查、审计及调查；⑨ 采取经验证的纠正预防偏差和改进变更措施；⑩ 任何有管理要求的事务均有记录并可追溯。

（三）GMP认证与检查

1）cGMP检查　美国FDA的cGMP检查，也就是我们国内所理解的FDA认证。实际上美国FDA没有GMP认证的说法，美国FDA对药品在美国上市销售执行cGMP审查，包括产品研发和生产两部分。cGMP规范在美国联邦法规的第210条及第211条中有具体的规定，企业首先应通过FDA的cGMP现场检查，含有新成分的处方药或非处方药，或者复杂的医疗器械注册，必须申请新药或新产品许可，如果FDA对产品做出肯定的评估结果，企业收到FDA局长就此产品签署的批准文书，产品就可以在美国上市销售了。我国GMP认证虽说不包括产品注册，企业只有在取得“药品生产许可证”和产品注册的批准文号之后才能申请GMP认证，这与美国不同。截至目前，FDA尚未批准过我国的药品在美国上市销售。

由上可知，美国药品上市是先进行GMP检查，再注册；而我国药品上市则是先注册，再进行GMP认证。通过FDA的GMP检查，只能证明企业生产条件已符合要求，并不代表药品可以在美国上市销售。FDA对我国药品生产企业的要求虽然严格，但并无想象中那么苛刻，国内许多药品生产企业已通过FDA的现场检查。

2）欧盟GMP认证　欧盟有20余个成员方，根据欧盟人用药品第2001/83/EC号法令，认证由欧盟GMP审计署完成，通过其认证，产品可以在欧盟成员方流通。欧盟GMP审计署对我国药品生产企业的GMP认证现场检查有特别要求：① 欧盟的GMP要求厂家参照此指导进行自查；② 所有的质量管理文件、操作规程和各种生产管理表格、标牌、标签和生产记录都应当中英文对照，能够让外国审查人员看得明白；③ 要求对全部员工开展欧盟GMP培训，了解并适应国外检查的特点。

3）PIC/S认证　PIC/S组织成立于1995年，在全球享有较高声誉，其前身为PIC组织。PIC/S内部检查人员均来自各成员方的相关专业权威人士，其颁发的证书在PIC/S组织成员方之间相互认可。

4）世界卫生组织 GMP 认证　向世界卫生组织提出申请，按世界卫生组织的要求进行 GMP 认证。

5）其他认证　如我国台湾地区 GMP 认证、东盟 ASEN-GMP 认证。东盟 ASEN-GMP 认证证书在文莱、柬埔寨、印度尼西亚、老挝、马来西亚、缅甸、菲律宾、新加坡、泰国、越南等东盟成员方通用。

任务实施

（一）搜集案例视频，分组讨论

学生准备相关案例视频，围绕视频现场分组讨论，上台讲解并分析原因。

（二）多媒体展示与讲解

学生分组上台用 PPT 展示并讲解 GMP 的分类和不同之处。

任务强化

查询国外 GMP，并翻译其中一段内容，不少于 500 字。

任务四　GMP 三要素

任务目标

知识目标：掌握 GMP 的三要素。

技能目标：能够正确讲述 GMP 的三要素。

素质目标：培养学生科学严谨、实事求是的态度，促进良好职业道德的养成。

任务卡

<table>
<tr><td>任务名称</td><td>GMP
三要素</td><td>学号</td><td></td><td>姓名</td><td></td></tr>
<tr><td>关键点</td><td colspan="5">一、GMP 的三要素
二、GMP 对三要素的要求</td></tr>
<tr><td colspan="2">开始时间</td><td colspan="2"></td><td>完成时间</td><td></td></tr>
<tr><td colspan="2">执行人</td><td colspan="2"></td><td>审核人</td><td></td></tr>
</table>

任务情景

1. 场地：多媒体实训室。

2. 材料：GMP 调研文件资料、课程教材、GMP 法规等。

3. 要求：① 正确讲述 GMP 的三要素；② 正确讲述 GMP 对三要素的要求。

任务准备

GMP 要素主要包括人员、硬件和软件三方面，构成药品生产质量体系。

1. 人员

人员是关键。药品生产企业从设立企业经营和管理模式，到确立机构与人员的职能和职责的质量管理体系，建立药品生产全过程的管理体系，制定规程和标准，以及设计、安装、调试、原料准备、工艺过程的控制与完成，都需要人员的参与，因此人员是关键要素。

2. 硬件

硬件是基础。良好的生产环境、完善先进的厂房设施、精良的设备和仪器、优质的原料是生产合格优质药品的基础。许多采用先进工艺、高新技术或新型原辅料生产的药品还须使用先进的设施设备，制药工业的发展促进了制药机械的更新换代。硬件系统是企业实力在 GMP 检查或认证时能够凸显的部分。

知识链接

高效薄膜包衣机

高效薄膜包衣机属于 GMP 要素的硬件，按包衣滚筒有无孔，分为有孔包衣机和无孔包衣机两种。有孔包衣机热交换效率高，主要用于大粒径制剂薄膜包衣；无孔包衣机热交换效率较低，常用于制剂糖衣包制、小粒径制剂薄膜包衣。高效薄膜包衣机封闭、低污染，取代了大部分的荸荠式包衣机，更符合 GMP 洁净要求。

荸荠式包衣机因自身的结构特性导致包衣不匀、辅料浪费、不密封、易产尘，而且包衣锅转速不可调节。

3. 软件

软件是保障。软件是药品生产企业机构与人员的职能与职责、工艺、标准、程序、过程控制要求和结果的记录。完善实用的管理系统是药品生产质量的保障，GMP 要求的药品生产管理系统与 ISO 国际标准化管理系统有异曲同工之处。

任务实施

（一）搜集案例视频，分组讨论

准备关于 GMP 三要素的案例视频，围绕视频现场分组讨论，上台讲解并分析原因。

（二）多媒体展示与讲解辩论

学生分组上台用 PPT 展示 GMP 三要素的重要性，围绕“硬件、软件和人员的重要性排序”开展辩论。

任务强化

1. 查询 GMP 中软件的具体范畴。
2. 查询 GMP 中硬件的共性要求。
3. 进入 GMP 教学工厂或查阅视频资料，正确区分软件和硬件。

任务五 GMP 的基本原则与实施意义

任务目标

知识目标：熟悉实施 GMP 的意义；掌握 GMP 的基本原则。

技能目标：能够正确讲述 GMP 的基本原则与实施意义。

素质目标：培养学生科学严谨、实事求是的态度，促进良好职业道德的养成。

任务卡

任务名称	GMP 的基本原则与实施意义	学号		姓名	
关键点	一、GMP 的基本原则 二、GMP 的实施意义				
开始时间			完成时间		
执行人			审核人		

任务情景

1. 场地：多媒体实训室。
2. 材料：GMP 调研文件资料、课程教材、GMP 法规等。
3. 要求：① 正确讲述 GMP 的基本原则；② 正确讲述 GMP 实施的意义。

任务准备

（一）GMP 的基本原则

药品生产企业为规范药品生产行为，正确贯彻实施 GMP，应恪守“守诺、守时、有序、自律、不苟”的精神，并遵循下列原则：

（1）明确机构、岗位人员的工作职责并加强培训，强调关键人员，特别是受权人职责；

（2）严格按照程序化、标准化要求处理所有事务，并实施全面质量管理；

（3）厂房、设施和设备的设计、安装，应注重工艺要求、质量要求和安全要求；

（4）对厂区环境、厂房、设施和设备进行适当的维护，保证它们处于完好的状态；

（5）严格控制原辅料及包装材料质量；

（6）做好清洁和清场工作，防止产品污染；

（7）开展确认和验证工作，确保有文件证明硬件系统、软件系统和过程的有效性、正确性及可靠性；

（8）根据管理要求和验证结果制定和修订详细的规程，提供准确的行为指导；

（9）严格遵守批准的书面规程，防止污染、交叉污染、混淆和差错；

（10）及时、准确地记录并归档，以保证可追溯性；

（11）实施严格的审批、审查、审计及调查；

（12）采取经验证的纠正预防偏差和改进变更措施；

（13）注重风险管理，降低质量风险；

（14）加强委托生产和委托检验管理；

（15）定期进行有计划的自检。

（二）实施 GMP 的意义

1）有利于企业提高质量管理水平　药品生产企业实施 GMP，就是完善企业质量体系，进行前瞻性的以预防为主的风险管理，确保生产出合格的药品，对提高整体质量管理水平有积极的作用。

2）有利于标准化管理　药品生产企业推行 GMP，全过程运用标准化模式管理，有利于生产过程遵循统一的规范标准。

3）有利于药品生产质量管理与国际规范接轨　GMP 基本框架与内容采用欧盟 GMP 文本，与美国 cGMP 相近，因此 GMP 的实施，对我国制药企业的质量管理体系与产品质量为国际所认可起着非常重要的作用。

4）有利于提高产品的竞争能力　药品质量依赖于企业的技术能力和管理水平，实施 GMP 并能通过认证，就是企业信誉和产品质量的一个佐证，是企业形象的重要标志。

5）有利于保护消费者的利益　推行 GMP 是医药企业保障人民用药安全的体现，企业肩负着重大的社会责任。

任务实施

（一）搜集案例视频，分组讨论

学生准备关于 GMP 实施意义的案例视频，围绕视频现场分组讨论，上台讲解并分析原因。

（二）多媒体展示与讲解

学生分组上台用 PPT 展示并讲解 GMP 的原则与实施意义之间的关系。

任务强化

查询 GMP 与 TQM、ISO9000 之间的异同。

项目二 人员职责与要求

任务一 机构设置

任务目标

知识目标：了解生产企业 GMP 设置的必要性；掌握设置组织机构的原则。

技能目标：能够根据 GMP 组织机构原则进行正确判断。

素质目标：培养学生科学严谨、实事求是的态度，促进良好职业道德的养成。

任务卡

<table>
<tr><td>任务名称</td><td>机构设置</td><td>学号</td><td></td><td>姓名</td><td></td></tr>
<tr><td>关键点</td><td colspan="5">一、GMP 的组织机构
二、GMP 组织机构的设置原则</td></tr>
<tr><td colspan="2">开始时间</td><td></td><td colspan="2">完成时间</td><td></td></tr>
<tr><td colspan="2">执行人</td><td></td><td colspan="2">审核人</td><td></td></tr>
</table>

任务情景

1. 场地：多媒体实训室。

2. 材料：GMP 各类文件资料、课程教材、GMP 法规等。

3. 要求：① 能正确识别 GMP 的组织机构；② 能识读 GMP 组织机构的设置原则。

任务准备

（一）机构组成

企业建立完善的组织机构是实施 GMP 的基础，所有部门及负责人都应有书面明确职责，并赋予其履行职责的权利。

（二）机构及负责人职责

药品生产企业管理模式是药品质量的影响因素，药品生产企业的组织机构因经营与管理方式不同而各具特色。

1）人力资源部 人力资源部的主要职责如下：

（1）管理并监督定岗、定编方案的实施；

（2）负责员工的招收、聘用、考核、调动、解聘管理；

（3）制定并实施员工薪酬、社保参保方案；

（4）按绩效考核规程，代表公司实施奖惩；

（5）负责公司的培训、考核管理工作；

（6）负责员工的体检及健康档案管理；

（7）建立并管理员工档案。

2）生产部 生产部的主要职责如下：

（1）负责生产、技术、产品开发、安全等管理工作；

（2）组织编制年、季、月生产计划，负责生产调度、统计及实施工作；

（3）对产品主要物料实施定额管理，制定消耗定额；

（4）下达生产指令和包装指令，审批相关的物料发放手续；

（5）按 GMP 要求对各类文件进行检查、监督；

（6）协同质量管理部门制定和修订物料、中间产品、成品质量标准和内控标准；

（7）负责编制、审定工艺规程及批记录并实施管理；

（8）负责组织生产管理文件的制订、修订、审定、颁发、收回、检查等管理工作；

（9）负责建立产品技术档案；

（10）负责工艺验证和执行工艺规程的监督检查；

（11）组织产品技术攻关，解决生产中出现的问题。

3）工程部 工程部的主要职责如下：

（1）负责组织编制设备操作规程、设备确认和系统验证方案，并组织实施；

（2）负责企业的公用工程、“水、电、气”的供应和管理工作；

（3）负责全厂设备、固定资产的管理工作；

（4）实施三级保养，指导部门人员实施日常保养；

（5）负责重大设备事故的调查分析，填写设备事故报告，提出处理意见；

（6）按 GMP 要求做好计量器具检定、校准、维护等工作；

（7）负责“三废”处理、环境保护的管理工作。

4）物流部　物流部的主要职责如下：
（1）确保本部门所采购的物料符合国家相关标准和内控标准；
（2）组织编制并审定采购、储运管理文件；
（3）编制、审核物料采购计划，保障生产需求；
（4）协同质量管理部门审核供应商的资质；
（5）负责储运物料、成品的验收、养护，物料发放，成品发运；
（6）协助不合格物料、成品退货处理工作；
（7）负责对报废物料、销毁产品的管理工作。
5）销售部　销售部的主要职责如下：
（1）编制审定产品销售管理文件；
（2）协同质量管理部门审核销售客商资质；
（3）负责客商及其产品销售日常工作；
（4）负责客户质量追踪调查工作，收集产品售后质量信息；
（5）负责市场调查和预测，为新产品开发提供市场供求信息；
（6）负责产品退货处理，参与药品的质量投诉、召回处理。

《药品生产质量管理规范》（2010年修订）　　[节选]

第三章　机构与人员

第一节　原　则

第十六条　企业应当建立与药品生产相适应的管理机构，并有组织机构图。

企业应当设立独立的质量管理部门，履行质量保证和质量控制的职责。质量管理部门可以分别设立质量保证部门和质量控制部门。

第十七条　质量管理部门应当参与所有与质量有关的活动，负责审核所有与本规范有关的文件。质量管理部门人员不得将职责委托给其他部门的人员。

第十八条　企业应当配备足够数量并具有适当资质（含学历、培训和实践经验）的管理和操作人员，应当明确规定每个部门和每个岗位的职责。岗位职责不得遗漏，交叉的职责应当有明确规定。每个人所承担的职责不应当过多。

所有人员应当明确并理解自己的职责，熟悉与其职责相关的要求，并接受必要的培训，包括上岗前培训和继续培训。

第十九条　职责通常不得委托给他人。确需委托的，其职责可委托给具有相当资质的指定人员。

第二节　关键人员

第二十条　关键人员应当为企业的全职人员，至少应当包括企业负责人、生产管理负责人、质量管理负责人和质量受权人。

质量管理负责人和生产管理负责人不得互相兼任。质量管理负责人和质量受权人可以兼任。应当制定操作规程确保质量受权人独立履行职责，不受企业负责人和其他人员的干扰。

第二十一条　企业负责人

企业负责人是药品质量的主要责任人，全面负责企业日常管理。为确保企业实现质量目标并按照本规范要求生产药品，企业负责人应当负责提供必要的资源，合理计划、组织和协调，保证质量管理部门独立履行其职责。

第二十二条　生产管理负责人

（一）资质：

生产管理负责人应当至少具有药学或相关专业本科学历（或中级专业技术职称或执业药师资格），具有至少三年从事药品生产和质量管理的实践经验，其中至少有一年的药品生产管理经验，接受过与所生产产品相关的专业知识培训。

（二）主要职责：

1. 确保药品按照批准的工艺规程生产、贮存，以保证药品质量；

2. 确保严格执行与生产操作相关的各种操作规程；

3. 确保批生产记录和批包装记录经过指定人员审核并送交质量管理部门；

4. 确保厂房和设备的维护保养，以保持其良好的运行状态；

5. 确保完成各种必要的验证工作；

6. 确保生产相关人员经过必要的上岗前培训和继续培训，并根据实际需要调整培训内容。

第二十三条　质量管理负责人

（一）资质：

质量管理负责人应当至少具有药学或相关专业本科学历（或中级专业技术职称或执业药师资格），具有至少五年从事药品生产和质量管理的实践经验，其中至少一年的药品质量管理经验，接受过与所生产产品相关的专业知识培训。

（二）主要职责：

1. 确保原辅料、包装材料、中间产品、待包装产品和成品符合经注册批准的要求和质量标准；

2. 确保在产品放行前完成对批记录的审核；

3. 确保完成所有必要的检验；

4. 批准质量标准、取样方法、检验方法和其他质量管理的操作规程；

5. 审核和批准所有与质量有关的变更；

6. 确保所有重大偏差和检验结果超标已经过调查并得到及时处理；

7. 批准并监督委托检验；

8. 监督厂房和设备的维护，以保持其良好的运行状态；

9. 确保完成各种必要的确认或验证工作，审核和批准确认或验证方案和报告；

10. 确保完成自检；

11. 评估和批准物料供应商；

12. 确保所有与产品质量有关的投诉已经过调查，并得到及时、正确的处理；

13. 确保完成产品的持续稳定性考察计划，提供稳定性考察的数据；

14. 确保完成产品质量回顾分析；

15. 确保质量控制和质量保证人员都已经过必要的上岗前培训和继续培训，并根据实际需要调整培训内容。

第二十四条　生产管理负责人和质量管理负责人通常有下列共同的职责：

（一）审核和批准产品的工艺规程、操作规程等文件；

（二）监督厂区卫生状况；

（三）确保关键设备经过确认；

（四）确保完成生产工艺验证；

（五）确保企业所有相关人员都已经过必要的上岗前培训和继续培训，并根据实际需要调整培训内容；

（六）批准并监督委托生产；

（七）确定和监控物料和产品的贮存条件；

（八）保存记录；

（九）监督本规范执行状况；

（十）监控影响产品质量的因素。

第二十五条　质量受权人

（一）资质：

质量受权人应当至少具有药学或相关专业本科学历（或中级专业技术职称或执业药师资格），具有至少五年从事药品生产和质量管理的实践经验，从事过药品生产过程控制和质量检验工作。

质量受权人应当具有必要的专业理论知识，并经过与产品放行有关的培训，方能独立履行其职责。

（二）主要职责：

1. 参与企业质量体系建立、内部自检、外部质量审计、验证及药品不良反应报告、产品召回等质量管理活动；

2. 承担产品放行的职责，确保每批已放行产品的生产、检验均符合相关法规、药品注册要求和质量标准；

3. 在产品放行前，质量受权人必须按照上述第 2 项的要求出具产品放行审核记录，并纳入批记录。

第三节　培　训

第二十六条　企业应当指定部门或专人负责培训管理工作，应当有经生产管理负责人或质量管理负责人审核或批准的培训方案或计划，培训记录应当予以保存。

第二十七条　与药品生产、质量有关的所有人员都应当经过培训，培训的内容应当与岗位的要求相适应。除进行本规范理论和实践的培训外，还应当有相关法规、相应岗位的职责、技能的培训，并定期评估培训的实际效果。

第二十八条　高风险操作区（如：高活性、高毒性、传染性、高致敏性物料的生产区）的工作人员应当接受专门的培训。

任务实施

图 2-1 所示是某制药公司的质量机构示意图，请判断该机构设置是否有误。如果有误，请说明如何修改。

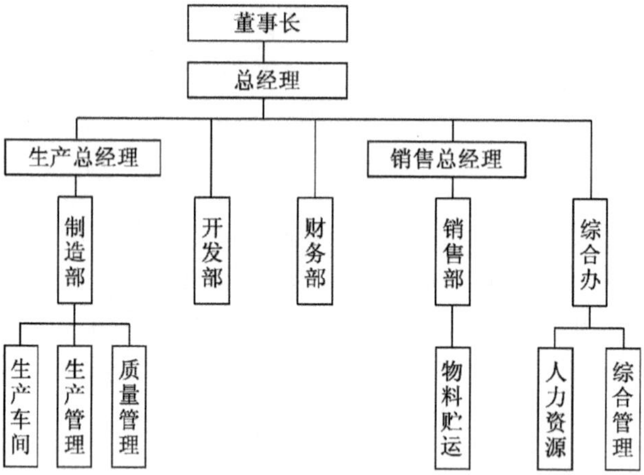

图 2-1　某制药公司的质量机构示意图

任务强化

人员机构设置的原则有哪些？

任务二　关键人员

任务目标

知识目标：了解人员培训内容、体系、方法、评估方式；掌握关键人员的范围；掌握关键人员培训的内容。

技能目标：能根据具体的岗位，描述相应关键人员的职责。

素质目标：培养学生对各岗位的熟悉，能明确知道不同的阶段有不同的要求，有重点地进行相关内容的学习。

任务卡

任务名称	关键人员	学号		姓名	
关键点	一、关键人员的职责与要求 二、关键人员的主要培训内容				
开始时间			完成时间		
执行人			审核人		

任务情景

1. 场地：多媒体实训室。

2. 材料：GMP 各类文件资料、课程教材、GMP 法规等。

3. 要求：① 能正确识读关键人员的职责与要求；② 了解关键人员的主要培训内容。

任务准备

导入案例

2006 年 4 月 19 日，广州市中山大学附属第三医院开始使用广东省医疗机构药品集中招标中心遴选的唯一中标产品齐齐哈尔第二制药有限公司（以下简称齐二药）生产的“亮菌甲素注射液”。同年 4 月 24 日，共有 65 名患者出现急性肾衰竭的无尿症状，经追溯排查确定是使用齐二药生产的“亮菌甲素注射液”所致，事件造成 13 人死亡，该医院因此陷入法律纠纷。

经查，齐二药采购人违规购入非药用“二甘醇”假冒药用辅料“丙二醇”，而化验室负责人及检验人员未进行红外光谱（IR）检测并比对“丙二醇”IR 标准谱图，遂签发合格证，致使假辅料投入生产。

齐二药 2002 年通过了 GMP 认证，企业主要负责人供认“GMP 认证是买来的”。企业质管部门化验室负责人为初中学历，1996—2006 年 1 月任化验室负责人。其中两名化验员学历均为初中，他们坦诚很少参加培训。

讨论：药品生产企业的关键人员须具备什么条件？

人员管理是药品生产企业管理的关键。人员管理包括岗位定员管理、职责管理、档案管理和培训管理。

（一）岗位定员管理及职责管理

按 GMP 的要求，企业应配备足够数量的与所生产药品相适应的具有专业知识、生产和质量管理经验及组织能力的管理人员和技术人员。对必须有资格证书要求的专业技术人员，企业应进行审查，符合要求的方可从事该专业工作。

GMP 明确规定了关键人员至少应当包括企业负责人、生产负责人、质量管理负责人和质量受权人。

关键人员在药品生产中承担重要的管理责任，应为企业的全职人员，不可为兼职人员，对其专业、学历、资格、知识和经验等都有一定的要求，因此企业聘用前应制定人员聘用标准、考核方法等，聘用时要对人员进行全面的考核。

关键人员的管理主要包括以下四个方面。

1. 企业负责人

企业负责人是药品质量的主要责任人，全面负责企业日常管理。为确保企业实现质量目标并按照GMP规范要求生产药品，企业负责人应当负责提供必要的资源，合理计划、组织和协调，确保质量管理部门独立履行其职责。

2. 生产管理负责人

1）资质　详见GMP第二十二条款内容。

2）主要职责　详见GMP第二十二条款内容。

生产管理负责人不可兼任质量管理负责人。

3. 质量管理负责人

1）资质　详见GMP第二十三条款内容。

2）主要职责　详见GMP第二十三条款内容。

质量管理负责人可与质量受权人互兼，但不可兼任生产管理负责人，生产管理负责人和质量管理负责人应按GMP规定履行共同的职责。

4. 质量受权人

1）资质　详见GMP第二十五条款内容。

2）主要职责　详见GMP第二十五条款内容。

由企业人力资源管理部门和企业负责人按GMP要求确定部门职责的初稿，再经确定设立的部门负责人修改补充。

“齐二药”事件表明，人员是实施GMP的要素之一。药品质量取决于生产全过程中全体人员的工作质量。因此，必须有足够的符合要求的人员来承担职责，各岗位人员应清楚地了解自身的职责、作业的程序和要求，并有文件记录。

（二）档案管理

人员入职即建立档案，人员档案包括以下几方面：

1）人员档案　包括人事档案、健康档案、培训档案等。

2）人事档案　包括履历表、各种证书复印件、各项人事考核记录、合同等。

3）健康档案　包括人员健康档案表、人员体检表等。

4）培训档案　包括个人培训记录、考试卷、上岗证等。

（三）培训管理

各级人员都需按GMP要求进行培训和考核，其中包括企业负责人、部门负责人、技术人员、管理人员、生产人员、辅助人员等。

培训管理的内容包括培训计划、培训方案、培训对象与内容、培训方式、培训实施、考核和培训档案。

1. 培训的意义

在 GMP 各要素中，人员是关键，通过培训，可提高企业的管理水平和员工的综合能力，提高企业的竞争力，使企业获得更大的发展和成功。

2. 培训管理的内容

药品生产企业应建立完善的培训体系，通过建立机构和制定相关规程对培训进行管理。各级人员都需按 GMP 要求进行培训和考核。

1）培训计划　企业应制订培训规划和年度的培训计划，其内容包括培训日期、培训内容和对象、人数、授课人、学时安排、考核形式、负责部门等。培训规划由企业质量管理部门确定实施，年度计划必须由企业主管负责人审批，发至有关部门实施。

2）培训方案　企业应根据培训规划和培训项目，制订培训方案。培训方案应按培训对象的不同分别制订，其内容包括培训日期、培训名称、培训内容、学时安排、培训人数、授课人、考核形式及负责部门等。培训方案必须由企业生产管理负责人或质量管理负责人审批。

3）培训对象与内容　对于药品生产企业各岗位人员，主要包括 GMP、药品管理法律法规、岗位操作技能方面的培训。

4）培训方式　可采用选派外出培训和内部培训方式。企业可选派有关人员参加政府、高校等主办的各类培训班、进修班和研讨班，使他们成为企业骨干。企业内部培训可采用多种形式，针对本企业实施 GMP 的现状、管理要求、专业技术及新工艺、新设备和新材料等，对员工实施培训。

5）培训师资　企业应培养适合本企业生产和管理特性的培训师资人员。培训师资人员可由生产技术骨干和质量管理技术骨干担任，也可外聘有关专家。

6）培训结果评价与考核　企业各岗位人员培训后须进行考核。考核形式可采用笔试、实践操作和工作绩效考核等方式。

7）培训档案　培训档案包括年度培训档案和个人培训档案。年度培训档案包括培训计划、培训签到表、培训记录表、培训教材、培训成绩汇总表等，培训完成结束后，应及时归档。

任务实施

（一）学生分组，组建虚拟“××制药公司”，完成资料和文档的建立

1. 建立员工花名册

按编号、岗位、姓名、性别、出生年月、学历、毕业院校、专业、从业年限、职称、入职时间、备注等建立员工花名册。员工花名册可再细分为管理人员列表、质量管理人员列表、技术人员列表。

2. 建立人事档案

建立员工人事档案，应包括：

① 个人简历（包括毕业院校、专业和工作经验、从业年限）、毕业证、职称证。

② 关键岗位资格证，如化验员、锅炉工、电工、计量员、中药购销员都需具备相应资格证。

③ 中干及以上的任免文件，总经理授权副总主管质量的授权委托书。

主管质量的企业负责人、质量部门负责人、质量受权人、生产部门负责人要求有相关专业本科以上文化程度和一定的工作经验，其他重要岗位包括质量管理主管、车间主任等。

3. 建立健康档案

建立员工健康档案，应包括：

① 员工健康卡、历年县级以上单位健康体检证明（体检表、健康证等）。

② 体检结果异常处理情况证明、复岗体检合格证明。

注意：应建立整个生产质量系统（包括生产、库房、采购、动力、机修、行政后勤）人员的健康档案，清洁工、临时工、机修工、厨师等不可遗漏。生产质量系统人员每年至少体检一次，其他人员建议两年体检一次。

（二）完成人员资质要求表

表 2-1 所示为 × × 制药业公司的人员资质要求，请根据岗位从下面 A－F 选项中选择对应内容完成岗位要求描述。

表 2-1　人员资质要求

岗位	学历基本要求	经历基本要求
生产部门负责人		
质量部门负责人		
药品生产操作 及质量检验人员		

A. 具有药学相关专业本科学历（或中级专业技术职称或执业药师资格）

B. 具有相关专业中专或高中以上学历

C. 具有药学相关专业本科学历（或中级专业技术职称或执业药师资格）

D. 具有至少五年从事药品生产和质量管理的实践经验，其中至少有一年的药品质量管理经验，接受过与所生产产品相关的专业知识培训

E. 经过与所从事的检验操作相关的实践培训且通过考核

F. 具有至少三年从事药品生产和质量管理的实践经验，其中至少有一年的药品生产管理经验，接受过与所生产产品相关的专业知识培训

任务强化

药品生产管理部门负责人可以兼任质量管理部门的负责人吗?

任务三　人员卫生

任务目标

知识目标：熟悉人员健康与保障的内容；掌握人员作业的卫生管理要求。
技能目标：能够根据 GMP 判断人员卫生是否符合要求。
素质目标：培养学生在 GMP 环境下强化人员卫生符合要求的意识。

任务卡

<table>
<tr><td>任务名称</td><td>人员卫生</td><td>学号</td><td></td><td>姓名</td><td></td></tr>
<tr><td>关键点</td><td colspan="5">一、人员的健康与保障
二、人员作业的卫生管理</td></tr>
<tr><td colspan="2">开始时间</td><td></td><td>完成时间</td><td colspan="2"></td></tr>
<tr><td colspan="2">执行人</td><td></td><td>审核人</td><td colspan="2"></td></tr>
</table>

任务情景

1. 场地：多媒体实训室。
2. 材料：GMP 各类文件资料、课程教材、GMP 法规等。
3. 要求：① 能正确讲述人员健康与保障的要求；② 能正确讲述人员作业的卫生管理要求。

任务准备

导入案例

某药品生产企业招聘生产人员，直接接触药品的新进员工健康检查时，被要求检验“乙肝”项目，即俗称的“两对半”。

讨论：直接接触药品的人员进行健康检查时检验“乙肝”项目是否合法?

人员卫生是指人员身体健康及着装洁净，在生产等过程中不造成具有化学或微生物特性的杂质或异物的不利影响。

（一）人员的健康与保障

企业应当建立人员作业卫生规程，最大限度地降低人员卫生对药品生产造成污染的风险，所有人员都应当接受卫生要求的培训。人员卫生规程应当包括人员健康、卫生习惯及洁净区人员着装相关的内容。

企业应按GMP要求对相关人员进行健康检查，并对人员健康进行管理，建立健康档案。因体表有伤口、患有传染病或其他可能污染药品的疾病的相关人员应调离直接接触药品岗位，在身体恢复健康后持医疗机构有效康复诊断证明方能重新上岗。操作人员应保持良好的生活卫生习惯，勤洗澡、勤理发、勤剃须、勤剪指甲。

《关于直接接触药品工作人员体检有关问题的复函（食药监办安函〔2012〕140号)》已明确：根据人力资源和社会保障部发布的人社部发〔2010〕12号文件的规定，乙肝表面抗原携带者与患有传染病属不同范围，为保护乙肝表面抗原携带者入学和就业权利，对转氨酶正常的受检者，任何体检组织者不得强制要求进行乙肝项目检测。

（二）人员作业的卫生管理

进入洁净区人员应严格遵守更衣程序。参观人员和未经培训的人员不得进入生产区和质量控制区，特殊情况确需进入的，应当事先对个人卫生、更衣等事项进行指导。任何进入生产区的人员均应按照规定更衣。洁净防护服专人专用，不得穿离洁净区。

进入洁净生产区的人员不得化妆和佩戴饰物。生产区、仓储区应当禁止吸烟和饮食，禁止存放食品、饮料、香烟、个人用药品等非生产用物品。

进入洁净区，消毒后不得再做与生产无关的动作，不得再接触非生产用品。操作人员应当避免裸手直接接触药品、与药品直接接触的包装材料和设备表面，手套接触其他物件应在1分钟内用75%乙醇喷雾消毒。

任务实施

（一）制订人员卫生检查方案

学生分组，按照GMP要求制订人员卫生检查方案。

（二）分组讨论

学生分组讨论结果，进行初步总结并汇报。

（三）教师总结

学生互评，教师点评结果。

任务强化

1. 简述人员的健康与保障要求。
2. 简述人员作业的卫生管理要求。

第二篇

卫生管理

项目三 人员卫生管理

任务一 人员净化

任务目标

知识目标：了解人员净化的必要性；掌握人员净化的顺序和关键点。

技能目标：会使用人员净化设施；会正确穿戴不同洁净区的工作服；能正确进出不同级别的洁净区。

素质目标：培养学生自觉洗手、正确穿戴洁净服的GMP生产意识。

任务卡

<table>
<tr><td>任务名称</td><td>人员净化</td><td>学号</td><td></td><td>姓名</td><td></td></tr>
<tr><td>关键点</td><td colspan="5">一、按序进行人员净化
二、洁净服更换
三、洗手的方法</td></tr>
<tr><td>开始时间</td><td colspan="2"></td><td>完成时间</td><td colspan="2"></td></tr>
<tr><td>执行人</td><td colspan="2"></td><td>审核人</td><td colspan="2"></td></tr>
</table>

任务情景

1. 场地：实训中心的一更、二更、缓冲间等。
2. 材料：人员净化服、洁净手套、洗手液、75%乙醇等。
3. 要求：① 正确洗手；② 正确穿戴洁净服。

任务准备

卫生工作对实施GMP有特殊作用，是确保药品质量的一个重要方面。卫生工作涉及药品生产的环境、人员、厂房、设备、物料、容器、清洁剂、消毒剂、洁具、工艺过程等各个方面。卫生工作是防止和消除药品在生产过程中遭受污染的重要措施，在药品生产的全过程中加强卫生工作可有效减少药品污染，保证药品的质量。

因此，药品生产企业的每一位员工均应知晓卫生管理制度和要求，知晓生产过程的洁净要求对药品生产企业的重要意义，培养良好的卫生习惯，掌握洁净生产操作方法。

一、卫生的含义

（一）卫生的概念

世界卫生组织将“卫生”定义为“身体、精神与社会适应上处于完全良好的状态”，这实际上是指身体、生理、心理上的健康观念。GMP 中的“卫生”有洁净、纯净之意，是指在药品生产、取样、包装或重新包装、储存、运输过程中，没有化学或微生物性质的杂质或外来物质进入或沾染原料、半成品（中间体）或成品。“卫生”在 GMP 中指环境卫生、工艺卫生和人员卫生。

1. 环境卫生

药品生产环境有内环境和外环境两个重要区域。药品生产企业的环境卫生主要指与药品生产相关的空气、水源、地面等方面的卫生。

2. 工艺卫生

工艺卫生包括原辅料、设备容器、工艺技术和工艺流程、生产介质等的卫生。

3. 人员卫生

人员卫生主要表现在以下两个方面：一方面是人员身体状况的卫生；另一方面是个人的卫生习惯。

（二）与卫生相关的概念

消毒与灭菌在药品生产过程中极为重要，是药品生产过程中保证卫生和去除微生物污染的重要操作，也是保证药品质量的重要措施之一。

1. 消毒

消毒是利用某种方法杀死所有病原微生物的一种措施，可以起到防止污染或传播的作用。具有消毒作用的化学物质称为消毒剂，一般消毒剂在常用浓度下只能杀死微生物的营养体（繁殖体），对芽孢则无杀灭作用，但提高消毒剂浓度或延长作用的时间，也可能对芽孢有效。也就是说，只有在适当条件下采用有效浓度，在特定的时间内才能产生效果。

2. 灭菌

灭菌是指利用某种方法杀死包括芽孢在内的所有微生物的一种措施。灭菌后的物体不再有可存活微生物。灭菌要求比消毒高，不仅杀灭细菌芽孢在内的病原微生物，而且也杀灭非病原微生物。灭菌是杀灭物体上所有微生物的方法，以达到无菌状态。常用的灭菌方法有湿热灭菌法、干热灭菌法、环氧乙烷等气体灭菌法、辐射灭菌法（包括引起电离的 X 射线、^{60}Co γ 射线及非电离辐射的紫外线、红外线、微波等电磁波辐射）和过滤灭菌法。

3. 抑菌

抑菌是指抑制微生物生长繁殖，即抑制待处理体系中微生物的活性，使其繁殖能力降低或繁殖停滞。

4. 无菌

不含存活微生物的状态。实际上，绝对不存在微生物的说法是无法证明的。

课堂讨论

降低温度（冰箱）可以使大多数细菌生长繁殖变慢，有一定的抑菌作用。生活中，为了避免食物腐败，人们常常会将食物放入冰箱（柜）中保鲜。请结合抑菌、灭菌等概念讨论食物是否可以在冰箱中无限期冷冻储存。

二、污染

污染是指药品中存在不需要的物质或某些物质的含量超过了规定限度。常见的污染形式有五种，即尘粒污染、微生物污染、遗留物污染、异物污染和交叉污染。如果不对这些污染提前防范并及时清除，就会给药品质量带来巨大隐患。

1. 尘粒污染

所谓尘粒污染是指药品因混入不属于它的尘粒、污物、棉绒、纤维、头发等而变得不纯净。

2. 微生物污染

微生物污染是指由微生物及其代谢物所引起的污染。

3. 遗留物污染

遗留物污染是指在药品生产过程中，前次生产遗留的、具有化学或微生物性质的杂质、外来物质进入或沾染原料、半成品（中间体）或成品。遗留物污染实际上是残留物污染。在药品生产过程中会产生尘粒和蒸气飘浮在空气中，这类污染物可通过空气净化系统去除。而黏附或残留于设备内部、管道中的物料或产品很容易被忽视而造成污染。以往遗留物污染被纳入尘粒污染管理，近年来发生多次清场不彻底造成遗留物污染的事件，因此有必要将其单独分类。

4. 异物污染

异物污染主要是指在药品生产过程中，生产设备使用的介质泄漏、倒灌进入或沾染原料、半成品（中间体）、成品，或者设备及密封材料、容器与药物直接接触的部位发生化学反应、吸附渗透、氧化剥离等，形成新的异物进入造成的污染。如润滑剂、加热介质、冷却剂等发生泄漏，水力喷射器真空泵因突然停机造成的循环水倒灌造成的污染。异物污染是非原辅料或产品导致的污染。

5. 交叉污染

交叉污染主要是指在洁净厂房内，在两种以上药品同时生产的过程中，生产、取样、包装、储存或运输时，彼此的组分进入或沾染对方原料、半成品（中间体）、成品造成的污染。

三、我国 GMP 对卫生管理的基本要求

由于卫生工作在 GMP 实施过程中的重要地位，许多国家的 GMP 对卫生工作做了具体严格的规定。在我国新版 GMP 中，取消了原旧版中对卫生的具体要求，而是将整体的卫生要求融入各项管理中。

《药品生产质量与管理规范》（2010 年修订） ［节选］

第三章　机构与人员

第四节　人员卫生

第二十九条　所有人员都应当接受卫生要求的培训，企业应当建立人员卫生操作规程，最大限度地降低人员对药品生产造成污染的风险。

第三十条　人员卫生操作规程应当包括与健康、卫生习惯及人员着装相关的内容。生产区和质量控制区的人员应当正确理解相关的人员卫生操作规程。企业应当采取措施确保人员卫生操作规程的执行。

第三十一条　企业应当对人员健康进行管理，并建立健康档案。直接接触药品的生产人员上岗前应当接受健康检查，以后每年至少进行一次健康检查。

第三十二条　企业应当采取适当措施，避免体表有伤口、患有传染病或其他可能污染药品疾病的人员从事直接接触药品的生产。

第三十三条　参观人员和未经培训的人员不得进入生产区和质量控制区，特殊情况确需进入的，应当事先对个人卫生、更衣等事项进行指导。

第三十四条　任何进入生产区的人员均应当按照规定更衣。工作服的选材、式样及穿戴方式应当与所从事的工作和空气洁净度级别要求相适应。

第三十五条　进入洁净生产区的人员不得化妆和佩戴饰物。

第三十六条　生产区、仓储区应当禁止吸烟和饮食，禁止存放食品、饮料、香烟和个人用药品等非生产用物品。

第三十七条　操作人员应当避免裸手直接接触药品、与药品直接接触的包装材料和设备表面。

任务适用岗位与主要设备

（一）任务适用岗位

本任务操作适用于需要设置洁净区的所有原料药、药物制剂生产、分析等岗位。

1. 原料药生产工

1）工种定义　原料药生产工是指通过化学、物理等方法制备出具有一定纯度要求的化学原料药的操作人员。

2）适用范围　原料药的提纯、精制、灌装等岗位。

2. 药物制剂工

1）工种定义　药物制剂工是指从事药物制剂生产全过程的各工作岗位的所有操作人员。

2）适用范围　需要一定洁净级别的岗位，如片剂制粒、压片，口服液灌注，注射剂洗瓶、灌封等岗位。

（二）人员净化主要设备

人员净化常用的设备有隔离凳、更衣柜、洗手池、烘手机、洁净服（帽、口罩）、消毒装置及门禁系统等。

图 3-1　隔离凳

1）隔离凳（图 3-1）　用于隔离一般区与洁净区，方便人员进出时换鞋，也称换鞋凳。其一般采用 316 L 型不锈钢材质，美观，大方，实用，耐用，适用于洁净室等一般净化区域外。

2）更衣柜（图 3-2）　用于一般区或洁净区内摆放更换工作服。其一般采用 316 L 型不锈钢材质，美观，大方，实用，耐用，适用于一般区、洁净室等区域。

3）洗手池（图 3-3）　人员进出不同洁净级别区域时洗手的装置。进入一般区的水池常采用饮用水作为水源，而进入洁净区的水池一般采用纯化水作为水源。洗手池采用 316 L 型不锈钢材料，具备不易积水、耐腐蚀、美观等特点。

4）烘手机（图 3-4）　为了加快洗手后水分快速干燥，采用洁净热风干燥的装置。GMP 环境下的烘手机要求不能有易脱落纤维、粉尘等，且具备耐腐蚀、耐生锈等特点。

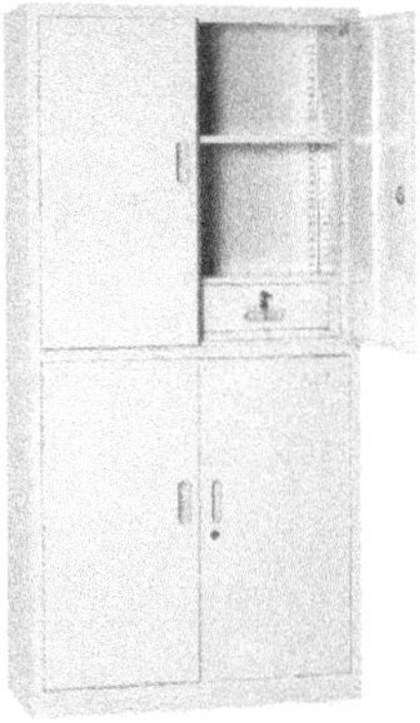

图 3-2　更衣柜

图 3-3　洗手池

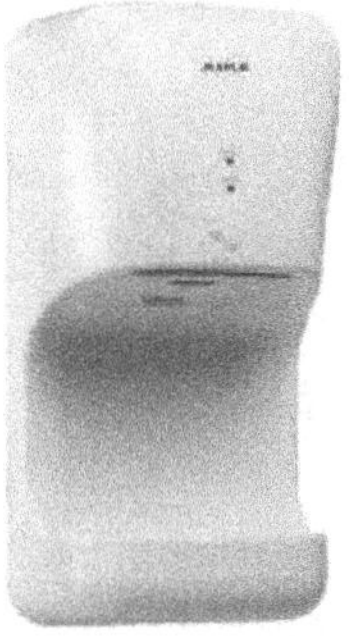

图 3-4　烘手机

5）洁净服（帽、口罩）　一种先进的洁净服装，能大大减少人员卫生造成的药品污染，避免人体直接与药品生产过程相接触，又称无菌服、无尘服、净化服（图 3-5）。洁净服（帽、口罩）的材质一般为专用涤纶长丝，用此种面料经特殊缝纫工艺制成的服装具有优良的防静电防尘性能。

6）消毒装置（图 3-6）　采用 75% 乙醇等作为消毒液，通过红外等监控直接喷出，用于人员进入洁净区的手消毒。75% 乙醇可除去手上大部分细菌等微生物，且易挥发，方便使用。

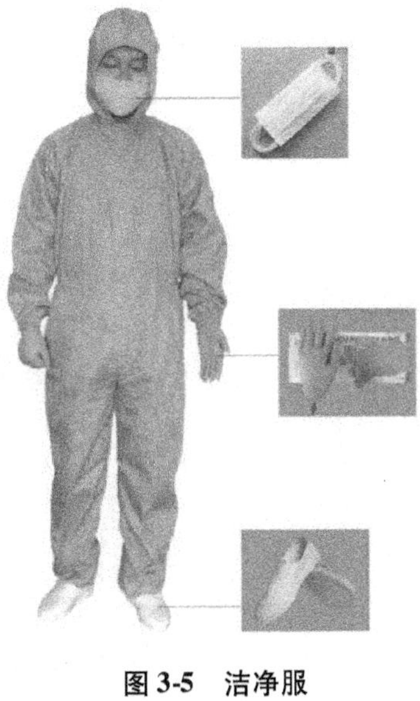

图 3-5　洁净服

图 3-6　多功能自动杀菌消毒装置

7）门禁系统　采用“单侧开门、不同时开门”的原则，尤其是缓冲间与洁净区、一般区与洁净区之间设置的门禁系统，能有效防止不同洁净级别之间的空气污染。

任务实施

（一）任务内容

模拟人员由一般区进出洁净区的过程，学习 GMP 对进入洁净区的人员净化的相应规定。

（二）操作步骤

1. 进出 C 级和 D 级洁净区

人员进入洁净区的程序如图 3-7 所示。

图 3-7　洁净区更衣程序

具体步骤如下：

（1）更鞋：在更鞋室的隔离凳处，脱下自己的鞋放在指定的位置；穿上车间的工作鞋；注意自备鞋和车间的鞋不能混放在一个位置，并注意不能穿车间的鞋走出车间。

（2）脱外衣：换好鞋后，进入一更，将外衣等脱下放在更衣柜中。

（3）洗手：按照“六步洗手法”标准作业程序（图 3-8）洗净双手，并烘干。

（4）穿洁净工作服：将手洗净干燥后，进入二更，从更衣柜中取出洁净服，穿好，注意“从上到下，从里到外”，用帽子将头发全部包住，不要露在工作服的帽子外面。

（5）手消毒：按照手消毒的标准作业程序，进行双手的消毒。

（6）进入洁净区：经过门禁系统，分次进入洁净区（一次进入一人）。

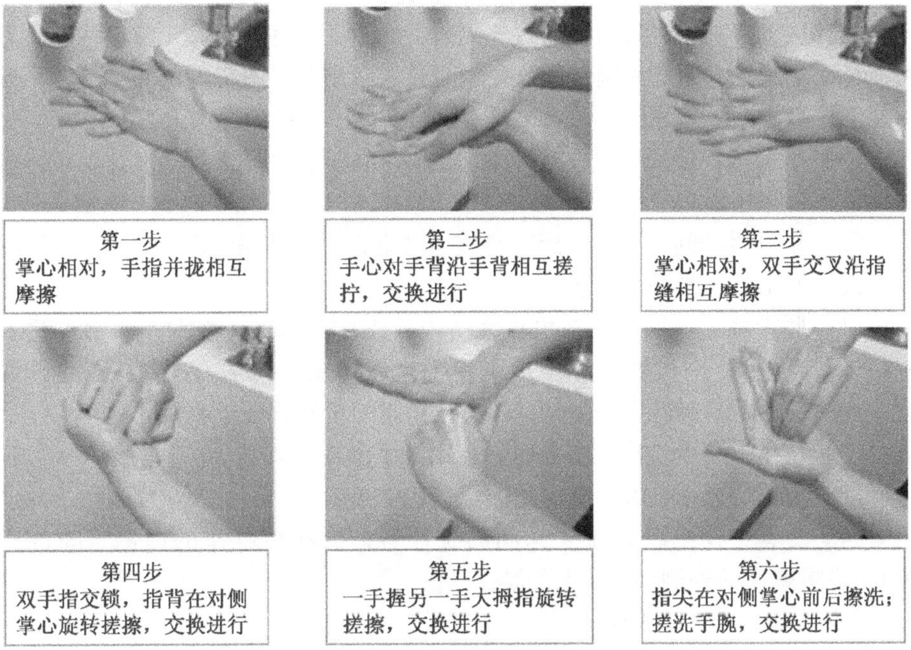

图 3-8　标准六步洗手法

人员出洁净区的程序如下：

（1）脱洁净工作服：在二更将洁净工作服脱下，放在更衣柜中（或悬挂）；如果是工作结束，洁净服需要洗涤时，应放在指定的位置，便于收集洗涤。

（2）洗手：将手洗净，必要时，使用洗手液或液体肥皂。

（3）穿外衣：在一更穿好自己的外衣。

（4）更鞋：在更鞋处脱下车间的工作鞋，放在更鞋室的内侧（车间一侧），在更鞋室的外侧穿上自己的鞋。

2. 进入B级和A级无菌区

人员进入无菌区的程序如下：

（1）更鞋：在更鞋室的更鞋处脱下自己的鞋，放在指定的放置员工自备鞋的位置；穿上车间的工作鞋。注意自备鞋和车间的鞋不能混放在一个位置，不能穿车间的鞋走出车间。

（2）脱内外衣：换好鞋后，进入一更，将外衣、内衣等脱下，放在更衣柜中。

（3）洗手、手消毒：按照上述的洗手、手消毒程序，洗净双手并进行手消毒。

（4）穿无菌工作服、戴无菌口罩、穿无菌工作鞋：将手洗净干燥后，进入二更，从更衣室中取出洁净的内外无菌工作服，穿好；戴好无菌口罩，注意将口鼻完全遮住；穿好无菌鞋套，扎紧。注意，用帽子将头发全部包住，不要露在工作服的帽子外面。

（5）手消毒：按照上述的手消毒程序再次进行双手的消毒，必要时，戴好无菌手套并扎紧。

（6）经过缓冲间，必要时经过空气吹淋室，进入洁净区。

人员出无菌区的程序如下：

（1）脱无菌工作服：在二更将无菌内外工作服、无菌鞋脱下，放在更衣柜中（或悬挂），一次性的无菌口罩和手套丢弃在废物桶内；如果是工作结束，无菌服、无菌鞋需要洗涤时，应放在指定的位置，便于收集洗涤。

（2）洗手：将手洗净，必要时，使用洗手液或液体肥皂。

（3）穿内、外衣：在一更穿好自己的内、外衣。

（4）更鞋：在更鞋处脱下车间的工作鞋，放在更鞋室的内侧（车间一侧），在更鞋室的外侧穿上自己的鞋。

（三）生产工艺管理要点

（1）压片操作室符合D级（30万级）要求，室内相对室外呈正压，温度18～26℃、相对湿度45%～65%。

（2）压片机不得用水洗，以免发生短路。

（3）压片过程经常观察片剂外观，定时测片重。

（4）生产过程中所有物料均应有标示，防止发生混药、混批。

（四）注意事项

（1）人员进入洁净区，换鞋时，鞋柜两侧不同洁净程度区域的鞋不能混穿，生产区域以外的鞋不能穿到生产区域，生产区域的工作鞋不能穿到换鞋室外。若外来参观人员需要穿鞋套时，穿着鞋套的脚需落在鞋柜内侧，以保证生产区域免受污染。

（2）根据不同洁净级别的要求穿戴不同的工作服（帽）和防护服（帽），并只能在本区域穿戴，不得离开指定区域。如果离开，应按更衣要求进行净化后方可再进入。

（3）人员进出更衣室时，需注意随手关门；或者更衣室的门设置闭门器，自动关闭。更好的方法是实现连锁，更衣室的门无法同时打开。

（4）洁净区不得设置厕所。

任务考核

考核内容	技能要求	分值	考核结果
换鞋	1. 动作连贯、无重大失误； 2. 更鞋位置摆放正确、整齐	10	
脱外衣	1. 一般工作服摆放整齐、位置正确； 2. 无重大失误及典型错误	5	
洗手	1. 严格按照“六步洗手法”操作； 2. 无明显水滴沾湿地面等水池以外区域； 3. 正确完成手烘干	15	
穿洁净服	1. 穿衣顺序正确、动作连贯； 2. 洁净服不接触地面、墙壁等； 3. 无明显头发、身体部位外露	50	
手消毒	1. 手消毒方法正确； 2. 正确执行门禁系统	10	
其他	正确回答考核人员的提问	10	

任务强化

1. 实际生产过程中，何时进行洗手？
2. 为什么洗手应该使用液体肥皂或洗涤剂，而不能使用固体肥皂？
3. 人员出洁净区时为什么要在二更脱洁净工作服？是否合理？
4. 洁净区缓冲间有何作用？

项目四　生产过程卫生管理

任务一　生产用具净化

任务目标

知识目标： 了解生产用具净化的重要性；掌握生产用具净化的注意事项。

技能目标： 能正确配制清洁剂和消毒剂（0.1%苯扎溴胺、75%乙醇等）；能正确使用生产用具清洁工具和设备；能正确完成不同生产用具的净化。

素质目标： 培养学生按照标准操作规程进行生产用具净化的意识。

任务卡

<table>
<tr><td>任务名称</td><td>生产用具净化</td><td>学号</td><td></td><td>姓名</td><td></td></tr>
<tr><td>关键点</td><td colspan="5">一、按序进行生产用具净化
二、清洗液及消毒液的配制
三、干燥控制</td></tr>
<tr><td colspan="2">开始时间</td><td></td><td>完成时间</td><td colspan="2"></td></tr>
<tr><td colspan="2">执行人</td><td></td><td>审核人</td><td colspan="2"></td></tr>
</table>

任务情景

1. 场地：实训中心洁具清洗间及消毒间等。
2. 材料：人员净化服、洁净手套、洗手液、75%乙醇、洁具清洗工具等。
3. 要求：能正确进行不同生产用具的净化。

任务适用岗位与主要设备

（一）任务适用岗位

本任务操作适用于需要设置洁净区的所有原料药、药物制剂生产、分析等岗位。在生产过程中涉及设备及工具使用的均需按照GMP要求进行生产用具的清洁和消毒。

（二）生产用具净化的主要工具

生产用具净化常用的工具有丝光毛巾、刷子、拖把、不锈钢桶等。

1）丝光毛巾（图 4-1）　又叫洁净抹布、不脱丝毛巾、无尘丝光毛巾，是常用毛巾的一种，采用全棉 32 支－120 支双股高支纱为原料，经精炼、染色、烘干、络筒（整经、卷纬）织造、缝纫、丝光处理、检验、包装、入库等多道工艺精制而成，具有以下特点：

图 4-1　丝光毛巾

① 表面经过丝光处理，不掉屑，不脱毛，手感柔软。

② 吸水性佳、去污力强、容易清洗、经久耐用、无尘，是车间清洁工作台面、实验仪器、设备容器的最佳选择。

③ 原料丝光棉在生产过程中混入一定比例的防静电液，使其电阻在 10^6 ~ 10^8 Ω，可以有效阻止静电的产生。

④ 丝光毛巾适合药厂无尘无菌室和半导体车间使用，本身具有超细不发尘、无纤毛脱落、吸水性强、去尘能力强等特点，是制药行业和半导体无尘室清洁的主要产品。

⑤ 一般规格为 23 cm × 33 cm，34 cm × 80 cm。

2）刷子（图 4-2）　用于清除生产用具表面脏物或涂抹膏油等，一般由毛、棕、塑料丝、金属丝等制成，呈长形或椭圆形，有的带有柄。刷子也称为毛刷，按其使用的领域分为工业刷和民用刷。一般 GMP 车间使用的刷子不易产生脱落物。

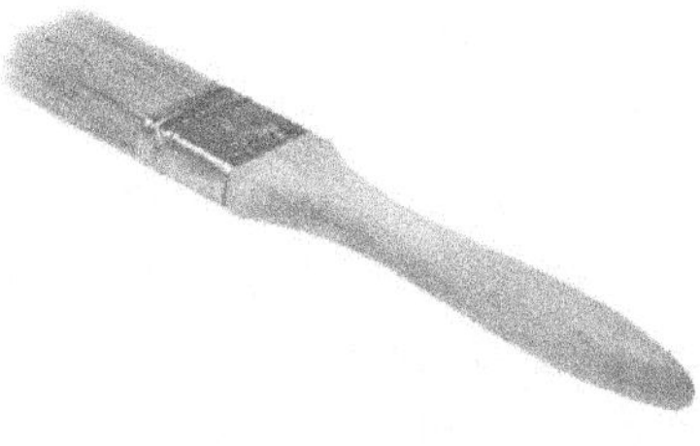

图 4-2　刷子

3）拖把（图 4-3）　又称墩布，指擦洗地面的长柄清洁工具，亦泛指长柄清洁工具。GMP 车间所用清洁拖把一般采用不脱落纤维材质制成，具备吸水能力强、去污能力佳等特点。

4）不锈钢桶（图 4-4）　用于转运各类药品原辅料、药包材等的容器。材质一般选用 316 L 型不锈钢，具有耐腐蚀、耐生锈等特点。

图 4-3　拖把

图 4-4　不锈钢桶

任务实施

(一) 任务内容

模拟人员清洗及消毒部分生产用具的过程，学习 GMP 对生产用具净化的相关规定。

具体要求如下：

(1) 清洗：按 GMP 要求，对各种会与水接触的设备及其部件、容器、小工器具等的内外表面、各种生产用具等用清洗剂进行清洁，使其符合相关要求的过程。

(2) 消毒：指用化学、物理或其他方法对物品进行处理，杀灭微生物或抑制微生物在其上繁殖和生长，使微生物种类和数量控制在要求范围内的一种方式。按 GMP 要求，设备及其部件、容器、管道、小工器具等应定期进行消毒，以避免被微生物污染。

在清洗室清洗的设备、容器：生产过程中使用的各种周转容器和小工器具，如移动罐、不锈钢桶、搅拌桨、铲子、取样器、刮刀等，其中各设备的筛网需拆除单独清洗；需拆卸移动到清洗室清洗的所有设备部件、零件等，如压片机/胶囊机部件、手阀等。

(二) 操作步骤

1. 清洗液及消毒液的配制

按要求配制清洗液及消毒液，并完成表 4-1。

表 4-1　清洗液及消毒液的配制

说明	配制过程	评分
75%乙醇的配制		
0.1%苯扎溴铵的配制		

2. 设备、容器的一般清洗流程

（1）清除设备、容器上的标签（应尽量避免划伤设备表面）。

（2）用雾状自来水将设备内外表面喷湿。

（3）对已浸湿的设备，用高压自来水清洗内外表面，此时应注意弯头、凹槽、缝隙的冲洗。

（4）使用清洗剂擦洗设备、容器内外表面。

（5）用高压自来水清洗设备、容器内外表面，此时应注意弯头、凹槽、缝隙的冲洗。

（6）使用80 ℃水冲洗设备、容器内表面。

（7）目检已清洗设备、部件的内外表面，应无任何污渍、纤维、色斑、残余物料等。若目检不符合要求，需按上述程序重新清洗。

（8）将可烘干的设备、容器放入烘箱内干燥，干燥温度不低于100 ℃，运行时间不少于1小时。

（注意：整个烘干流程结束后，才能开启烘箱门拿取已烘干物品。）

（9）已烘干的设备、容器等出烘箱后在清洁设备存放区定置存放，放置时需进行目检，设备、托盘、容器内外表面应无物料、纤维、水渍等残留。若目检不符合要求，按以上程序重新清洗一遍。确认符合要求后，放置清洗卡或粘贴清洗标签。

（10）塑料、橡胶、有机玻璃材质的设备部件、模具、容器等不能放入烘箱中高温烘干，清洗完毕后用压缩空气吹干后，再用75%乙醇擦拭内外表面一遍（或转移至烘房中40～50 ℃干燥）。处理过后转移到存放区放置，放置时须进行目检，设备、容器、部件等内外表面应无物料、纤维、水渍等残留（若不符合要求，按以上程序重新清洗一遍）。确认符合要求后放置清洗卡或粘贴清洗标签（注：包装线用塑料容器放置“清洗卡”，不粘贴“清洗有效期”标签）。

（三）注意事项

（1）要明确清洁验证在生产控制过程中的不可替代性。清洁和消毒操作的基础是生产中的清洁验证，根据清洁验证的结果确定清洁和消毒的具体要求。

（2）清洁验证的目的是证实清洁规程的有效性，即证明可以将清洁剂和残留的微生物始终如一地清洁到一个可接受的限度，以避免污染和交叉污染。因此，凡是与药品直接接触的设备、容器具、药液管路系统等原则上均应经过清洁验证。显然，清洁验证是考证是否因清洁不彻底而造成污染和交叉污染的有效手段。如果清洁方式发生改变，则清洁规程的有效性应重新得到验证。

（3）以下问题需要在清洁和消毒规程确定过程中明确：① 清洁、消毒方法是否经过验证；② 清洁、消毒方法验证是否综合考虑了设备的使用情况、所使用的清洁剂、取样方法和位置、残留物的性质和限度、残留物检验方法的灵敏度等因素；③ 验证数据是否用于审核清洗过程已将残余物清除至可接受的程度。

任务考核

考核内容	技能要求	分值	考核结果
溶液配制	1. 动作连贯、无重大失误； 2. 浓度准确、误差在允许范围内； 3. 记录完整，无明显错误	20	
清洗	1. 严格按照“生产用具清洗 SOP”操作； 2. 无明显可见污物、异物等； 3. 清洗液使用正确	30	
消毒	1. 严格按照“生产用具消毒 SOP”操作； 2. 消毒液使用正确	30	
干燥	1. 严格按照“生产用具干燥 SOP”操作； 2. 干燥设备使用正确	10	
其他	正确回答考核人员的提问	10	

任务强化

1. 生产完毕，盛放无菌产品的容器具清洗后需不需要灭菌？
2. 描述生产用具净化过程中的要点。
3. 一般如何正确配制消毒剂？

任务二 压片机净化

任务目标

知识目标：了解压片机净化的流程；掌握压片机净化的注意事项。

技能目标：能正确装卸 ZP-35B 旋转式压片机；能正确使用 ZP-35B 旋转式压片机清洁和消毒工具；能正确完成 ZP-35B 旋转式压片机的净化。

素质目标：培养学生按照标准操作规程进行压片机净化的意识。

任务卡

任务名称	压片机净化	学号		姓名	
关键点	一、按序进行压片机净化 二、压片机的拆卸与组装 三、冲模的养护				
开始时间			完成时间		
执行人			审核人		

任务情景

1. 场地：实训中心压片间、洁具清洗间等。

2. 材料：人员净化服、洁净手套、洗手液、清洁抹布、毛刷、吸尘器、95% 乙醇、75% 乙醇、洁具清洗工具等。

3. 要求：能正确进行压片机的净化。

任务适用岗位与主要设备

（一）任务适用岗位

本任务操作适用于片剂生产车间，一般指片剂压片工。

（二）压片机净化的主要工具

压片机净化的主要工具除了生产用具净化常用的工具外，还有清洁抹布、吸尘器等。

1）清洁抹布（图 4-5）　适用于生物医药 GMP 无菌车间、食品 GMP 无菌车间和半导体电子光伏产业无尘室清洁，台面清洁、容器清洁、设备清洁，高精密实验室清洁，洁净区内地面、墙面清洁，机器及高档的眼镜镜面、光学仪器、电脑屏幕清洁等，可重复使用，经济方便，可用 121 ℃高温蒸汽灭菌。

2）吸尘器（图 4-6）　按结构可分为立式、卧式和便携式 3 种。吸尘器的工作原理是，利用电动机带动叶片高速旋转，在密封的壳体内产生空气负压，吸取尘屑。一般压片车间所用吸尘器为立式吸尘器，附带收集桶。

图 4-5　清洁抹布

图 4-6　吸尘器

任务实施

（一）操作前准备

1. 清洁地点

就地清洁，能移动的物品移到工器具洗涤间清洁。

2. 清洁工具

清洁抹布、毛刷、吸尘器等。

3. 清洁剂

饮用水、纯化水、95% 乙醇。

4. 消毒剂

75% 乙醇。

（二）操作步骤

1. 卸零件

卸零件包括以下步骤：

（1）卸下加料斗。

（2）卸下出片系统（出片装置和出药机构）。

（3）卸上冲杆：打开上冲尾部护盖，取出上冲杆。

（4）卸下冲杆：打开左护板，取出下冲头挡块，逐个取下下冲杆。取完后，仍把挡块放回原处。

（5）卸中模：将中模的紧固销钉全部拧松，然后用专用工具将中模向上推，取出。

（6）以上小零件放在专用小车上，推至工器具洗涤间清洗，注意防止小零件丢失。

2. 清洁

清洁具体包括压片机、压片机的冲压模具、出片系统和加料斗、压片机整体外表面及上、下冲头的清洁。

（1）压片机清洁：用吸尘器吸去压片机内外粉尘及地面上的粉尘，用抹布抹去上冲凸轮导轨上的油污，用蘸有95%乙醇溶液的尼龙毛刷清除上冲凸轮导轨及上冲导轨孔内的油污，然后用干抹布抹干净，确保导轨上、导孔内无污、无尘。清洁中模孔及下冲导轨，用干净抹布把压片机上半部的压片室（四扇视窗以内部分）抹干净，确保无油污、无粉尘。

（2）压片机的冲压模具（上冲、中模、下冲）的清洁：把压片机上拆下来的上冲、中模、下冲按编号顺序安放在垫有橡皮的小推车上，用抹布把冲模上的油污抹净，用蘸有95%乙醇溶液的干净抹布再次清洁冲模，抹净残留的油污，使冲模表面无油污，清洁光亮。清洁后，检查上冲、下冲的冲头及中模孔内壁磨损情况，使用润滑油润滑后，冲模存放在冲模盒子内，交保管员保管、登记。

（3）出片系统和加料斗的清洁：出片系统可用湿布抹净后，再用75%乙醇擦拭消毒。不能用水冲洗，避免电器部分受潮而损坏。加料斗可用饮用水冲净，纯化水过两遍，吹干。

（4）压片机的整体外表面清洁：用湿抹布从压片机顶部自上而下反复抹拭，确保无粉尘、干净、干燥。注意压片机下部、地面如有油污，可用蘸有95%乙醇溶液的抹布擦净。

（5）用75%乙醇擦拭消毒上冲、下冲头部。

3. 清洁工具的清洁

清洁工具使用后应及时做清洁处理，并存放于指定位置备用。

4. 清洁效果评价

清洁效果评价包括以下两个方面：

（1）目检确认设备各表面洁净无粉尘、粉垢，无可见异物及上次生产遗留物。

（2）用洁净的抹布擦拭任意部位，应无尘迹和脱落物。

（三）注意事项

（1）在上冲、下冲清洁过程中，必须注意不要相互碰撞或与其他物体碰撞，以避免上冲、下冲的冲头受损伤。

（2）发现冲头损坏，必须报告车间主管，查明原因。不能再使用的冲模经批准后必须销毁。

（3）压片机冲模为压片机的关键零部件，直接影响素片质量，必须小心轻放，加倍注意。

任务考核

考核内容	技能要求	分值	考核结果
溶液配制	1. 动作连贯、无重大失误； 2. 浓度准确、误差在允许范围内； 3. 记录完整，无明显错误	10	
清洗	1. 严格按照“压片机清洗 SOP”操作； 2. 无明显可见污物、异物等； 3. 清洗液使用正确	20	
消毒	1. 严格按照“压片机消毒 SOP”操作； 2. 消毒液使用正确	20	
拆卸与组装	1. 严格按照“压片机拆卸与组装 SOP”操作； 2. 干燥设备使用正确	20	
模具养护	1. 严格按照“压片机保养 SOP”操作； 2. 模具养护方法使用正确	20	
其他	正确回答考核人员的提问	10	

任务强化

1. ZP-35B 旋转式压片机的模具一般如何保养？
2. ZP-35B 旋转式压片机在净化时间上有何要求？
3. ZP-35B 旋转式压片机拆卸的大致流程是怎样的？

任务三 物料净化

任务目标

知识目标：了解物料净化的重要性；掌握物料净化的注意事项。

技能目标：能正确使用传递柜（窗）等净化设施；能正确使用物料净化设施；能正确完成不同物料的净化。

素质目标：培养学生按照标准操作规程进行物料净化的意识。

任务卡

<table>
<tr><td>任务名称</td><td>物料净化</td><td>学号</td><td></td><td>姓名</td><td></td></tr>
<tr><td>关键点</td><td colspan="5">一、按序进行物料净化
二、传递柜（窗）的使用</td></tr>
<tr><td>开始时间</td><td colspan="2"></td><td>完成时间</td><td colspan="2"></td></tr>
<tr><td>执行人</td><td colspan="2"></td><td>审核人</td><td colspan="2"></td></tr>
</table>

任务情景

1. 场地：实训中心物料间等。
2. 材料：人员净化服、洁净手套、洗手液、75%乙醇、洁具清洗工具等。
3. 要求：能正确进行不同物料的净化。

任务适用岗位与主要设备

（一）任务适用岗位

本任务操作适用于需要在洁净区和一般区之间或不同洁净级别车间之间进行物料交换的岗位，如制剂车间的原辅料暂存室与脱包室、内包室与外包室等。

（二）物料净化的主要工具

物料净化的主要工具，除了前面所述生产用具及压片机净化常用的工具外，还有传递柜（窗）等。

传递柜（窗）（图4-7）作为洁净室的一种辅助设备，主要用于洁净区与洁净区、非洁净区与洁净区之间小件物品的传递，以减少洁净室的开门次数，最大限度地降低洁净区的污染。短距离传递窗工作台面采用不锈钢板，平整、光洁、耐磨；长距离传递窗工作台面采用无动力滚筒，传递物品轻松方便，两侧门设有机械互锁或电子互锁装置，确保两侧门不能同时处于开启状态。

图4-7　传递柜（窗）

任务实施

（一）任务内容

模拟物料由一般生产区进出洁净区的过程，学习 GMP 对进入洁净区的物料净化的相应规定。

（二）操作步骤

1. 物料进入非无菌的洁净区

（1）在外包装处理室脱去物料外包装或将包装物用抹布擦拭干净。

（2）将脱去外包装或包装物擦拭干净的物料装入洁净塑料袋，将洁净塑料袋放入缓冲间或传递柜（窗）中，打开传递柜（窗）中的紫外线灯开关，持续约半小时。

（3）人员按洁净区人员净化的程序进入洁净区内。

（4）从缓冲间的洁净区一侧打开门，取出物料；或者关闭传递柜（窗）中的紫外线灯开关，从洁净区的传递柜（窗）一侧打开门，取出物料。

2. 物料进入无菌区

（1）在外包装处理室脱去物料外包装或将包装物用抹布擦拭干净。

（2）将脱去外包装或包装物擦拭干净的物料装入洁净塑料袋，将洁净塑料袋放入传递柜（窗）中，打开传递柜（窗）的紫外线灯开关，持续约半小时。

（3）人员按无菌区人员净化的程序进入无菌区内。

（4）关闭传递柜（窗）中的紫外线灯开关，从无菌区的传递柜（窗）一侧打开门，取出物料。

（5）再用 75% 药用乙醇擦拭消毒外包装。

（三）注意事项

（1）传递柜（窗）的材质应为不锈钢。

（2）缓冲间、传递柜（窗）的门应为连锁装置。

（3）缓冲间应有洗手和烘干设备。水龙头应按最大班人数每 10 人设一个，水龙头开启方式以不直接用手为宜。

（4）传递柜（窗）内应安装有紫外线灯，更好的设施是采用气阀式，传递柜（窗）内有风机和高效过滤器。

（5）原辅料与内包装材料宜分开从各自的物流入口进入洁净区，并存放在靠近使用区的地方。

任务考核

考核内容	技能要求	分值	考核结果
脱包	1. 动作连贯、无重大失误； 2. 记录卡填写正确	20	
清洁	1. 严格按照“物料清洗 SOP”操作； 2. 无明显可见污物、异物等； 3. 清洗液使用正确	20	
传递柜（窗）使用	1. 严格按照“传递柜（窗）使用 SOP” 操作； 2. 动作连贯、无重大失误； 3. 传递柜（窗）养护正确	30	
消毒	1. 严格按照“物料消毒 SOP”操作； 2. 消毒液配制及使用正确	20	
其他	正确回答考核人员的提问	10	

任务强化

1. 缓冲室能否存放物料？
2. 为什么缓冲室或传递柜（窗）的前后门不能同时打开？
3. 物料净化的目的是什么？

项目五 制药用水制备

任务一 纯化水的制备

任务目标

知识目标：了解纯化水的定义；掌握纯化水制备的原理。

技能目标：会正确使用制备纯化水的设备；会正确清洁、消毒和保养纯化水机。

素质目标：培养学生团结协作的意识，提高分析问题和解决问题的能力。

任务卡

<table>
<tr><td>任务名称</td><td>纯化水的制备</td><td>学号</td><td></td><td>姓名</td><td></td></tr>
<tr><td>关键点</td><td colspan="5">一、纯化水制备的流程和要求
二、纯化水设备的运行原理
三、纯化水设备的清洁、消毒和保养的标准操作规程</td></tr>
<tr><td colspan="2">开始时间</td><td colspan="2"></td><td>完成时间</td><td></td></tr>
<tr><td colspan="2">执行人</td><td colspan="2"></td><td>审核人</td><td></td></tr>
</table>

任务情景

1. 场地：实训中心的纯水间等。

2. 材料：二级反渗透纯水机等。

3. 要求：① 正确操作和运行纯水机；② 正确进行纯水间、纯水机的清洁、消毒和保养；③ 完成纯化水制备记录。

任务准备

（一）工艺用水的概念

工艺用水是指药品生产工艺中使用的水。工艺用水主要在制剂生产中的洗瓶、配料等工序及原料药生产的精制、洗涤等工序使用，也可作为溶剂。作为药品工艺用水的水源有城市自来水和天然水（包括井水、深井水及江河湖泊的水）两类。这些水源的水质受自然界地理环境及人为“三废”排放污染的影响，往往含有悬浮杂质、有机物、细菌、热原、无机盐及溶解于水的各种气体等物质。水处理就是根据各种工艺用水的水质要求，采取有效措施，除去相关的有害杂质，制备符合标准的各种工艺用水。

（二）工艺用水的分类及应用范围

工艺用水分为三类：饮用水、纯化水和注射用水。

1）饮用水　通常为自来水公司供应的自来水（天然水经净化处理），又称原水。《中华人民共和国药典》（以下简称《中国药典》）规定，饮用水不能直接用作制剂的制备和试验用水，它主要用于药品包装材料粗洗，中药材和中药饮品的清洗、浸润、提取等，不得用于中药注射剂、滴眼剂等灭菌制剂用药材的提取。另外，饮用水也是纯化水的水源。

2）纯化水　为原水经蒸馏法、离子交换法、反渗透法或其他适宜的方法制得的制药工艺用水，不含任何附加剂。纯化水可作为配置普通药物试剂的溶剂、稀释剂和实验用水，非灭菌制剂用器具的精洗用水；必要时作为非灭菌制剂用药材的提取溶剂。纯化水不得用于注射剂的配置与稀释。

采用离子交换法、反渗透法、超滤法等非热处理制备的纯化水一般又称去离子水。采用特殊设计的蒸馏器用蒸馏法制备的纯化水一般又称蒸馏水。

3）注射用水　是以纯化水作为原水，经特殊设计的蒸馏器蒸馏，冷凝冷却后经膜过滤制备而得的水。注射用水可作为配制注射剂或滴眼剂的溶剂或稀释剂、静脉用乳状液型注射剂的水相及注射用容器的清洗用水。要求更高的灭菌注射用水为注射用水依照注射剂生产工艺制备得到后经灭菌所得的制药用水。灭菌注射用水用于灭菌粉末的溶剂或注射剂的稀释。

（三）工艺用水的质量标准

饮用水应符合原卫生部《生活饮用水标准》（GB 5749—2006）。生活饮用水的标准包括《生活饮用水标准检验方法　总则》（GB/T 5750. 1—2006）《生活饮用水标准检验方法：水样的采集与保存》（GB/T 5750. 2—2006）《生活饮用水标准检验方法：感官性状和物理指标》（GB/T 5750. 4—2006）和《生活饮用水标准检验方法：微生物指标》（GB/T 5750. 12—2006）。

纯化水应符合《中国药典》2015 年版标准。2015 年版《中国药典》中纯化水的检查项目有性状、酸碱度、氧化物、氯化物、亚硝酸盐、氨、二氧化碳、易氧化物、不挥发物、重金属、电导率、微生物等。

注射用水应符合《中国药典》2015 年版标准。

（四）工艺用水的制备

工艺用水的制备从生产设计、材质选择、制备过程到储存、分配和使用均应符合生产质量管理规范的要求。

工艺用水除控制化学指标及微粒污染外，必须有效地处理和控制微生物及细菌内毒素的污染。纯化水系统可采用反渗透法，而注射用水系统则更多地采用蒸馏法。

国内注射用水必须采用蒸馏法，这与国内反渗透器的质量现状有关。不同的蒸馏水机对原水要求不同，不同型号的蒸馏水机，由于性能上的差异，可以分别以纯化水、去离子水、深度软水为原水，制备得到符合标准的注射用水。此外，以符合饮用水标准的水为原水制备纯化水，或以符合标准的纯化水来制备注射用水，并不一定能保证出水达到规定的标准，这与所选用设备的性能相关。还应指出，原水的水质必须有效监控，取水点应尽可能避开污染源。

制药用水的生产采用连续的处理步骤，每一步均有其特殊的水质控制要求。此外，每一步还应能保护其后续步骤的有效运行。有些技术，如超滤技术，虽然有可能用于注射用水的生产，但目前尚未广泛应用。从微粒控制的角度可以认为，反渗透法、超滤法及蒸馏法是制水工艺的适宜选择。

1）纯化水的制备　离子交换法工艺路线：原水—预处理—阳离子交换—阴离子交换—混合离子交换—纯化水。

2）注射用水的制备

① 现代蒸馏法：纯化水—双效蒸馏—注射用水。

② 超滤法：纯化水—超滤—注射用水。

（五）GMP 对工艺用水制备装置的要求

GMP 对工艺用水制备装置的要求是结构设计简单、可靠，拆装简便。

为便于拆装、变更、清洗零件，结构的设计应尽量采用标准化、通用化、系统化零部件。

设备内外壁表面要求光滑平整、无死角，容易清洗、灭菌。零件表面应做镀铬等表面处理，增强抗腐蚀性，防止生锈。设备外表面避免用油漆，以防剥落。

纯化水制备设备应采用低碳不锈钢或其他经验证不污染水质的材料。制备纯化水的设备应定期清洗，并对清洗效果进行验证。

注射用水接触的材料必须是优质低碳不锈钢（如 316 L 型不锈钢）或其他经验证不对水质产生污染的材料。制备注射用水的设备应定期清洗，并对清洗效果进行验证。

纯化水储存周期不宜大于 24 h，其储罐宜采用不锈钢材料或经验证无毒、耐腐蚀、不渗出污染离子的其他材料制成。为保护其通风口，应安装不脱落纤维的疏水性除菌滤器。储罐内壁应光滑，接管和焊缝不应有死角和沙眼。应采用不会形成滞水污染的显示液面、温度、压力等参数的传感器。储罐要定期清洗、消毒、灭菌，并对清洗、灭菌效果进行验证。

（六）工艺用水的输送

纯化水和注射用水宜采用易拆卸、清洗、消毒的不锈钢泵输送。在需用压缩空气或氮气压送纯化水和注射用水的场合，压缩空气和氮气须经净化处理。

纯化水宜采用循环管路输送，管路设计应简洁，避免盲管和死角。管路采用不锈钢管或经验证无毒、耐腐蚀、不渗出污染离子的其他管材制成。阀门宜采用无死角的卫生级阀门，输送纯化水应标明流向。

输送纯化水和注射用水的管道、输送泵应定期清洗、消毒、灭菌，验证合格后方可投入使用。

（七）工艺用水的管理

应绘制“企业水系统网图”发送至制水及用水部门，网图应包括管线、阀门、通气点、排水点、用水点、取样点、清洁点、检验仪表与仪器、管斜度、流动率、水流速度、循环方式等。

应制定制水工艺规程及其 SOP，制定设备使用、维护、保养、检修的 SOP 等。

应制定水系统的清洁管理规程及清洁 SOP，内容包括放水、排净、消毒、清洁等操作方法及工具、清洁剂、消毒剂、频次、时间、地点等。一般情况下，室温储存及输送纯化水、注射用水的设备、管道，尤其是静止管道（24 h 不流动者），应每周清洗、消毒一次，并应按《中国药典》2015 年版的方法进行微生物限度的检查。消毒可采用消毒剂或纯蒸气吹扫。

应根据生产工艺规程的要求，选择水质合适的工艺用水。

应根据验证结果，分别规定纯化水、注射用水的储存周期。如注射用水，一般情况下可采用 80 ℃以上保温或 65 ℃以上保温循环；生物制品用的注射用水可在 4 ℃以下存放，一般 4 ~ 8 h 内使用；用于生物制品生产应在 6 h 内使用，制备后 4 h 内灭菌、72 h 内使用。

对纯化水及注射用水，应根据验证结果，规定每一个用水点在休假日后首次上班、每天上午上班及午休后上班时第一次用水前弃掉的水量。

建立水系统档案，内容包括：① 水管网络图；② 安装厂家的有关资料附件；③ 制水工艺规程及 SOP；④ 记录系统；⑤ 水的质量标准、规定操作规程、取样操作规程等；⑥ 取样指南、测试程序、验证程序；⑦ 周期性回顾检查频率、要点。

（八）GMP 认证用纯化水设备各单元的功能

1. 纯化水设备采用自动反冲洗多介质过滤器

多介质过滤器大多填充石英砂、无烟煤、锰砂等滤料，其作用主要是降低水浊度，并且可以去除水中大量的细菌、病毒、有机物等，从而为后续的消毒工序创造有利条件。锰砂对铁、锰的去除效果显著。

2. 纯化水设备采用自动反冲洗活性炭过滤罐

椰壳活性炭具有大量的微孔和巨大的比表面积，物理吸附能力极强，能够十分有效地吸附水中杂质，尤其是水中的有机物和微生物。活性炭表面形成的催化氧化和化学吸附功能，可以去除水中一部分金属离子。活性炭对水中尚存的余氯有极强的吸附作用，可保护下游的不锈钢设备及管道表面免受腐蚀并满足后序水处理单元的入水要求。

3. 纯化水设备采用自动反冲、再生软化罐

软化罐内填充钠型阳离子型交换树脂，可通过树脂的离子交换反应，降低水的硬度，防止钙、镁离子与碳酸根、硫酸根离子结合而在后序水处理设备或管道中结垢。

4. 纯化水设备采用全不锈钢折叠式精密过滤器

精密过滤器又称保安过滤器，过滤精度一般为 5 μm。其作用在于截留一切粒径大于 5 μm 的物质，以满足反渗透的入水要求。

5. 纯化水设备采用反渗透技术

纯化水设备的核心技术就是采用反渗透技术，反渗透应用的关键在于起除盐作用的反渗透膜的性能。纯化水设备采用的反渗透膜是一种只允许水分子通过而不允许溶质通过的半透膜。反渗透技术除了应用反渗透和反渗透的原理外，还利用膜的选择吸附和针对有机物的筛分机理。反渗透膜的孔径大多不大于 10×10^{-10}m，其分离对象为溶液中处于离子范围和分子量为几百的有机物。它能滤除各种细菌，如最小的细菌之一绿脓杆菌（3000×10^{-10}m），也能滤除各种病毒，如流感病毒（800×10^{-10}m）、脑膜炎病毒（200×10^{-10}m），还能滤除热原［（10～500）$\times10^{-10}$m］，这是制药用水十分关注的问题。

反渗透技术使得纯化水设备的操作工艺简单、除盐效率高，用于制药工艺用水还具有较高的除热原能力，且比较经济，因此成为制药用水工艺首选的水处理单元。

反渗透技术不仅用于纯化水的制备工艺过程中，还可用于制备注射用水。《美国药典》从十九版开始收载此法为制备注射用水的法定方法之一。

6. 纯化水设备采用电去离子技术

采用电去离子交换系统（EDI）的纯化水设备，一般应用于制药行业生产工艺高端用水，如注射用水等。采用电去离子交换系统（EDI）的纯化水设备是一种离子交换系统，这种离子交换系统使用一个混合树脂床，采用选择性的渗透膜及充电器，以保证纯化水设备的连续运行和树脂的连续再生。纯化水设备处理工艺为，原水首先进入树脂段，当水通过树脂时，被脱去金属电荷离子，成为产品水。这种系统使用的树脂可以看作一个导体，在电位势能的作用

下，迫使被俘获的阴、阳离子通过树脂和渗透膜而浓缩，并从水流中脱出。与此同时，在树脂段中，电位的势能又将水电解成氢离子和氢氧根离子，从而使树脂得以连续再生，且不需要添加再生剂。

7. 纯化水设备采用杀菌系统

纯化水设备制备纯化水的同时，要对成品水进行消毒。一般情况下，纯化水设备采用以下几种杀菌消毒方法：

1）臭氧和紫外线有序结合用于消毒、灭菌　臭氧是一种强氧化剂，它的氧化能力在天然元素中仅次于氟，位居第二。臭氧能氧化分解细菌内部氧化葡萄糖所必需的葡萄糖氧化酶等，也可以直接与细菌、病毒发生作用，破坏它们的细胞、核糖核酸，分解 DNA、RNA、蛋白质、脂质类、多糖等大分子聚合物，使细菌的物质代谢生长和繁殖过程遭到破坏，在水处理中对除臭、脱色、杀菌和除酚、氰、铁、锰，以及降低 COD、BOD 等都具有显著的效果。紫外线能降低水预处理系统中新菌落的生成速率，位于臭氧之后的 254 nm 紫外灯可用于消毒和清除臭氧的残留。

2）循环回流以防止细菌滋生　在纯化水系统的预处理系统、制水系统和用水系统中分别设有循环水路，在节假日或晚间不用水时，纯化水罐水满时及出水电导率超标时，各系统内的水保持一定程度的循环，必要时再辅以紫外线或臭氧/紫外线杀菌，以防止细菌滋生。

任务适用岗位与主要设备

（一）任务适用岗位

本任务操作适用于制药企业纯化水控制人员，要求熟悉纯化水的生产 SOP。

（二）制备药用纯化水的主要设备

制备药用纯化水通常有以下两种流程，也可根据客户要求确定纯化水设备工艺路线。

（1）原水—原水箱—原水泵—多介质过滤器—活性炭过滤器—软化器—一级精密过滤器— 一级反渗透—二级反渗透—臭氧发生器—纯化水箱—紫外线杀菌器—纯水泵—用水点。

（2）原水—原水箱—原水泵—多介质过滤器—活性炭过滤器—软化器—一级精密过滤器— 一级反渗透—混合离子交换器—臭氧发生器—纯水箱—紫外线杀菌器—纯水泵—用水点。

任务实施

(一) 任务内容

模拟制备纯化水的流程。

(二) 操作步骤

纯化水生产指令单

产品名称：纯化水	
计划产量：	
开始日期：　　年　月　日　时　分	
结束日期：　　年　月　日　时　分	
工艺	饮用水—粗过滤器—反渗透器—离子交换床—纯化水储罐
签发者：	日期：

1. 生产前检查

(1) 检查上次生产的清场合格证是否符合要求，检查有无空白生产原始记录。

(2) 检查生产场地是否清洁，是否有与生产无关的遗留物品。

(3) 检查设备是否洁净完好，是否与状态标识相符。

(4) 检查生产用设备管道压力是否正常。

(5) 检查仪器仪表是否洁净完好，是否有“检查合格证”并在有效期内。

(6) 检查记录台是否清洁干净，是否留有上批的生产记录和与本批生产无关的文件。

(7) 上述各项检查达到要求，再由检查员或班长复查一遍，复查合格后，在操作间的设备状态标识上写上“生产中”，方可进行生产操作。

2. 生产操作

(1) 更换状态标识牌。

(2) 预处理系统运行：

① 确定来水量及压力（0.2 MPa）是否达到技术要求。

② 确定石英砂、滤芯、反渗透膜等均已安装完毕。

③ 确定配电箱接通电源。

④ 运行石英砂过滤器（见图 5-1）。

打开排水阀4，再打开进水阀2，把余水放掉，然后关闭排水阀4，打开排水阀3，使来水反向流入石英砂过滤器，观察排水是否清澈、无杂质，反冲洗10 ~ 20 min。

关闭进水阀 2、排水阀 3，打开进水阀 1、排水阀 4，使来水正向流入石英砂过滤器，观察排水是否清澈、无杂质，正冲洗 10 ~ 20 min。

关闭阀门 4，向活性炭过滤器供水。

（3）运行活性炭过滤器（见图 5-1）。

打开排水阀 7，开启活性炭过滤器进水阀 6，使来水反向流入活性炭过滤器，观察排水是否清澈、无杂质，冲洗 5 ~ 10 min。

关闭 6，7 号阀门，关闭 9 号阀门，开启 8 号阀门，使来水正向流入活性炭过滤器，观察排水是否清澈、无杂质，冲洗 5 ~ 10 min。

关闭 8 号阀门，打开 9 号阀门，向钛棒、精密过滤器、反渗透设备供水。

（4）运行钛棒、精密过滤器（见图 5-1）。

工作压力控制在 0. 4 MPa 以内，运行温度 5 ~ 40 ℃。打开 10 号阀门，使来水流入钛棒、精密过滤器，向反渗透设备供水。

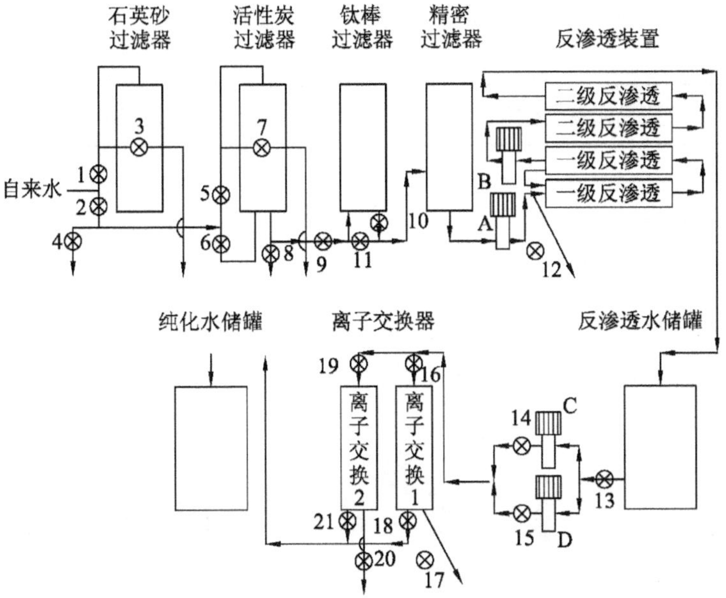

进水阀：1，2，5，6，9，10，11，13，14，15，16，18，19，21；
排水阀：3，4，7，8，12，17，20；一级反渗透高压泵：A；
二级反渗透高压泵：B；高压泵：C，D

图 5-1　纯化水生产工艺流程

（三）注意事项

药品的制备离不开水，而且用水量很大，有些制剂主要以水为溶剂，因此要确保药品质量和用药安全，必须确保工艺用水的质量，加强工艺用水系统的管理，在工艺用水的制备、储存、运输等各方面都要严格按照相关要求进行操作。

任务考核

考核内容	技能要求	分值	考核结果
更换标识	1. 动作连贯、无重大失误； 2. 记录完整，无明显错误	20	
预处理	1. 正确进行预处理； 2. 无明显失误及错误； 3. 出水清澈、无杂质	30	
纯化水制备	1. 严格按照"纯化水制备 SOP"操作； 2. 消毒液使用正确	30	
清场	1. 严格按照"纯化水车间清场 SOP"操作； 2. 清洗工具使用正确	10	
其他	正确回答考核人员的提问	10	

任务强化

1. 简述制药用水的一般分类。
2. 简述制药用水制备的基本流程。
3. 纯化水的储存条件有哪些？

任务二 注射用水的制备

任务目标

知识目标：了解注射用水的定义；掌握注射用水制备的方法。

技能目标：会使用制备注射用水的设备；会正确清洁、消毒和保养多效蒸馏水机。

素质目标：培养学生团结协作的意识，提高分析问题和解决问题的能力。

任务卡

<table>
<tr><td>任务名称</td><td colspan="2">注射用水的制备</td><td>学号</td><td></td><td>姓名</td><td></td></tr>
<tr><td>关键点</td><td colspan="6">一、注射用水的质量要求
二、注射用水的制备方法
三、注射用水制备设备清洁、消毒和保养 SOP</td></tr>
<tr><td colspan="2">开始时间</td><td colspan="2"></td><td colspan="2">完成时间</td><td></td></tr>
<tr><td colspan="2">执行人</td><td colspan="2"></td><td colspan="2">审核人</td><td></td></tr>
</table>

任务情景

1. 场地：实训中心的制水间等。

2. 材料：多效蒸馏水机等。

3. 要求：① 正确操作和运行多效蒸馏水机；② 正确进行注射用水制备设备的清洁、消毒和保养；③ 正确记录注射用水制备过程。

任务准备

注射用水是无菌制剂中应用最为广泛的一种，注射用水的质量要求在药典中已做了严格规定，除一般蒸馏水的检查项目，如酸碱度、氯化物、硫酸盐、钙盐、铵盐、二氧化碳、易氧化物、不挥发物及重金属均应符合规定外，尚须通过热原检查。GMP 中明确规定“纯化水、注射用水的制备、储存和分配应能防止微生物的滋生和污染。储罐和输送管道所用材料应无毒、耐腐蚀。注射用水储罐的通气口应安装不脱落纤维的疏水性除菌滤器。注射用水的储存可采用 80 ℃以上保温、65 ℃以上保温循环或 4 ℃以下存放。”

（一）注射用水的质量要求

注射用水用于配制注射药液剂与无菌冲洗剂的溶剂，或用于无菌粉针、输液、水针等注射剂生产的洗瓶（精洗）、胶塞终洗及医疗临床水溶性注射粉末溶剂。由于其配制的药物直接用于肌注或静滴，所以质量要求特别高，如无菌、无热原，电阻率 > 1 MΩ/cm，细菌内毒素 < 0.25 EU/mL，微生物指标 < 50 cfu/mL，其余各项标准应符合纯水水质化学指标且总有机碳浓度极低（PPB 级）。总有机碳浓度可用专门的总有机碳分析仪直接监控，该分析仪可同时测定电阻率及温度值。

注射用水除符合纯水的要求外，还要求热原试验合格。GMP 规定，纯水和注射用水系统必须通过 GMP 验证，方可投入使用。如产品出口，还须符合美国 USP、FDA、cGMP 等相应要求。

表 5-1 列举了美国 GMP 对水质的要求及我国 GMP 实施指南收载的各处理技术去除水中杂质的作用。

表 5-1　不同级别的水和水质标准

不同水质	42CFRPT. 72	去除金属物	控制微生物	去除全部的微生物	通过热原试验	质量级别
井水	–	–	–	–	–	Ⅰ
饮用水（USP）	×	–	×	–	–	Ⅱ
饮用水（FDA・cGMP）	×	–	×	–	–	Ⅱ
纯水（USP）	×	×	×	–	–	Ⅲ
初次漂洗和清洗用水（FDA・LVP）	×	–	×	×	–	Ⅳ
药品冷却水（FDA・LVP）	×	–	×	×	–	Ⅳ
注射水（USP）	×	×	×	×	×	Ⅴ
制程用水（最后漂洗）（FDA・LVP）	×	×	×	×	×	Ⅴ

注：（1）达到要求的方法不做规定，从历史上看，树脂和去离子水方法是最常用的。（2）达到要求的方法不做规定，由于操作上的问题，FDA 不希望使用“过滤器，微生物控制的释义按 FDA・cGMPs 的 211.48 部分：自来水供应应是由管道的正压供应，管道不应有会造成污染的缺陷”。换言之，不必在微生物指标上做进一步或额外的改动。（3）方法指定为反渗透或蒸馏两种。系统必须是热循环式的，每隔 24 h 排放。（4）在实用上，1、10 和 50 个活体颗粒 VP/100 mL 和零个颗粒 VP/100 mL 相同。（5）虽然 LVP GMPs 本身没有提到药品冷却水的化学含指标，但 FDA 可能认为不得不对水的化学含量做出限制，因化学含量不当对服药者的危害比潜在的高微生物计数更为有害。

国内医药生产企业将工艺用水水质分为 6 个等级，具体见表 5-2。

表 5-2　药品生产企业用水等级标准

工艺用水名称	质量标准
饮用水	符合环境卫生要求，无大肠杆菌，菌落数 <500 cfu/mL
纯水	既符合饮用水的要求，又符合药典化学指标的要求
注射用水	符合纯水的要求，菌落数 <50 cfu/mL
初淋水	符合大容量注射剂 GMP 规定，菌落数 <0.5 cfu/mL
终淋水	符合大容量注射剂 GMP 规定，菌落数 <0.1 cfu/mL
灭菌锅冷却水	符合大容量注射剂 GMP 规定，菌落数 <0.01 cfu/mL

注射用水的质量控制应从原料用水开始，除符合饮用水标准外，各项化学指标应符合《中国药典》的要求，在制备、输送、使用中应防止机械微粒、生物微粒及热原造成污染，此三种污染直接危及患者健康。

热原是引起动物体温升高的物质的总称。广义的热原包括细菌性热原、内源性高分子热原、内源性低分子热原、化学热原等。药剂学上的“热原”通常是指细菌产生的热原，即某些能致热的微生物代谢物及其产物中的内毒素，它是造成热原反应的最主要因素。大多数细菌和许多霉菌都能产生热原，致热能力最强的是革兰氏阴性杆菌的产物，其产生的内毒素存在于细胞外膜，而细胞膜由磷脂多糖体组成。磷脂多糖体的分子量为 $5\times10^4\sim5\times10^5$ 或 $5\times10^5\sim5\times10^7$，分子量越大，致热作用也越强。注入人体的输液中含有的热原量达 1 μg/kg就可致热原反应。一般反应出现在药剂注入人体 1 h 后，使人产生发冷、寒颤、体温升高、出汗、恶心、呕吐等不良反应，有时体温升至40 ℃以上，严重者甚至出现昏迷、虚脱等症状，如不及时抢救会危及生命。注射剂的热原污染主要来自注射用水。蒸馏器结构不合理、容器操作及贮藏不当、注射用水放置时间过长等都会产生热原污染。

（二）注射用水制备方法

注射用水是无热原的蒸馏水，它是用纯化水（去离子水）经蒸馏后再通过 0.10 ~0.22 μm 的除菌过滤器过滤获得。纯水目前通过全离子交换法、电渗析—离子交换法、一级反渗透—离子交换法、二级反渗透法等生产工艺制备。无论使用何种工艺制备纯水，提供给蒸馏水机制备蒸馏水的原水必须符合《中国药典》规定的纯水水质标准。

以蒸馏法制备注射用水，从理论上讲，可除去水中的细微物质（大于 1 μm的所有不挥发性物质和大部分 0.09 ~1 μm 的可溶性小分子无机盐类）。纯水经蒸馏后，其中不挥发性有机、无机物质（包括悬浮体、胶体、细菌、病毒、热原等）杂质都能除去。但蒸馏水机的结构、性能、金属材料、加工精度、操作方法、水源的水质等均影响蒸馏水的质量。

20 世纪 80 年代以前，有些工厂用锅炉蒸汽直接冷凝、冷却制得蒸馏水，技术设备条件较好的则用单蒸馏水器、重蒸馏水器制备，其中重蒸馏水器又有塔式和亭式两种。20 世纪 80 年代沿用重蒸馏水器居多，而目前，国内已普遍使用节汽节水的自动控制多效蒸馏水机和气压式蒸馏水机，这类设备不仅产蒸馏水量大，而且经济实用。

- 单蒸馏水器：由蒸发锅、挡（沫）板、冷凝器、炉膛等组成。使用时将常水（饮用水）送入冷凝器的回水管流入漏斗，然后注入蒸发锅内，经加热后锅内水沸腾气化，蒸汽经挡（沫）板除去夹带的雾状液滴进入冷凝器进行热交换，进而被冷却成蒸馏水。由于设备产水量小、所得一次蒸馏水水质差等，该设备现已淘汰出局。

- 塔式蒸馏水器：此装置较单蒸馏水器有所改进。第一，它以一次蒸馏水为水源，制得二次蒸馏水；第二，它以蒸汽为热源改善环境；第三，有隔沫装置可阻止蒸汽中夹带的沸腾泡沫和大部分雾滴使其回流至蒸发锅内；第四，在收集一次蒸馏水时设置废气（CO_2、NH_3）排出口，这样，使制得的蒸馏水质有所提高。

- 多效蒸馏水机：多效蒸馏水机的性能取决于加热蒸汽的压力和效数。压力愈大，蒸馏水的产量愈大，效数愈多，热能的利用率也愈高。多效蒸馏水机又可分为列管式和盘管式，国内常用列管式蒸馏水机。列管式多效蒸馏水机内部为传热管束与管板、壳体组成的降膜式列管蒸发器，生成的蒸汽自下部排出，再沿内胆与分离筒间的螺旋叶片旋转向上运动，蒸汽中夹带的液滴被分离，在分离筒内壁形成水层，再环流至分离筒与外壳间形成的疏水通道，下流液体汇集于器底，蒸汽继续上升至分离筒顶端，从蒸汽出口排出，进入下一效蒸发器。目前，多效列管式蒸馏水机结构上有内螺旋与外螺旋之分，其过程原理如下：进入一效蒸发器内双管板结构顶部经预热的原料水通过薄膜蒸发管下降，蒸发器管壁上的蒸发装置很快将原料水闪蒸为蒸汽。在蒸发器的底部，蒸汽形成 180°的转向，大的水滴被甩至柱底，未被蒸发的过量原料水也被收集于柱底，这些水汇集流入下一效的顶部，再重复同样的运作程序。蒸汽通过蒸发器中心部位低速垂直上升，通过重力运动继续去除杂质，在中心部位的顶部，蒸汽通过一入口到达旋风腔，腔内蒸汽形成高速旋涡，且由于径向加速度快，水滴及杂质被强大的离心力抛到旋风腔的外缘，从底部排出。通过离心作用，蒸汽变得纯净，纯蒸汽低速垂直上升，在通过蒸馏柱顶部出口排出前，做最后一个 180°转向。在旋风腔的中心管上设有一个去雾器装置，作为第四级分离，以确保注射用水的质量符合要求。

- 气压式蒸馏水机：气压式又称热压式，它将纯化水以 2 ~ 3 kgf/cm^2 的压力，经进水口通过换热器，再经泵送入蒸发冷凝器的管内，管内水位由液位调节器调节，在蒸发冷凝器下部设有蒸汽加热盘管和电加热器起辅助加热作用。将蒸发冷凝器管内的纯水加热成蒸汽送入蒸发室内，温度达 105 ℃，经除雾器除去蒸发速度过快而带入的水滴、固体物质，再进入压缩机时蒸汽被压缩，温度可高达 120 ℃，此高温压缩蒸汽进入蒸发冷凝器的管间。此时，蒸发冷凝器管内与管间温差在 15 ℃以上，管间高温高压蒸汽释放大量潜热，将蒸发冷凝器管内的水加热成蒸汽，该蒸汽又进入蒸发室重复前面的过程。管间的高温压缩蒸汽冷凝成蒸馏水集结于管间后被引出，而溶于蒸馏水中的不凝性气体从不凝性气体排出器排出。纯净的蒸馏水经泵送入热交换器，预热后进入蒸发冷凝器，最后以 0. 1 MPa 的压力流出并经流量计进入保温储罐。气压式蒸馏水机采用热泵蒸发原理，蒸发与冷凝共用一个换热器，不需冷却水，蒸汽只要达0. 1 MPa即可，节汽 90% 以上，整机可实现全自动控制，所产蒸馏水符合“注射用水”标准。

任务适用岗位与主要设备

（一）任务适用岗位

本任务操作适用于制药企业注射用水制备人员，要求熟悉注射用水的生产 SOP。

（二）制备注射用水的主要设备

多效蒸馏水机、注射用水储罐、氯化物、酸碱度检测仪（pH 试纸）、硫酸盐与钙盐检测器具（1 个 50 mL 量筒、3 个 50 mL 试管、1 个 1 mL 移液管、2 个 2 mL 移液管、滴管）。

任务实施

注射用水生产指令单

产品名称：注射用水	
计划产量：	
开始日期：　　年　　月　　日　　时　　分	
结束日期：　　年　　月　　日　　时　　分	
工艺路线	纯化水—进水泵—冷凝器—预热器—多效蒸发器—冷凝器—注射用水储罐—送水泵—各使用点
签发者：	日期：

（一）操作准备

（1）操作工检查操作间及设备，应清洁无污物。

（2）打开纯化水进水阀门，检查系统管路阀门是否正常。

（3）检查管路及接头是否密封。

（二）操作步骤

（1）接通总电源。

（2）开启注射用水储罐的温控及液位显示装置，设置储水温度为 80 ℃。

（3）后续操作：① 开启多效蒸馏水机，待出水稳定、出水温度达到 95 ℃ 以上时，打开注射用水储罐的进水阀门，将注射用水送入注射用水储罐。② 当注射用水储量达到 0.3 t 时，可以开启输送泵向各使用点供水。供水时打开储罐送水管道上的热交换器的冷却水阀门，保证回水的温度高于 65 ℃。③ 按要求每隔 2 h 记录储罐和回水温度，测试成品水的 pH 值，每班测定氯化物、硫酸盐、钙盐一次，并做记录。④ 本系统有两个储罐，制注射用水时应先注满一个储罐，再向另一个储罐注水。向车间输送注射用水时也应先使用一个储罐的水，回水回至本储罐，当注射用水快用尽时，再将阀门调整到另一个储罐供水，以保证注射用水储存时间短，随时生产随时使用。

（4）安全规程。① 设备运行中要认真观察设备是否正常，如有异常应停机处理，修复后方可使用；② 不得擅自离岗，凡需离岗而又不能停机时，必须报班组长批准，并由班组长指定接替人后，方可离开。

（三）质量控制要点与质量判断

（1）酸碱度 5.0～7.0。

（2）电导率≤1.3 μs/cm。

（3）总有机碳≤0.50 mg/L。

（4）需氧菌≤10 cfu/100 mL。

（5）细菌内毒素＜0.25 EU/mL。

（四）生产记录

注射用水生产记录见表 5-3。

表 5-3 注射用水生产记录

<table>
<tr><td colspan="4">开工时间</td><td colspan="2">结束时间</td><td colspan="2">注射用水产量</td><td colspan="2">操作人</td></tr>
<tr><td colspan="4"></td><td colspan="2"></td><td colspan="2"></td><td colspan="2"></td></tr>
<tr><td rowspan="4">生产过程监测</td><td>时间</td><td></td><td></td><td></td><td></td><td></td><td></td><td></td><td></td></tr>
<tr><td>储罐温度/℃</td><td></td><td></td><td></td><td></td><td></td><td></td><td></td><td></td></tr>
<tr><td>回水温度/℃</td><td></td><td></td><td></td><td></td><td></td><td></td><td></td><td></td></tr>
<tr><td>酸碱度</td><td></td><td></td><td></td><td></td><td></td><td></td><td></td><td></td></tr>
</table>

续表

开工时间			结束时间		注射用水产量		操作人		
生产过程监测	硫酸盐								
	亚硝酸盐								
	氨								
	总有机碳								
	不挥发物								
	重金属								
	氯化物								
	钙盐								

（五）注意事项

（1）生产结束后关闭总电源。

（2）当天生产结束将储罐、管道余水全部放净，将所有阀门关闭。

（3）清洁按《注射用水系统储罐、管道清洁标准操作规程》执行。

① 清洁频次：储罐、管道每天放水，每周清洗灭菌一次。储罐上的呼吸器和管路上的精密过滤器至少每年更换一次，平时生产和清洁时应经常检查呼吸器和过滤器的洁净度，发现变成黄色或堵塞时应及时更换。

② 清洁所用洁具：无纤维布、板刷。

③ 清洁剂：2% 过氧化氢溶液。

④ 清洁方法：a. 储罐、管道内存水每天下班前放掉，保证使用新鲜注射用水；b. 储罐、管道每周用高压纯蒸汽灭菌一次，再用注射用水打循环冲洗 30 min，将水放掉；c. 系统停用 2 天以上时，操作工应开清洁球用 2% 过氧化氢溶液冲洗罐的内部，并开动输送泵向管道输送双氧水循环 20 min，再用注射用水冲洗至进水口与出水口 pH 值一致；d. 清洗时，应注意两个注射用水储罐之间的连接部位，防止有清洗死角而对整个系统产生污染；e. 每天用清洁巾擦试多效蒸馏水机、储罐、纯蒸汽发生器和管道外部，保持清洁。

（4）清洁工具按《清洁工具清洁消毒标准操作规程》进行清洁。

（5）完成生产记录、灭菌记录和清场记录的填写，请 QA 检查，合格后发放“清场合格证”。

任务考核

考核内容	技能要求	分值	考核结果
更换标识	1. 动作连贯、无重大失误； 2. 记录完整，无明显错误	20	
预处理	1. 正确进行预处理； 2. 无明显失误及错误； 3. 出水符合要求	30	
注射用水制备	1. 严格按照“注射用水制备 SOP”操作； 2. 消毒液使用正确	30	
清场	1. 严格按照“注射用水车间清场 SOP”操作； 2. 清洗工具使用正确	10	
其他	正确回答考核人员的提问	10	

任务强化

1. 何谓注射用水？何谓灭菌注射用水？
2. 简述多效蒸馏水机制备注射用水的原理。
3. 注射用水的制备、储存与分配中应注意哪些问题？

项目六 清场管理

任务一 清 场

任务目标

知识目标：了解清场过程的管理；熟悉清场的范围与内容；掌握混淆与清场的定义。

技能目标：掌握清场过程的管理方法。

素质目标：培养学生科学严谨、实事求是的态度，促进良好职业道德的养成。

任务卡

任务名称	清场	学号		姓名	
关键点	一、防止混淆的措施 二、清场的范围与内容 三、清场过程的管理				
开始时间			完成时间		
执行人			审核人		

任务情景

1. 场地：GMP 教学工厂。
2. 材料：人员净化服、洁净手套、洗手液、75% 乙醇、各类清洁工具等。
3. 要求：① 掌握正确的清场范围；② 掌握正确的清场程序和要求。

任务准备

（一）任务术语

1）混淆　是指一种或一种以上的其他原材料或成品与已标明品名的原材

料或成品相混，通俗地说就是“混药”。

2）清场　是指在药品生产过程中，每一个生产阶段完成后，由生产人员按规定的程序和方法对生产过程中所涉及的文件、设施、设备、仪器、物料等进行清理并严格进行清洗和消毒，以便下一阶段的品种生产或更换其他品种的生产。清场的目的是防止药品污染、混淆和差错。

（二）防止混淆的措施

1）生产批号管理　在药品生产企业中，同一品种的产品不一定是质量完全相同的产品，只有相同批号的同一品种的产品才是相同的产品。因此，批号的管理就显得非常重要，要防止混淆，应严格执行批号管理，避免造成混批。

2）生产操作管理　药品生产过程中，不正确的操作是导致混淆发生的主要原因。因此，针对生产操作，应采取以下措施：

（1）生产区域要专一，在同一生产区域（包括相应的辅助生产区域）只能生产同一批号、同一规格的相同产品。

（2）生产前要检查每个品种或每个批号。药品生产开始前，应认真检查设备、器具、容器等是否洁净或消毒灭菌，以及是否有前次生产的遗留物，否则不能进行新的生产操作。

（3）人员控制。生产开始前后，应严格控制生产区和辅助生产区人员进出，生产过程中应对操作人员进行严格控制，防止因操作人员行为不规范或外来人员造成混淆和差错。

（4）工序衔接要合理。在药品生产中，工艺布局的合理性是保证药品生产秩序正常的关键，也是确保厂房设施、生产管理与 GMP 规范相符合的关键。

（5）状态标识要明确。药品生产厂房中应标明生产区域、辅助区域、设备应使用状态，容器等应标明容器内容物的情况，如品名、规格、批号、状态，从而防止污染和混淆。

（三）清场的范围与内容

1）清场的范围　清场范围应涵盖生产操作的所有区域和空间，包括生产区和辅助生产区，以及涉及的一切设施、设备、仪器及物料等。在药品生产过程中，经常出现重视生产现场的清场工作，而忽视与生产相关的辅助生产区的清理（或者清理不彻底）的现象。

2）清场的内容　清场内容应包括以下几个方面：

（1）物料清理。生产中所用到的所有物料，包括原辅料、中间产品、包装材料、剩余物料等，应进行相应的清理、退库、储存或销毁。

（2）配件、器具清理。本次生产使用的设备配件、模具、器具、容器等应清出现场，将所有能够拆除的全部拆卸或将可移动设备移出生产区在清洁区域清洗。

（3）文件清理。对生产中所用到的各种规程、指令、记录，包括各种状态标志等应进行相应的清除、交还、交接和归档工作。

（4）清洁、消毒、灭菌。对生产区域和辅助生产区域进行清洁、整理和消毒灭菌工作，并检查设备器具残留，限度应符合要求。

（5）残留检验。对生产设备及其管道采用擦拭法、冲洗法取样，采用残留物或污染物灵敏度分析法检验是否仍有前次生产残留物，限度须符合规定要求。

知识链接

药品生产企业为什么要清场？

药品生产后，总会残留若干原辅料和微生物，如果这些残留物和微生物进入下批生产过程，必然产生不良影响。因此，必须通过清洗将这些污染源从药品生产的循环中除去。在制药企业清洗实施中，清洁的概念就是设备中残留物（包括微生物）的量不影响下批产品规定的疗效、质量和安全性的状态。为杜绝因清洁不彻底而引发污染事件，企业应有明确的清场管理制度。

（四）清场过程的管理

车间各工序在本批产品生产完毕后，必须及时进行清场，填写清场记录。清场工作由各岗位操作人员严格按照各岗位清场操作规程进行。

1. 清场的程序与要求

（1）地面无积尘、无结垢，门窗、室内照明灯、风管、墙面、开关箱外壳无积尘，室内不得存放与下次生产无关的物品（包括物料、中间产品、产品、文件、记录等），生产废弃物已处理，地漏、卫生洁具已清洁消毒。

（2）使用的工具、容器已清洁，无异物、无遗留物。

（3）设备内外无生产遗留物、无油垢。

（4）非专用设备、管道、工具、容器已按规定拆洗或消毒。

（5）凡直接接触药品的设备、管道、工具、容器应每天或每批清理，同一设备连续加工同一非无菌产品时，清洗周期可按生产工艺规程及操作规程执行。

（6）包装工序更换品种或规格时，多余的标签、包装材料应全部按规定退库。

2. 清场记录

清场操作应有清场记录，清场记录应包括工序名称、产品名称、规格、批号、清场日期、清场项目、清场人、检查人等。包装清场记录一式两份，正本纳入本批批包装记录，副本纳入下一批批包装记录，其余工序清场记录纳入本批生产记录。

3. 清场检查

清场结束后，先由车间工艺员、QC 按清场检查细则进行自检，合格后再由质量管理部质量管理人员按清场检查细则复检，并由质检员采样检验是否有前次生产残留，完成后填写清场检查记录。

清场检查合格后，由质量管理人员签发“清场合格证”；清场检查不合格，必须由操作人员重新进行清场，直到清场检查合格后，方可签发“清场合格证”。“清场合格证”一式两份，分正本和副本，作为生产凭证之一，正本纳入本批生产记录，副本流入下一批生产记录。“清场合格证”应规定有效期，超过有效期的，应重新进行检查。未取得“清场合格证”的不得进行另一个品种或同一品种不同批号的产品生产。生产接班时，应检查“清场合格证”，在确认无误后方可执行生产作业。

典型案例

甲氨蝶呤事件

上海医药（集团）有限公司上海华联制药厂事件是该药厂生产操作人员将硫酸长春新碱尾液混入部分批号的鞘内注射用甲氨蝶呤和阿糖胞苷，造成多个批次、多个品种产品被污染的重大生产质量事故。《药品生产质量管理规范》（1998 年修订）中有清场规定，如果严格执行了分区域生产和阶段性生产管理，共线阶段性生产药品在更换品种时严格清场，严格检验残留，怎么会发生前次生产的不同产品出现在生产现场的混药事故？可见，该厂在生产管理上极其混乱，药品生产完全不受控，从而导致多个产品、多个批次的药品被硫酸长春新碱污染。

任务实施

（一）搜集案例视频，分组讨论

学生准备相关案例视频，围绕视频现场分组讨论，上台讲解并分析原因。

（二）多媒体展示与讲解

学生分组上台用 PPT 展示并讲解清场的注意事项。

任务强化

1. 简述清场的定义和范围。

2. 简述清场的程序与要求。
3. 围绕 GMP 教学工厂，设计合适的清场计划和内容。

任务二　环境清场

任务目标

知识目标： 熟悉不同洁净要求生产区清场的检查方法和清洁效果的评价；掌握一般生产区和 B 级、C 级、D 级洁净生产区清场的一般程序，以及清洁、消毒的操作要点。

技能目标： 会根据不同洁净级别，按照 GMP 要求进行清场。

素质目标： 培养学生严肃认真的科学态度和严谨的工作作风；培养学生的安全生产意识。

任务卡

<table>
<tr><td>任务名称</td><td>环境清场</td><td>学号</td><td></td><td>姓名</td><td></td></tr>
<tr><td>关键点</td><td colspan="5">一、环境清场的准备
二、环境清场的方法
三、环境清场的内容与要求</td></tr>
<tr><td colspan="2">开始时间</td><td colspan="2"></td><td>完成时间</td><td></td></tr>
<tr><td colspan="2">执行人</td><td colspan="2"></td><td>审核人</td><td></td></tr>
</table>

任务情景

1. 场地：GMP 教学工厂。

2. 材料：① 清场工器具：清洁抹布、洁净抹布、橡胶手套、拖布、毛刷、清洁盆/桶、废弃物容器；② 清洁剂：洗衣粉、洗涤剂、液体皂等；③ 消毒剂：5% 甲酚皂溶液、0.5% 新洁尔灭溶液、75% 乙醇溶液、3% H_2O_2 溶液；④ 清场用溶剂：纯化水、饮用水。

3. 要求：① 掌握环境清场的内容与要求；② 正确进行环境清场。

任务准备

（一）清物料

（1）将岗位生产剩余原料、半成品（料头、料尾）等物料准确计量，严密包装。

（2）认真填写物料标示卡，注明品名、批号、数量、质量指标和状况，填写人、复核人签名，并在生产记录中注明。

（3）将剩余原料送物料暂存室存放，半成品（料头、料尾）送交中间站保管，并办理相应交接手续。

（二）清垃圾、废弃物

（1）生产产生的废弃物、垃圾及污染不可回收的物料，计量后严密包装，送废弃物暂存室由废弃物专用通道传递出生产区或车间。

（2）生产中产生印有批号的剩余标签、说明书或印有说明书内容的包装物及残损标签、说明书，按照标签、说明书管理规定计数封存，清出生产区或车间，存放于指定区域按规定处理。

（三）清文件

（1）生产结束后将前次生产的相关生产技术文件存放于指定地点。

（2）将前次生产的相关生产记录填写完整，收集齐全后存放于指定地点或纳入批生产记录，保存于指定地点。

（四）清容器

1. 一般生产区容器、器具

（1）清洁频率：

① 使用后进行1次清洁。

② 更换品种时进行清洁。

③ 隔批生产或停产，开工前进行清洁。

④ 发生异常，影响产品质量时进行清洁。

（2）清洁剂：洗涤剂。

（3）清洁工具：毛刷、清洁布。

（4）清洁方法：

① 容器具使用后，用饮用水进行刷洗，必要时用少许清洁剂除去污迹或粉垢，再用水冲洗掉清洁剂的残留物（用pH试纸测最后一遍冲洗水，pH值应与水一致）。

② 清洁后的容器具倒置存放在指定位置，并贴挂“已清洁”状态标志。

③ 直接接触药品的容器，用饮用水彻底刷洗后应进行烘干，以免影响药

品质量。

（5）清洁效果评价：清洁后的容器具经目检表面应无可见污迹和残留物。

（6）清洁工具的处理：按清洁工具清洁规程处理后，存放在清洁工具间，备用。

2. D级洁净区容器具清洁规程

（1）玻璃容器的清洁。

① 玻璃容器（包括量筒、试管等），用纯化水洗刷干净，倒置控干后，放入洗液（重铬酸钾－浓硫酸配制）浸泡8 h以上。浸泡时，应注意容器内壁的洗液要涂布均匀。

② 用纯化水将容器反复冲洗至中性为止，倒置控干，用硫酸纸将容器口捆扎密封，待用。

（2）不锈钢盘、物料桶等容器，使用后立即用饮用水或清洁剂清洗干净，然后用纯化水冲洗3～4遍，控干，备用。使用前用75%乙醇溶液对里、外进行消毒，自然晾干后使用。

（3）胶管、大胶塞等放入1% NaOH溶液中加热，煮沸30 min后用纯化水反复冲洗至中性晾干，再用硫酸纸包好，待用。

（4）工器具（不锈钢剪刀、镊子等）使用完后用纯化水冲洗干净，放在指定位置，使用前再用75%乙醇溶液消毒。

（5）所有容器、器具清洁后必须贴挂标示卡，标明日期、时间、“已清洗”等，于指定位置存放。

（6）D级洁净区使用的容器具根据各工序生产要求，可干热或湿热灭菌。

3. B级、C级洁净区容器具清洁灭菌规程

（1）清洁消毒频率：使用前后进行清洁消毒。

（2）清洁剂及消毒剂：根据容器具的性质选用清洁剂和消毒剂，如$NaHCO_3$溶液、重铬酸钾洗液、3% H_2O_2溶液、1% NaOH溶液及1% Na_2CO_3溶液。

（3）清洁、消毒方法：

① 玻璃容器（广口玻璃瓶、玻璃三通、活塞）：使用后的广口玻璃瓶、量筒、烧杯等用纯化水洗净瓶内残留药液，然后加入适量$NaHCO_3$溶液，将瓶内外的油污去除，再用纯化水将清洁剂冲净，用重铬酸钾洗液浸泡8 h以上，然后用纯化水将重铬酸钾洗液冲净，最后用经0.22 μm微孔滤膜过滤的注射用水冲洗4～5遍，放在瓶架上控干，用硫酸纸包扎好瓶口后，待干热灭菌；灌注系统的玻璃活塞、三通、硅胶管等，首先用纯化水将药液残留物冲净，然后用3% H_2O_2或1% NaOH溶液浸泡8 h以上，再用纯化水反复冲洗，最后用经0.22 μm微孔滤膜过滤的注射用水冲洗（冲洗水的pH值应与注射用水的pH值

一致），然后一起装入洁净的容器中，待湿热灭菌。

② 不锈钢容器：调剂桶用清洁剂清洗干净后，用经 0.22 μm 微孔滤膜过滤后的注射用水清洗干净（最后冲洗水的 pH 值应与注射用水的 pH 值一致），控干后，盖上容器盖，待干热灭菌。

③ 粉针车间的容器具：分装机接触药粉的料斗、送粉器、送粉螺杆、搅拌器等拆卸下来后用 1% $NaHCO_3$溶液擦拭，再用注射用水清洗干净，然后用 75% 乙醇溶液浸泡 15 min，送至电热烘箱 180 ℃干热灭菌 2 h。

④ 不能干热灭菌的容器具：有机玻璃视罩、送粉漏斗等，用 75% 乙醇溶液浸泡 15 min 后，再用臭氧发生器灭菌 1 h。

⑤ 平板过滤器：用纯化水冲净药液残留物后，用过滤的注射用水冲洗4～5 遍，用硫酸纸将进口、出口包扎好装入相应的洁净袋中进行湿热灭菌。

（4）容器、器具的传递与存放：

① 经灭菌的容器、器具一律经过双扉式灭菌箱门传入。

② 传入后的容器具贮存在指定位置并贴挂“已灭菌”标示。

（5）洁净区内的容器、器具超过 24 h 不使用，返出后须重新处理。

（五）清洁用具的清洗、消毒

1. 各区域所用的清洁工具

（1）一般生产区使用的清洁工具：拖布、抹布、笤帚、水桶、簸箕。

（2）D 级洁净区使用的清洁工具：拖布、不脱落纤维的清洁布、水桶、簸箕、丝光毛巾。

（3）B、C 级洁净区使用的清洁工具：超细布、不脱落纤维的清洁布。

2. 清洁剂

洗衣粉、洗涤剂、液体皂等。

3. 消毒剂

5% 甲酚皂液、0.2% 新洁尔灭溶液、75% 乙醇溶液（各消毒剂每月应轮换使用）。

4. 清洁方法及频率

（1）一般生产区、D 级洁净区使用的清洁工具，每次用完后用洗衣粉搓洗干净，再用饮用水反复漂洗，晾干备用，水桶冲洗干净倒置存放。

（2）C 级洁净区使用的清洁工具，每天用完后，用洗涤剂清洗干净，再用纯化水冲洗掉清洁剂的残留物，然后用消毒剂浸泡 15 min，晾干备用。

（3）B、C 级洁净区使用的清洁工具用洗涤剂清洗干净，再用经 0.22 μm 微孔滤膜过滤的注射用水漂洗至中性，拧干，放入相应的洁净袋内进行湿热灭菌，（132 ℃，5 min）备用。

5. 清洁效果评价

（1）目检确认洁净，无可见异物或污迹；用水漂洗确认，无污迹和残留物。

（2）万级洁净区的清洁工具清洗、灭菌后，必要时可进行菌检，应符合标准。

6. 清洁工具的管理及存放

（1）洁净区与非洁净区的清洁工具应在各自区域内进行清洗、消毒，分别存放于各自清洁间内指定的位置，并设有标记，不得混用。

（2）万级洁净区擦拭设备的清洁工具和局部百级使用的清洁工具要用专用超细布，与擦拭其他部位的清洁工具应分开使用、清洗和存放，并有明显标记。

（3）各清洁间的清洁、消毒方法及频率，应与各区域操作岗位同步。

（六）清场内容及要求

（1）各生产工序在当日生产结束后，更换品种、规格或换批号前及停产检修结束后应进行清场。

（2）无生产残留物，包括原辅料、中间产品、包装材料、成品、剩余的材料、散装品印刷的标志物等。

（3）无生产指令、生产记录等书面文字材料。

（4）无生产状态标志，清洁状态标志挂牌正确。

（5）地面无积尘、无结垢，门窗、室内照明灯、风管、墙面、开关箱外壳无积尘，室内不得存放与生产无关的物品。

（6）使用的工具、容器清洁无异物，无前次产品的残留物。

（7）设备内外无前次生产遗留的药品，无油垢。

（8）非专用设备、管道、容器、工具应按规定进行清洗消毒或灭菌。

（9）凡直接接触药品的机器、设备及管道、工具、容器应每天清洗。

（10）调换品种、规格时，必须对原辅料、包装材料标签、说明书等的领用数、使用数和剩余数做认真核对，核对无误后认真填写记录，对不再使用的原辅料、包装材料、标签、说明书要及时清场，返回库里。对印有批号的标签、包装材料不得涂改使用，应由专人负责及时销毁，并做好记录。

（11）固体制剂调换品种时，一律调换烘布、布袋、塑料袋。

（12）清场结束后，填好清洁状态标志，取下“未清洁”的清洁状态标志，挂上“已清洁”的清洁状态标志。

（七）清场检查方法及清洁效果评价

1. 清场检查方法

各工序清场工作采取“一看、二摸、三查”的检查方法。

一看：设备、容器具、工具应洁净、无污迹、无前次产品遗留物；操作间内无杂物，墙面、顶棚、门窗、水池、地面及照明灯具、通风口等设施表面洁净、无污迹、无前次产品遗留物；生产记录文件夹内无任何纸张、记录文件。

二摸：清场检查人员戴白色手套触摸直接接触药品的设备部件、盛装容器、计量器具的表面及操作间内墙面、顶棚、门窗、地面及照明灯具、通风口等设施的表面，白色手套应洁净、无污迹。

三查：检查《洁净区环境监测报告》，查验清场检查工序各操作间、设备表面微生物检测结果近期内是否符合药品生产要求。

2. 清洁效果评价

1）一般生产区清洁效果评价

（1）目检玻璃应光亮透彻，无擦拭后水迹及任何残余痕迹，地面无污垢、无积尘、无废弃物。

（2）用手擦拭任意部位，均无尘迹和脱落物。

2）D级洁净区清洁效果评价

（1）目检各表面应光洁，无可见异物或污迹。

（2）QA检测尘埃粒子、沉降菌，应符合标准。

3）B、C级洁净区清洁效果评价

（1）目检各表面应光洁，无可见异物或污垢。

（2）QA对尘埃粒子、沉降菌进行检测，应达到标准。

4）设备清洁效果评价

（1）要求做到设备主体清洁、无跑冒滴漏，轴见光，沟见底，设备见本色；设备周围无油垢、无污水、无杂物，与物料、产品直接接触部位无物料或产品残留物的痕迹。

（2）洁净区使用的设备、容器、管道在清洁以后，还必须用纯水或注射用水冲洗干净，并进行有效的消毒；生产无菌药品的设备、容器、管道，清洁后还要灭菌。B、C级洁净区用的清洁用水应经过过滤。

（3）难以清洗干净的设备、容器、工具、管道，应按品种专用。

任务实施

（一）操作前准备

（1）清场人员入场：生产结束后，清场人员（该岗位生产操作人员已更衣着本岗位工作服）按照人员进入一般生产区、B级或D级生产区的更衣程序进入相应洁净级别生产区拟清场岗位。

（2）清场工器具准备：将清场用清洁溶剂、水、洁具、消毒剂准备好，备用。

（3）清场前检查确认：检查并确认该岗位生产工作确已完成或结束。

（4）清场程序确认：清场人员对各工序操作间的清场程序按先物后地、先内后外、先上后下的顺序进行。

（二）清场操作

1. 一般生产区清洁规程

（1）清洁频率及范围：

① 每天生产操作前、生产结束后各清洁 1 次：清除并清洗废物贮器；擦拭操作台面、地面及设备外壁；擦拭室内桌、椅、柜等外壁；擦拭走廊、门窗、卫生间、水池及其他地方的污迹。

② 每周六工作结束后进行全面清洁 1 次：擦洗门窗、水池及其他设施；刷洗废物贮器、地漏、排水道等处。

③ 每月工作结束后进行全厂大清洁 1 次：对墙面、顶棚、照明、消防设施及其他附属装置除尘，全面清洗工作场所。

（2）清洁工具：拖布、水桶、笤帚、抹布、吸尘器、毛刷、废物贮器。

（3）清洁剂：洗衣粉、洗涤剂、药皂。

（4）消毒剂：5% 甲酚皂液。

（5）清洁方法：操作前用抹布蘸饮用水擦拭生产环境（顶棚、墙面、门、窗、灯具、水池、地漏）各部位，地面用湿拖布擦拭。工作结束后，先用清洁剂擦去各部位表面污迹，再用饮用水擦洗干净。

（6）一般原则：

① 每个岗位必须有自己的清洁工具，不得跨区使用。

② 生产岗位洗手池不得清洗私人物品。

③ 清洁工必须遵守各项卫生规程。

（7）清洁工具的存放：

① 清洁工具用完后，按清洁工具清洁规程处理备用。

② 水桶用后洗刷干净，倒置存放。

③ 各岗位的清洁工具分别存放于清洁工具间，并有标志，卫生间的清洁工具存放于相应卫生间的指定位置。

2. D 级洁净区清洁消毒规程

（1）清洁频率及范围：

① 每天生产操作前、生产结束后清洁 1 次：直接接触药品的设备表面清洁后再用消毒剂进行消毒；清除并清洗废物贮器，用纯化水擦拭墙面、门窗、地面、室内用具及设备外壁的污迹。

② 每周六工作结束后，清洁、消毒 1 次：用纯化水擦洗室内所有部位，

包括地面、废物贮器、地漏、灯具、排风口、顶棚等。

③ 每月生产结束后，全面清洁、消毒 1 次，包括拆洗设备附件及其他附属装置。

④ 根据室内菌检情况，决定消毒频率。

（2）清洁工具：拖布、清洁布（不脱落纤维和颗粒）、毛刷、塑料盆。

（3）清洁剂：洗涤剂。

（4）消毒剂：0.2% 新洁尔灭、75% 乙醇溶液、5% 甲酚皂液、1% 碳酸氢钠溶液，以上消毒剂每月轮换使用。

（5）清洁消毒方法：

① 清洁程序：先物后地、先内后外、先上后下。

② 用过滤的纯化水擦拭 1 遍，必要时用清洁剂擦去污迹，然后冲洗掉清洁剂残留物，再用消毒剂消毒 1 遍。

③ 粉针车间轧盖岗位每天操作前，用 75% 乙醇对室内、设备消毒 1 遍。生产结束后，用 5% 甲酚皂擦拭地面。

④ 输液车间地面以纯化水冲洗为宜，控制微粒。

（6）清洁工具的清洁及存放：清洁工具使用后，按清洁工具清洁规程处理，存放于清洁工具间指定位置，并设有标志。

3. B 级、C 级洁净区清洁消毒规程

（1）清洁频率及范围：

① 操作室每天生产前、生产结束后清洁、消毒 1 次，每天用臭氧消毒 60 min，范围包括操作台面、门窗、墙面、地面、用具及其附属装置、设备外壁等。

② 每周工作结束后，进行全面清洁、消毒 1 次，范围包括墙面、照明和顶棚。

③ 每月将操作室内空间用臭氧消毒 150 min。

④ 根据室内菌检情况或出现异常情况决定消毒频率。

⑤ 对于倒班生产，两班清洁时间间距应在 2 h 以上。

⑥ 更衣室、缓冲间及公共设施，由专职清洁工每日上班后、下班前进行清洁、消毒。

（2）消毒剂：

① 用于表面消毒的有 0.2% 新洁尔灭、5% 甲酚皂液、75% 乙醇溶液。

② 用于空间消毒的有臭氧。

（3）消毒剂使用方法：

① 液体消毒剂使用前，应经过 0.22 μm 微孔滤膜过滤。

② 各种消毒剂每月轮换使用。

③ 消毒剂从配制到使用不超过24 h。

（4）清洁、消毒方法：

① 清洁程序：先物后地、先内后外、先上后下、先拆后洗、先零后整。

② 灭菌的超细布在消毒剂中润湿后，擦拭台面、设备表面，然后用灭菌的不脱落纤维的清洁布擦拭墙面和其他部位，最后擦拭地面。

③ 操作室每天清洁后，按臭氧消毒规程，对房间进行臭氧消毒。

（5）清洁工具的清洁及存放：清洁工作结束后，清洁工具按清洁工具清洁规程清洗、存放并贴挂状态标志。

清洁方法及频率应与各区域操作岗位同步。

（三）清场结束

1. 填写清场记录

清场结束后认真填写清场记录，记录内容包括工序名称、品名、规格、批号、清场日期、清场项目、检查情况，以及清场人、复核人签字。包装清场记录一式两份，分别纳入本批批包装记录和下一批批包装记录。其余工序清场记录纳入批生产记录。

2. 清场检查及清场合格证的发放

清场结束后由质量保证部QA（Quality Assurance，质量保证）人员按清场要求检查，并在清场记录上注明检查结果，合格后发放"清场合格证"。此证作为下次生产（下一个班次、下一批产品、另一个品种或同品种不同规格产品）的生产凭证，附生产记录。未领得"清场合格证"不得进行另一个品种或同一品种不同规格的生产。

3. 清场人员退出

清场检查结束后填好清洁状态标志，取下"未清洁"的清洁状态标志，挂上"已清洁"的清洁状态标志；清场人员将"清场合格证"悬挂于本区域指定位置，按照人员进出本生产区的更衣程序退出已清场的生产区域。

任务强化

1. 简述常用清场试剂的配制方法。
2. 实训车间内两人一组进入不同操作间，进行环境清洁。

任务三 设备清场

任务目标

知识目标：了解不同洁净要求生产区清场的检查方法和清洁效果的评价；掌握一般生产区及B级、C级、D级洁净生产区设备清场的一般程序和清洁、消毒操作要点。

技能目标：会根据不同洁净级别，按照GMP要求进行设备清场。

素质目标：培养学生严肃认真的科学态度和严谨的工作作风；培养学生的安全生产意识。

任务卡

任务名称	设备清场	学号		姓名	
关键点	一、清场材料的准备 二、设备清场的方法 三、设备清场的内容与要求				
开始时间			完成时间		
执行人			审核人		

任务情景

1. 场地：GMP教学工厂。

2. 材料：① 清场工器具：吸尘器、清洁抹布、洁净抹布、橡胶手套、镊子、毛刷、清洁盆/桶、废弃物容器；② 清洁剂：洗衣粉、洗涤剂、液体皂等；③ 消毒剂：0.1%新洁尔灭溶液、0.2%新洁尔灭溶液、0.5%新洁尔灭溶液、75%乙醇溶液、3% H_2O_2 溶液；④ 清场用溶剂：纯化水、饮用水、1% NaOH溶液、1% Na_2CO_3溶液。

3. 要求：① 掌握设备清场的内容与要求；② 正确进行设备清场。

任务准备

GMP 对设备清场的要求如下：

（1）室内不得存放与生产无关的杂物。

（2）地面无积灰、无结垢，门窗、室内照明灯、风管、墙面、开关箱外无积灰。

（3）使用的工具、容器应清洁、无异物，无前次产品的遗留物；设备内外无前次生产遗留的产品，没有油垢。

（4）直接接触药品的机器、设备及管道工具、容器应每天或每批清洗或清理；非专用设备、管道、容器、工具应按规定拆洗或灭菌；同一设备连续加工同一非无菌药品时，其清洗周期按有关规定确定。

（5）包装工序调换品种时，多余的标签及包装材料应全部按规定处理。

（6）固体制剂工序调换品种时，对难以清洗的部位要进行检查。

（7）清场结束由生产部门（车间）质量检查员复查合格后发给“清场合格证”。“清场合格证”作为下一个甚至同一品种不同批的生产凭证附入生产记录，未领得“清场合格证”不得进行下一步生产。

生产过程的管理是药品质量形成的关键环节，不仅要确保生产过程能够正确地遵循现行的经批准的有效的规程进行，更重要的是要防止污染和混淆，防止混药或混批的发生。上面的几项仅仅是生产过程管理的一部分，药品生产企业要按照质量管理体系标准，不断寻求满足 GMP 要求的更新更好的科学方法，以生产出高质量的药品。

任务实施

（一）操作前准备

（1）清场人员入场：生产结束后，清场人员（该岗位生产操作人员已衣着本岗位工作服）按照人员进入一般生产区及 B 级、C 级、D 级生产区的更衣程序进入相应洁净级别生产区拟清场岗位。

（2）清场工器具准备：将清场用清洁溶剂、水、洁具、清洁剂、消毒剂准备好，备用。

（3）清场前检查确认：检查并确认该岗位生产工作确已完成或结束。

（4）清场的程序：清场人员对各工序操作间的清场程序按先物后地、先内后外、先上后下的顺序进行。

（二）清场操作

1. 清设备

1）一般生产区设备清洁规程

（1）清洁工具：专用擦机布、塑料毛刷。

（2）清洁剂：洗涤剂。

（3）清洁频率：

① 设备使用前、生产结束后进行1次清洁。

② 更换品种时进行1次清洁。

③ 设备维修后进行1次清洁。

（4）清洁方法：

① 生产前用饮用水擦拭设备各部位表面。

② 生产结束后用毛刷清除设备上的残留物、碎玻璃、胶塞屑等，将可拆卸下来的各部件拆卸下来进行清洁。

③ 用清洁剂擦去设备上的油污或药液，然后用饮用水将设备擦拭干净。

④ 购进的新设备首先在非生产区脱去外包装，用清洁布擦掉设备内外的灰尘后方可搬至操作室。

⑤ 每天清场、清洁后操作者在批生产记录上签字，QA检查员检查合格后签字，贴挂“已清洁”标志卡，并填写设备清洁记录。

（5）清洁效果评价：设备清洁后目检确认，应无可见污迹或油垢，用手擦拭任意部位应无灰迹。

（6）清洁工具的清洁与存放：应按清洁工具清洁规程处理，存放于清洁工具间指定位置，并设有标志。

2）D级洁净区设备清洁消毒规程

（1）清洁工具：不脱落纤维的专用擦机布、塑料毛刷。

（2）清洁剂：洗涤剂。

（3）消毒剂（每月轮换使用）：75%乙醇溶液、0.2%新洁尔灭溶液。

（4）清洁频率：

① 设备使用前清洁1次，生产结束后清洁1次，更换品种时进行清洁、消毒。

② 设备维修后进行清洁、消毒。

③ 每周进行1次彻底清洁消毒。

（5）清洁消毒方法：

① 生产前，用纯化水对设备表面进行清洁，生化车间、粉针车间轧盖岗位用75%乙醇溶液进行消毒。

② 生产结束后，用毛刷清除设备上的残留物、碎玻璃、胶塞屑、铝盖屑

等，可拆卸的附件拆卸下来进行清洁。

③ 每天工作结束清洁后，操作者填写设备清洁记录并签字，QA 检查员检查合格后签字，并贴挂“已清洁”或“已消毒”标志卡。

④ 每周六工作结束后，先用清洁布（必要时用适量洗涤剂）将设备上的油污、药液擦洗干净，然后用消毒剂进行全面擦拭消毒。

（6）清洁工具的清洁与存放：洁净区专用擦机布用完后清洗干净，用消毒剂浸泡 15 min，存放于清洁工具间指定位置，备用。

3）B 级、C 级洁净区设备清洁消毒规程

（1）清洁工具：经灭菌的不脱落纤维的专用擦机布。

（2）消毒剂：0.2% 新洁尔灭溶液、75% 乙醇溶液、1% 碳酸钠。消毒剂每月轮换使用，并经 0.22 μm 微孔滤膜过滤。

（3）清洁、消毒频率：设备使用前消毒 1 次，生产结束后清洁、消毒 1 次；维修保养后进行清洁、消毒；更换品种后进行清洁、消毒。

（4）清洁、消毒方法：

① 生产前用 75% 乙醇溶液润湿专用擦机布，对设备的各部位全面擦拭。

② 生产结束后，先清除设备表面所有的废弃物、玻璃屑、胶塞屑等，再将设备直接接触药品的可拆卸的部件（如灌注用的注射器、玻璃活塞、硅胶管、针头等）拆卸下来进行清洁后，放入机动门脉动真空灭菌器内，按其操作规程进行灭菌。

③ 用干的擦机布将设备转动部位的油垢、药液擦拭干净，然后用注射用水湿润的清洁布擦拭，再用 75% 乙醇溶液湿润的清洁布擦拭各部位。

④ 新设备进入洁净区时，先在非无菌区清洁设备的内外灰尘、污垢，在臭氧大消毒之前搬运至洁净区操作室。

⑤ 清洁间隔时间：清洁、消毒后 24 h 内有效。

⑥ 清场、清洁、消毒后，填写“设备清洁”记录，操作人在“批生产记录”上签字，QA 检查员检查合格后签字，并贴挂状态标志卡。

（5）清洁工具的清洁与存放：清洁设备专用超细布使用后清洗干净，按工序分类包扎好，装入相应的洁净袋中进行湿热灭菌（132 ℃、5 min）。灭菌后存放在清洁工具间。

2. 清管道（内部、拆卸）

（1）清洁工具：水桶、白绸布、尼龙刷。

（2）清洁剂及消毒剂：0.5% 中性清洁剂；5% 新洁尔灭溶液。

（3）清洁、消毒频率：

① 更换品种时或同品种换批次时清洁、消毒 1 次。

② 每日生产结束后清洁、消毒 1 次。

（4）清洁方法及清洁用水：

① 用0.5%清洁剂溶液擦洗干净管道外表面。

② 用饮用水擦拭干净管道外表面，并进行消毒。

③ 在停产后，再次生产前打开排污阀将蒸汽管道内、去离子管道内、饮用水管道内的污水杂质排掉，直至蒸汽、水质澄清洁白及pH值呈中性为止。

（5）消毒方法：用白绸布蘸新洁尔灭溶液擦拭消毒。

（6）清洁效果的评价：管道外表洁净，无灰尘、无污迹，管道内无污水。微生物检测应符合相应洁净级别的洁净要求。

（三）清场结束

1. 填写清场记录

清场结束认真填写清场记录，记录内容包括工序名称、品名、规格、批号、清场日期、清场项目、检查情况、清场人签字、复核人签字等。包装清场记录一式两份，分别纳入本批批包装记录和下一批批包装记录。其余工序清场记录纳入批生产记录。

2. 清场检查及清场合格证的发放

清场结束后由质量保证部QA人员按清场要求检查，并在清场记录上注明检查结果，合格后发放“清场合格证”。此证作为下一次生产（下一个班次、下一批产品、另一个品种或同一品种不同规格产品）的生产凭证，附生产记录。未领得“清场合格证”不得进行另一个品种或同一品种不同规格的生产。

3. 清场人员退出

清场检查结束后填好清洁状态标志，取下“未清洁”的清洁状态标志，挂上“已清洁”的清洁状态标志；清场人员将“清场合格证”悬挂于本区域的指定位置，按照人员进出本生产区的更衣程序退出已清场的生产区域。

任务强化

1. 简述设备清场的操作步骤。
2. 实训车间内五人一组进入操作间，对不同操作间的设备进行清洁。

第三篇

硬件管理

项目七　厂房与设施

任务一　厂区选址与规划

任务目标

知识目标：了解 GMP 对制药企业厂址选择的要求；掌握 GMP 对厂房建造、改造和维护的要求。

技能目标：能判断厂址选择与规划是否符合 GMP 要求。

素质目标：培养学生认真、细致的从业精神；培养学生科学严谨的学习态度。

任务卡

<table>
<tr><td>任务名称</td><td>厂区选址与规划</td><td>学号</td><td></td><td>姓名</td><td></td></tr>
<tr><td>关键点</td><td colspan="5">一、厂区选址的原则
二、厂区规划的内容
三、厂区规划的原则</td></tr>
<tr><td>开始时间</td><td colspan="2"></td><td>完成时间</td><td colspan="2"></td></tr>
<tr><td>执行人</td><td colspan="2"></td><td>审核人</td><td colspan="2"></td></tr>
</table>

任务情景

1. 场地：知名制药企业。
2. 材料：拍摄设备、记录本。
3. 要求：① 正确分析厂区选址的合理性；② 正确分析厂房规划的合理性。

任务准备

（一）厂区选址

新建或改建药厂选址应确保合规性和严谨性，并遵循以下原则：

1）自然环境符合要求 有洁净厂房的生产企业，厂址宜选在大气含尘和有害气体浓度低、自然环境较好的地区，应远离空气污染严重、震动或噪声干扰大的区域。当不能远离严重空气污染源时，应根据风向频率玫瑰图选址布局。我国某地区风向频率玫瑰图如图 7-1 所示。

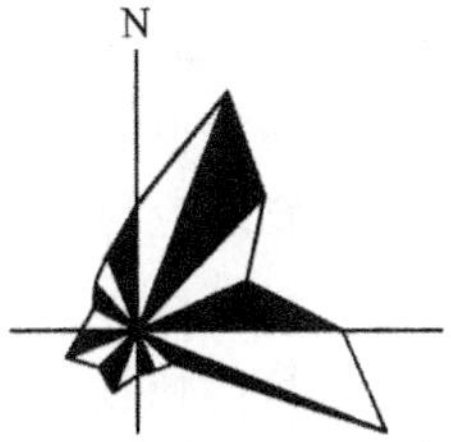

图 7-1 风向频率玫瑰图

2）确保水、电、气供给 水、电、气是药品生产的必需条件，良好和充足的水源，是药品生产的基本保证。

3）交通便利 药品生产企业的货物运输较为频繁，交通运输的便利性和成本是选址必须考虑的因素。

4）应有长远发展的余地 随着经济和科技的发展，药品品种增多，且产品更新换代也较频繁，企业应有长远发展规划，选择厂址时应考虑发展的余地。

知识链接

风向频率玫瑰图，是根据某一地区多年统计的平均各个风向和风速的百分数值，并按一定比例绘制的，一般多用 8 个或 16 个罗盘方位表示，玫瑰图上所示风的吹向是指风从外部吹向地区中心的方向，频率最高的方位为该区域主风向。由于此图形状类似玫瑰花朵，故名“风向频率玫瑰图”。风向频率玫瑰图一般由当地气象部门提供，是药监部门根据国家有关技术规范在行政许可评审时必不可少的工具。

（二）厂区规划

1. 规划内容

厂区的规划和布局主要包括生产车间、辅助车间、仓库、动物房、动力与公用工程、环保设施、管理设施和生活设施、交通道路的规划和布局。

2. 规划原则

厂区合埋规划布局，可确保药品生产管理、质量控制顺利进行。厂区规划应遵守以下原则：

1）符合功能区域规划原则 厂区应按行政、生产、仓储、动力、辅助和生活等用途划分区域，合理布局，符合卫生、安全防火等要求，便于环境保护和工业废弃物的处理。

2）符合工艺及洁净原则 厂区布局应考虑产品生产工艺特点和预防交叉污染的要求。

洁净厂房应布置在厂区内环境洁净、人流与物流穿越较少的地方，应远离严重污染源，无法远离时，应位于风向上风侧，布局、间距合理。原料药厂房，中药材的前处理、提取、浓缩厂房应在制剂厂房下风侧。洁净厂房新风口与交通主干道边缘的距离宜大于 50 m。

动物房应与其他区域严格分离，选在远离洁净厂房的下风侧，保持安静、清洁，对外界无不良影响，其设计建造应符合国家有关规定。锅炉、机修及废物的收集、临时存放、处理等有严重污染的场地应置于厂区的主导风向下侧区域，与其他厂房保持合适的安全距离。危险品仓库应设于厂区安全位置，应有必要的安全防护措施。

3）符合设施配套原则　除了设计药品生产所需的生产厂房、设施以外，还应有行政办公区，并与生产区域分开。

4）符合人流、物流分开原则　厂区内主要道路应遵循人流与物流分开的原则，物流在外围，环绕厂区，人员行动在内部，互不混用。厂区道路特别是洁净厂房周围的道路应选用整体性能好、坚固、发尘少的材料，消防车道宜在厂房周围尤其是洁净厂房周围设置成环形或沿厂房的两边设置。厂区应绿化，可铺植草坪，不宜种植对生产有影响的有花植物和产生花絮的树木，并不得妨碍消防作业。

知识链接

天津港“8·12”瑞海公司危险品仓库爆炸事故涉案企业，在经营危险品的仓储设施、堆放场选址、危险品的隔离和布局及防火、防爆建筑设计上严重违反了《安全生产法》《危险化学品安全管理条例》（国务院令第 591 条）等多个法律、法规及规范的相关规定，企业报建、监管部门审批和企业经营监管环节都存在严重问题。GB 18265—2000《危险化学品企业经营开业条件和技术要求》规定：大中型危险化学品仓库应与周围公共建筑物、交通干线、工矿企业等距离至少保持 1000 m。

《药品生产质量管理规范》（2010 年修订）［节选］

第四章　厂房与设施

第一节　原　则

第三十八条　厂房的选址、设计、布局、建造、改造和维护必须符合药品生产要求，应当能够最大限度地避免污染、交叉污染、混淆和差错，便于清洁、操作和维护。

第三十九条　应当根据厂房及生产防护措施综合考虑选址，厂房所处的环境应当能够最大限度地降低物料或产品遭受污染的风险。

第四十条　企业应当有整洁的生产环境；厂区的地面、路面及运输等不应当对药品的生产造成污染；生产、行政、生活和辅助区的总体布局应当合理，不得互相妨碍；厂区和厂房内的人、物流走向应当合理。

第四十一条　应当对厂房进行适当维护，并确保维修活动不影响药品的质量。应当按照详细的书面操作规程对厂房进行清洁或必要的消毒。

第四十二条　厂房应当有适当的照明、温度、湿度和通风，确保生产和贮存的产品质量以及相关设备性能不会直接或间接地受到影响。

第四十三条　厂房、设施的设计和安装应当能够有效防止昆虫或其他动物进入。应当采取必要的措施，避免所使用的灭鼠药、杀虫剂、烟熏剂等对设备、物料、产品造成污染。

第四十四条　应当采取适当措施，防止未经批准人员的进入。生产、贮存和质量控制区不应当作为非本区工作人员的直接通道。

第四十五条　应当保存厂房、公用设施、固定管道建造或改造后的竣工图纸。

第二节　生产区

第四十六条　为降低污染和交叉污染的风险，厂房、生产设施和设备应当根据所生产药品的特性、工艺流程及相应洁净度级别要求合理设计、布局和使用，并符合下列要求：

（一）应当综合考虑药品的特性、工艺和预定用途等因素，确定厂房、生产设施和设备多产品共用的可行性，并有相应评估报告；

（二）生产特殊性质的药品，如高致敏性药品（如青霉素类）或生物制品（如卡介苗或其他用活性微生物制备而成的药品），必须采用专用和独立的厂房、生产设施和设备。青霉素类药品产尘量大的操作区域应当保持相对负压，排至室外的废气应当经过净化处理并符合要求，排风口应当远离其他空气净化系统的进风口；

（三）生产β-内酰胺结构类药品、性激素类避孕药品必须使用专用设施（如独立的空气净化系统）和设备，并与其他药品生产区严格分开；

（四）生产某些激素类、细胞毒性类、高活性化学药品应当使用专用设施（如独立的空气净化系统）和设备；特殊情况下，如采取特别防护措施并经过必要的验证，上述药品制剂则可通过阶段性生产方式共用同一生产设施和设备；

（五）用于上述第（二）、（三）、（四）项的空气净化系统，其排风应当经过净化处理；

（六）药品生产厂房不得用于生产对药品质量有不利影响的非药用产品。

第四十七条　生产区和贮存区应当有足够的空间，确保有序地存放设备、物料、中间产品、待包装产品和成品，避免不同产品或物料的混淆、交叉污染，避免生产或质量控制操作发生遗漏或差错。

第四十八条　应当根据药品品种、生产操作要求及外部环境状况等配置空调净化系统，使生产区有效通风，并有温度、湿度控制和空气净化过滤，保证药品的生产环境符合要求。

洁净区与非洁净区之间、不同级别洁净区之间的压差应当不低于10帕斯卡。必要时，相同洁净度级别的不同功能区域（操作间）之间也应当保持适当的压差梯度。

口服液体和固体制剂、腔道用药（含直肠用药）、表皮外用药品等非无菌制剂生产的暴露工序区域及其直接接触药品的包装材料最终处理的暴露工序区域，应当参照“无菌药品”附录中D级洁净区的要求设置，企业可根据产品的标准和特性对该区域采取适当的微生物监控措施。

第四十九条　洁净区的内表面（墙壁、地面、天棚）应当平整光滑、无裂缝、接口严密、无颗粒物脱落，避免积尘，便于有效清洁，必要时应当进行消毒。

第五十条　各种管道、照明设施、风口和其他公用设施的设计和安装应当避免出现不易清洁的部位，应当尽可能在生产区外部对其进行维护。

第五十一条　排水设施应当大小适宜，并安装防止倒灌的装置。应当尽可能避免明沟排水；不可避免时，明沟宜浅，以方便清洁和消毒。

第五十二条　制剂的原辅料称量通常应当在专门设计的称量室内进行。

第五十三条　产尘操作间（如干燥物料或产品的取样、称量、混合、包装等操作间）应当保持相对负压或采取专门的措施，防止粉尘扩散、避免交叉污染并便于清洁。

第五十四条　用于药品包装的厂房或区域应当合理设计和布局，以避免混淆或交叉污染。如同一区域内有数条包装线，应当有隔离措施。

第五十五条　生产区应当有适度的照明，目视操作区域的照明应当满足操作要求。

第五十六条　生产区内可设中间控制区域，但中间控制操作不得给药品带来质量风险。

第三节　仓储区

第五十七条　仓储区应当有足够的空间，确保有序存放待验、合格、不合格、退货或召回的原辅料、包装材料、中间产品、待包装产品和成品等各类物料和产品。

第五十八条　仓储区的设计和建造应当确保良好的仓储条件，并有通风和照明设施。仓储区应当能够满足物料或产品的贮存条件（如温湿度、避光）和安全贮存的要求，并进行检查和监控。

第五十九条　高活性的物料或产品以及印刷包装材料应当贮存于安全的区域。

第六十条　接收、发放和发运区域应当能够保护物料、产品免受外界天气（如雨、雪）的影响。接收区的布局和设施应当能够确保到货物料在进入仓储区前可对外包装进行必要的清洁。

第六十一条　如采用单独的隔离区域贮存待验物料，待验区应当有醒目的标识，且只限于经批准的人员出入。

不合格、退货或召回的物料或产品应当隔离存放。

如果采用其他方法替代物理隔离，则该方法应当具有同等的安全性。

第六十二条　通常应当有单独的物料取样区。取样区的空气洁净度级别应当与生产要求一致。如在其他区域或采用其他方式取样，应当能够防止污染或交叉污染。

第四节　质量控制区

第六十三条　质量控制实验室通常应当与生产区分开。生物检定、微生物和放射性同位素的实验室还应当彼此分开。

第六十四条　实验室的设计应当确保其适用于预定的用途，并能够避免混淆和交叉污染，应当有足够的区域用于样品处置、留样和稳定性考察样品的存放以及记录的保存。

第六十五条　必要时，应当设置专门的仪器室，使灵敏度高的仪器免受静电、震动、潮湿或其他外界因素的干扰。

第六十六条　处理生物样品或放射性样品等特殊物品的实验室应当符合国家的有关要求。

第六十七条　实验动物房应当与其他区域严格分开，其设计、建造应当符合国家有关规定，并设有独立的空气处理设施以及动物的专用通道。

第五节　辅助区

第六十八条　休息室的设置不应当对生产区、仓储区和质量控制区造成不良影响。

第六十九条　更衣室和盥洗室应当方便人员进出，并与使用人数相适应。盥洗室不得与生产区和仓储区直接相通。

第七十条　维修间应当尽可能远离生产区。存放在洁净区内的维修用备件和工具，应当放置在专门的房间或工具柜中。

任务实施

带领学生参观知名制药企业，要求学生带着以下问题仔细观察厂区环境及布局。

1. 该厂区位于本市市区哪个方向？厂区选址的主要根据是什么？

答：______________________________

2. 厂区周围交通状况如何？主要交通路线有哪些？

答：______________________________

3. 厂区周围环境及绿化情况如何？都有哪些绿化措施？有哪些植物？

答：______________________________

4. 厂区附近有哪些其他企业？

答：____

____

任务强化

仔细观察某制药厂规划效果图（图 7-2、图 7-3），分析其选址是否合理？为了保证选址符合要求，主要应从哪些方面考虑？

图 7-2　厂区主入口图

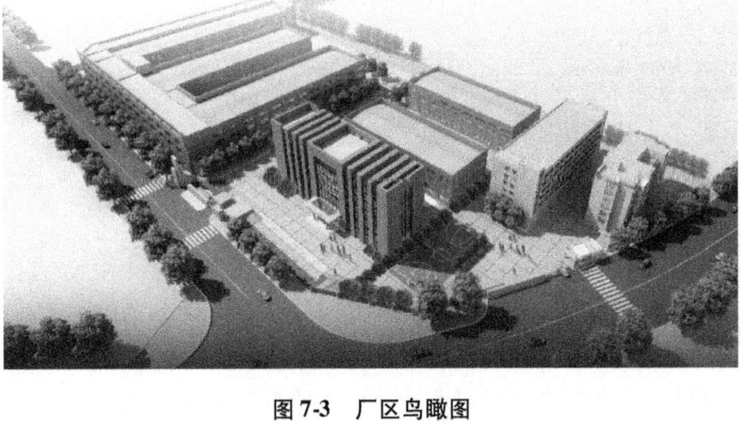

图 7-3　厂区鸟瞰图

任务二　厂房管理

任务目标

知识目标：了解厂房的设计原则和设计内容；了解洁净厂房的建筑要求；掌握洁净厂房的装修要求；掌握空气洁净度的级别和要求；掌握洁净空气的气流组织形式。

技能目标：能对制药企业的厂房设计进行分析比较；能正确判断空气洁净度的级别和要求。

素质目标：培养学生的综合分析能力；培养学生科学严谨的学习态度。

任务卡

<table>
<tr><td>任务名称</td><td>厂房管理</td><td>学号</td><td></td><td>姓名</td><td></td></tr>
<tr><td>关键点</td><td colspan="5">一、厂房的设计原则
二、厂房的装修
三、厂房的空气净化</td></tr>
<tr><td>开始时间</td><td colspan="2"></td><td>完成时间</td><td colspan="2"></td></tr>
<tr><td>执行人</td><td colspan="2"></td><td>审核人</td><td colspan="2"></td></tr>
</table>

任务情景

1. 场地：GMP 教学工厂。
2. 材料：人员净化服、记录本、拍摄设备。
3. 要求：① 掌握厂房设计的合理性；② 掌握厂房管理的要求。

任务准备

导入案例

某中成药生产企业采用封闭式和敞口式设备对中药材进行提取、浓缩和收膏，并对干浸膏和直接入药的中药饮片进行粉碎、筛分等操作，这些中药前处理均在非洁净厂房内进行。在 GMP 认证改造委托设计时，厂房需变为洁净厂房，企业不想大量投资，但又感到困惑。

讨论：哪些中药前处理必须建洁净厂房？

（一）任务术语

1）洁净室 也称洁净区，指对环境中空气悬浮尘粒、微生物浓度，以及温度、湿度、压力、气流速度与气流分布等参数进行控制的建筑或房间。洁净室建筑结构、装备及其使用应当能够减少该区域内污染物的引入、产生和滞留。

2）气锁间 指设置于两个或数个房间之间的具有两扇或多扇门的隔离空间，一般在 A 级和 B 级洁净区设置。气锁间的门具有互锁功能，不能同时处于开启状态。

设置气锁间的目的是在人员或物料出入时，对气流进行控制。气锁间有人员气锁间和物料气锁间。

3）缓冲间 设置于洁净区之间或洁净区与非洁净区之间的密闭通道间，可设置机械通风系统。缓中间的门具有互锁功能，不能同时处于开启状态。一般在C 级和 D 级洁净区间设置缓冲间。

（二）厂房的设计

1. 设计原则

药品生产厂房设计布局涉及一般厂房和洁净厂房，厂房设计应满足以下要求：

1）生产工艺流向要求 药品生产工序比较复杂，且物料与产品需穿越一般生产区和洁净区，因此洁净区内人流、物流应尽可能分开，避免混流；物流入口及废物出口应分开，原辅料、中间产品存放区应尽可能靠近生产区域；传递输送路线应尽可能短，减少折返，以免造成混淆和交叉污染。

2）洁净要求 对空气洁净度要求高的洁净室宜靠近空调机房，空气洁净度等级相同的工序和工作室宜集中布置，洁净度要求高的工序应布置在上风侧，易产生污染的设备应布置在靠近回风口位置。应考虑大型设备安装和维修的运输路线，并预留设备安装口和检修口。不同空气洁净度级别区域之间传递频繁时，宜设有防止污染的设施，如气锁间、缓冲间、传递窗等，洁净度级别相同的区域、不同剂型易产尘的工序须设置前室。

洁净厂房除应配置各工序生产用室外，还应配套设计足够面积的生产辅助用室，包括原辅料、中间产品、内包材料等的暂存室，中间控制检查室、称量室、备料室等，并按需配置制药用水制备间、空气净化机房，这些设置应合理，方便操作和清洁。用于生物制品生产的动物室、质量检定动物室必须与制品生产区分开。中药制剂的生产操作区应与中药材的前处理、提取、浓缩及动物脏器、组织的洗涤或处理等生产操作区严格分离。

中药提取、浓缩、收膏工序采用敞口生产的，中药浸膏的配料、粉碎、过筛、混合，口服直接入药的中药饮片经粉碎、过筛、内包装后的生产操作，须在D级洁净区内完成；中药提取、浓缩、收膏工序采用封闭系统生产的可在非洁净区内完成。用于非创伤面外用中药制剂及其特殊中药制剂使用的浸膏采用敞口提取、浓缩、收膏操作的，包括该浸膏的配料、粉碎、过筛、混合等操作可在非洁净区完成。因此在“导入案例”中，中药生产企业前处理车间是否要建洁净厂房需根据其设备是否封闭及产品类型决定。

3）物料、器具放置要求　生产区和储存区应当有足够的空间，避免不同产品或物料的混淆、交叉污染和差错。

4）噪声控制要求　在洁净室内空态下的噪声级，即厂房设施已建成并接通运行，无设备及人员在场的状态下的噪声级，非单向流洁净室不应大于60 dB，单向流和混合流洁净室不应大于65 dB。

5）微振控制要求　有微振控制要求的洁净厂房在结构造型，隔振缝，壁板与地面、壁板与顶棚连接处，应按微振控制要求设计，洁净室与周围辅助性厂房内有强烈振动设备的连接及连接管道采取主动隔振措施。

2. 设计内容

在新建药品生产厂房和旧厂房改造时，可采用头脑风暴法，集思广益，根据发展规划和经济实力设计厂房，确保合规性、合理性和完善性，厂房总体设计应考虑以下几方面内容：① 确定工艺流程布局；② 确定生产、净化、暂存室区域；③ 确定公共工程、清洁和辅助区域；④ 确定设施、设备型号和安装位置；⑤ 确定水、电、气供排方式及连接位置；⑥ 确定不同洁净度区域物料进出方式；⑦ 确定人员紧急出口和消防口。

（三）洁净厂房的建筑

洁净厂房主体结构宜采用大空间及大跨度柱网，不宜采用内墙承重体系。围护结构应符合保温、隔热、防火、防潮、产尘少等要求，厂房变形缝不宜穿越洁净区，送、回风管及其他管线暗敷时应设置技术夹层、夹道或地沟等，穿越楼层的竖向管线需暗敷时宜设置技术竖井。若采用轻质吊顶制作技术夹层，应设置检修走道，水、电、气的主管线宜接在技术夹层内。

厂房建筑应考虑人流、物流及防火对生产的影响，洁净厂房的工作间设计应符合《建筑设计防火规范》（GB 50016—2014）的有关规定，顶棚、壁板及夹芯板、技术竖井须采用不燃材料，不得采用有机复合材料；洁净生产区与一般生产区之间应设置不燃烧体隔断措施；洁净厂房同层洁净区外墙应设可供消防人员通往洁净区的门窗，应在该外墙设置专用消防口。

（四）洁净厂房的装修

洁净厂房围护结构和室内装修应选用气密性好，且受温度和湿度影响小，污染物浓度符合国家标准限度值的材料。

1）主体装修 洁净厂房的装修在设计和施工时应确保洁净室内墙壁和顶棚的表面平整、光滑，不起尘，避免眩光，便于除尘，减少凹凸面，踢脚不应突出墙面，洁净室地面应采用环氧树脂或耐磨 PVC 塑胶地板，地面垫层应配筋，应做防潮处理。洁净室的内墙及天花板宜采用彩钢板，表面应平整、光滑、严密、防静电、能耐清洗和消毒，墙壁与地面的交界处宜成弧形，接缝处应有嵌缝胶密封，以减少灰尘积聚和便于清洁。

洁净室的门、窗造型要简洁，封闭门应朝洁净度级别高的房间开启，无窗的洁净室的密闭门宜设观察窗，门宜安装带有自动闭门器的具升降功能的洁净铰链，门带自动升降式门底密封条，洁净室窗宜与内墙面持平，窗边呈斜角。

2）电气 洁净区内电气装置应可靠接地，洁净区内电气配线应暗装，进入室内的管线口用聚硅氧烷等嵌缝胶密封，电源插座采用嵌入式；洁净室内应设报警装置，当发生火灾危险时，能发出报警信号，同时可切断电源。

洁净室应提供足够的照明，照度适宜，洁净区照明灯具应为密封式，与天棚接缝处密封，灯具开关设在操作室外。洁净区域内应在每个操作室和通道内安装应急照明灯具和安全出口指示灯。洁净区安装的电话机应采用无听筒平板封闭的嵌入式洁净室电话机，如图 7-4 所示。

图 7-4 洁净室电话机

3）供排水 洁净区内的供排水系统应敷设在技术夹层、夹道内或埋设在地下，除物料管和制药用水管明敷外，其他引入洁净室内的支管宜暗装。洁净区内的冷热管外表面应采取有效保温，管材应选用 316 L 型不锈钢或 PVC 复合管。

洁净区内的排水设备及与重力回水管道相连的设备，必须在其排出口以下部位设有水封装置。排水竖管应暗敷且不可穿越洁净室。空气洁净级别为 A 级、B 级的洁净室内不应设置地漏，宜采用移动式清洁车。洁净室内的地漏应采用不锈钢洁净地漏，应有密封盖，方便开启和消毒处理，设备排水管应接入地面排水管，并采用密封胶封闭，不得留有缝隙。

4）管道 洁净室内工业管道不应穿越无关房间，主管应敷设在上、下技术夹层或夹道内，易燃、易爆、有毒物质管道应明敷。管道系统应尽量短，应设必需的吹除口、放净口和取样口。

(五) 洁净厂房的净化

1. 空气洁净度的级别

药品生产洁净厂房对空气进行净化处理，应有防止昆虫和其他动物进入的设施。洁净室与洁净室之间需要设置缓冲间或气锁间，人流、物流走向合理，人流与物流不要求一定完全分开，但应尽量减少交叉。

世界卫生组织（WHO）、欧洲、美国、我国洁净区空气颗粒分级及我国药品生产企业洁净厂房的空气洁净度要求分别见表7-1、表7-2和表7-3。

表7-1　不同地区或国家洁净区空气颗粒分级

标准	WHO GMP	我国 GB 50073*	EEC GMP	USA 209E	USA 惯用	我国 GMP
级别	A	5级	A	M3.5	100级	A
	B	6级	B	M3.5	100级	B
	C	7级	C	M5.5	1万级	C
	D	8级	D	M6.5	10万级	D

注：*我国 GB 50073—2013《洁净厂房设计规范》规定的空气洁净度级别与 ISO/TC 209 的规定相同。

表7-2　药品生产厂房洁净室（区）空气洁净度级别

洁净度级别	尘粒				微生物			
	悬浮粒子最大允许数/m³				浮游菌/(cfu/m³)	沉降菌 φ90 mm/(cfu/4 h)	表面微生物	
	静态		动态				接触 φ55 mm/(cfu/碟)	五指手套/(cfu/手套)
	≥0.5 μm	≥5.0 μm	≥0.5 μm	≥5.0 μm				
A	3520	20	3520	20	<1	<1	<1	<1
B	3520	29	352000	2900	10	5	5	5
C	352000	2900	3520000	29000	100	50	25	—
D	3520000	29000	不作规定	不作规定	200	100	50	—

表 7-3 药品生产洁净室（区）空气洁净度级别要求

产品	灭菌	生产工序、设施、设备、制药用水	洁净度要求
无菌药品	非最终	1. 未完全密封状态下注射粉末操作、转运、分装、压塞、轧盖等； 2. 冻干注射药液操作、转运、灌装，冻干粉压塞、轧盖等； 3. 小容量注射或非注射产品灌装或灌封、分装、压塞、轧盖等； 4. 与药品直接接触的包装材料、器具灭菌后的装配及未完全密封状态下的转运和存放； 5. 非最终灭菌的注射剂或非注射无菌产品、自身应装有 A 级空气风淋装置的吹灌封设备； 6. 无菌原料药的粉碎、过筛、混合、分装； 7. 无菌生物药品中非最终灭菌产品规定的各工序； 8. 灌装前无法除菌过滤的冻干注射药液或产品配制，灌装前未经除菌过滤的制品的配制、合并	A 级 B 背景
	非最终	1. 注射粉末、冻干注射药液、小容量注射剂或非注射产品轧盖前完全密封转运； 2. 直接接触药品的包装材料、器具灭菌后处于密闭容器的转送和存放	B 级
	最终	无菌配制和灌装等高风险操作 A 级洁净区所处的背景区域	
	卫生要求	1. 人员应用头罩将所有头发及胡须等全部遮盖，头罩应塞进衣领内，应戴口罩以防散发飞沫，必要时戴防护目镜，应戴经灭菌且无颗粒物散发的橡胶或塑料手套，穿经灭菌或消毒的脚套，裤腿应塞进脚套内，袖口应塞进手套内，工作服应为灭菌的连体防护服，不脱落纤维和微粒； 2. 除传送带本身能连续灭菌外，如隧道式灭菌设备，其他传送带不得在 A/B 级洁净区与低级别洁净区之间穿越； 3. 无菌药品生产的 A/B 级洁净区内禁止设置水池和地漏，A/B 级洁净区应当使用无菌的或经无菌处理的消毒剂和清洁剂； 4. 无菌原料药精制、无菌药品配制、直接接触药品的包装材料和器具等最终清洗、A/B 级洁净区内消毒剂和清洁剂配制的用水应当符合注射用水的质量标准	
	最终	大容量注射剂药品的灌装或灌封	A 级 C 背景
	非最终	1. 灌装前可除菌过滤的药液或产品的配制； 2. 产品过滤； 3. 体外免疫诊断试剂阳性血清的分装、抗原与抗体的分装	C 级
	最终	1. 小容量注射剂产品灌装或灌封； 2. 注射剂产品的配制和过滤； 3. 小容量、大容量注射剂吹灌设备自身应装有 A 级空气风淋装置； 4. 眼用制剂、无菌软膏剂、无菌混悬剂等的配制、灌装或灌封； 5. 直接接触药品的包装材料和器具最终清洗后处理	

续表

产品	灭菌	生产工序、设施、设备、制药用水	洁净度要求
	卫生要求	1. 应将头发、胡须等相关部位遮盖，戴口罩，穿手腕处可收紧的连体或衣裤分开的防护服，穿合适的鞋子或鞋套； 2. 防护服应当不脱落纤维或微粒	C 级
	非最终	1. 直接接触药品的包装材料、器具的最终清洗、装配或包装、灭菌； 2. 原料血浆的合并、组分分离、分装前的巴氏消毒，原料血浆破袋、合并、分离、提取、分装前的巴氏灭活等工序； 3. 酶联免疫吸附试剂等体外免疫试剂的配液、分装、干燥、内包装； 4. 中药注射剂浓配前的精制工序； 5. 无菌生产的隔离操作器所处的环境	
无菌药品	最终	1. 非注射产品轧盖，非注射产品灌装前物料的准备； 2. 非注射产品配制采用浓配或采用密闭系统的配制和过滤； 3. 用于非注射产品的吹灌封设备，直接接触药品的包装材料和器具的最终清洗	D 级
	非最终	1. 非无菌原料药精制、干燥、粉碎、包装等生产操作的暴露环境； 2. 口服制剂、腔道用药、直肠用药、表皮外用药等制剂生产的暴露工序区域及直接接触药品的包装材料最终处理的暴露工序区域； 3. 口服制剂发酵培养密闭系统环境，暴露部分需无菌操作； 4. 浸膏的配料、粉碎、过筛、混合等操作，口服直接入药的中药饮片粉碎、过筛、内包装；中药提取、浓缩、收膏采用敞口方式生产	
	卫生要求	1. 应将头发、胡须等相关部位遮盖，应穿合适的防护服和鞋子（或鞋套）； 2. 应当采取适当措施，以避免带入洁净区外的污染物	

2. 空气过滤器净化的原理

空气除尘的净化方式主要有以下三种：

1）干式纤维过滤除尘　通过滤料孔隙阻隔大于滤材孔隙的尘粒，使空气净化，药品生产均采用此类过滤器。

2）静电吸附除尘　使含尘空气流经电场，致使尘粒带电，被阴极吸附，从而除去而净化。

3）黏性滤料黏附除尘　含尘空气通过滤料空隙的曲折通道时，尘粒碰到黏性滤料被黏住而除去，从而使空气净化。

3. 空气过滤器的类型

空气过滤器一般按过滤效率分为初效、中效和高效空气过滤器。

1）初效空气过滤器 设置于空气净化系统机组的初始段，主要用于过滤粒径 5 μm 以上的尘粒。初效过滤器有板式、折叠式、袋式等样式，外框材料可采用纸质框、铝合金框等，过滤材料有无纺布、活性炭过滤棉等，滤材支撑防护网可用不锈钢拉板网、冲孔板等，具有结构紧凑、通用性好的特点。板式过滤器和袋式过滤器滤芯结构如图 7-5、图 7-6 所示。

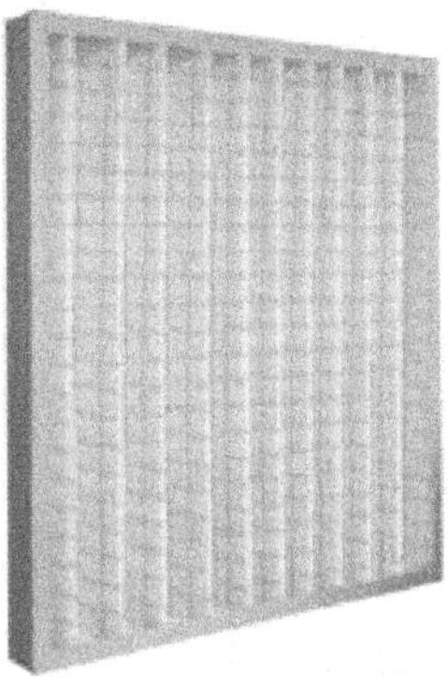

图 7-5 板式过滤器滤芯结构

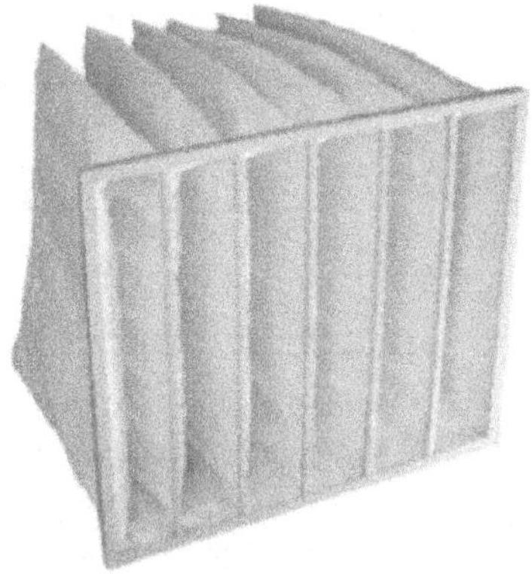

图 7-6 袋式过滤器滤芯结构

2）中效空气过滤器 设置于空气净化系统机组的中间段，位于高效过滤器的前端，主要用于过滤粒径 1 μm 以上的尘粒，结构与初效过滤器相似。

3）高效空气过滤器 设置于药品生产洁净室内的送风系统，主要用于捕集粒径 0. 3 μm 以上的尘粒。高效空气过滤器均为板式过滤器，分有隔板和无隔板两种。有隔板过滤器是将滤料往返折叠制成，在被折叠的滤料之间靠波纹状分隔板起支撑作用，形成空气通道。无隔板过滤器是将滤料往返折叠制成，在被折叠的滤料之间用线状黏结剂或其他支撑物支撑。目前，洁净厂房多采用液槽密封式高效空气过滤器，过滤器边框的一面应沿周长设一圈刀口，固定在过滤器的框架上，根据过滤器密封面尺寸设一圈沟槽。安装时，将刀口插入填充非牛顿流体材料的沟槽中进行密封。非牛顿流体密封材料如聚硅氧烷等，应保证在工作温度下不流淌、柔韧。经中效过滤器过滤的净化空气采用顶送和侧送进入高效过滤器。高效过滤器板式滤芯如图 7-7所示。

图 7-7 高效过滤器板式滤芯

4. 空气过滤器的技术参数

目前，药品生产企业洁净厂房多采用集中式净化空调系统。初效、中效过滤器与温湿度调节设备、风机、冷却器、加热器、加湿器等组成空调系统，置于空调机房，利用管道将适合的空气送至洁净室并与高效过滤器连接。某企业洁净厂房空气净化空调系统如图 7-8 所示。

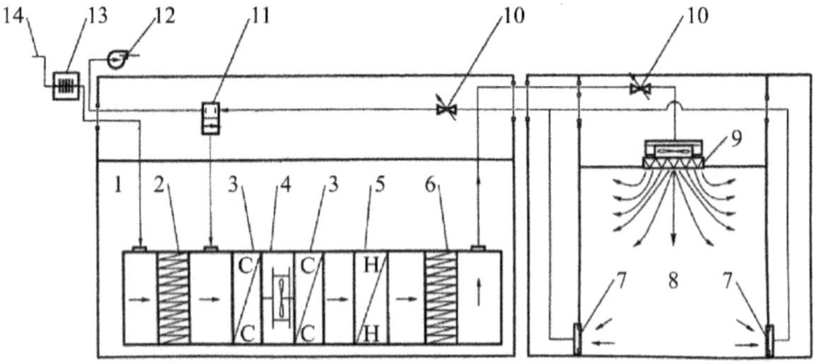

1—空调机房；2—初效过滤器；3—表冷器；4—送风机；
5—加热器；6—中效过滤器；7—回风口；8—洁净室；
9—湍流高效过滤器；10—调节阀；11—换气阀；
12—排风机；13—防虫过滤器；14—新空气入口

图 7-8　洁净厂房空气净化空调系统示意图

空气过滤器的技术参数包括效率、阻力、滤材材质和用途。空气过滤器的捕尘粒径、风压阻力、捕集效率及适用范围见表 7-4。

表 7-4　空气过滤器技术性能参数

过滤器类别	捕尘粒径/μm	风压阻力/Pa	捕集效率/%	适用范围
高效	≥0.3	≤500	≥99.9	A 级、B 级洁净室终端
中效	≥1	≤300	60～95	高效过滤器前、循环空气前端
初效	≥5	≤200	70～80	外气处理、空调机前端

5. 洁净空气的气流形式

这里所谓气流形式就是指净化空气在药品生产洁净室内流动所形成的流动状态。

洁净空气气流按流动状态分单向流和非单向流。洁净室可根据用途选择气流形式。

1）单向流洁净室　指空气朝着同一个方向以稳定均匀的速率流动的洁净室。单向流洁净室利用送风气流推挤作用，将室内微粒从一端出风口推向相对的回风口排出。单向流又分垂直单向流和水平单向流。

(1) 垂直单向流洁净室，指吊顶出风口送出的净化空气向下将室内粒子推向地面，从地面或地脚回风口排出的洁净室。垂直单向流洁净室如图 7-9 所示。

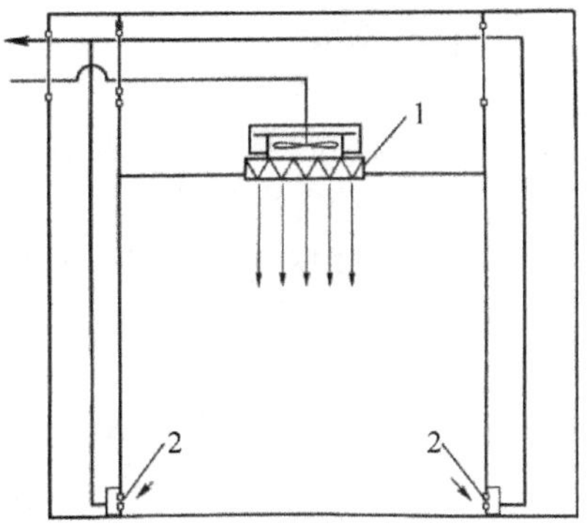

1—垂直单向流高效过滤器；2—回风口

图 7-9　垂直单向流洁净室

(2) 水平单向流洁净室，指墙壁出风口送出的净化空气沿同一水平方向将室内粒子推向对面墙壁，从相对墙壁回风口排出的洁净室。回风口位置及洁净室的布局是影响净化效果的重要因素。

2) 非单向流洁净室　非单向流也称“湍流”“紊流”或“乱流”，是一种流向不同的气流分布形式。净化空气经吊顶湍流散流器送入室内，朝不同方向扩散，将微粒推向墙壁或地脚回风口排出。

药品生产企业在设计洁净室时，根据产品特性及其生产洁净度、压差等需求，选择单向流或非单向流形式，以满足药品生产各工序之间的洁净区压差控制要求。洁净室空气压差计如图 7-10 所示。

(a) 指针式　　(b) 斜管式

图 7-10　洁净室空气压差计

任务实施

(1) 检查厂房管理中洁净室的空气净化系统。

(2) 检查空气过滤器的种类及安装部位。

(3) 检查不同洁净室的空气流速和换气频率。

(4) 检查水、电、气的供排和连接方式。

(5) 撰写厂房管理相关检查内容。

任务强化

1. 简述洁净室空气过滤器的分类。
2. 简述厂房设计的原则。
3. 说一说空气洁净度的等级。

任务三 设施管理

任务目标

知识目标：了解设施管理的主要分类；掌握不同设施管理的要求。

技能目标：能对制药企业的设施管理进行分析，并能正确判断是否符合GMP要求。

素质目标：培养学生的综合分析能力。

任务卡

<table>
<tr><td>任务名称</td><td>设施管理</td><td>学号</td><td></td><td>姓名</td><td></td></tr>
<tr><td>关键点</td><td colspan="5">一、仓储设施管理
二、质量控制设施管理
三、辅助设施管理</td></tr>
<tr><td>开始时间</td><td colspan="2"></td><td>完成时间</td><td colspan="2"></td></tr>
<tr><td>执行人</td><td colspan="2"></td><td>审核人</td><td colspan="2"></td></tr>
</table>

任务情景

1. 场地：GMP教学工厂。
2. 材料：人员净化服、记录本、拍摄设备。
3. 要求：① 正确进行设施管理；② 正确分析设施管理的要求。

任务准备

（一）仓储设施

1. 仓库

仓库按储存条件和管理要求分为普通库、常温库、阴凉库、冷库、冷冻库、危险品库、特殊管理物料与产品库、其他库等。

（1）普通库：无温度、湿度和其他要求。

（2）常温库：温度 0～30 ℃，相对湿度 35%～75%。

（3）阴凉库：温度不高于 20 ℃，相对湿度 35%～75%。

（4）冷库：温度 2～10 ℃，相对湿度 35%～75%。

（5）冷冻库：温度 -25～-10 ℃。

（6）特殊管理物料与产品库仓储设施应符合下列要求：

麻醉药品、第一类精神药品、第二类精神药品、医疗用毒性药品和药品类易制毒化学品，应设置专库，并不得与其他药品混放。麻醉药品、第一类精神药品专用仓库必须位于库区建筑群之内，不靠外墙，仓库采用无窗建筑形式，整体为钢筋混凝土结构，具有抗撞击能力和防火能力，入口采用钢制保险库门。

麻醉药品、第一类精神药品、医疗用毒性药品和药品类易制毒化学品，库房内外均应设置视频监视系统和防入侵报警系统，防入侵报警系统应与公安机关报警系统联网。

放射性物品应设置专库或专柜储存。剧毒化学品和第一类监控化学品，应设置专库储存。剧毒化学品库房应设置防入侵报警系统。第一类监控化学品、放射性物品的库房宜设置防入侵报警系统。

腐蚀性物品应按不同类别、性质、危险程度、灭火方法等分区、分类储存，库房的建筑应符合国家的有关规定。高活性的物料应存放在单独的库房。

仓库应设置待验区、备料发料区，应设器具室和清洁室，分别放置器具和清洁工具。

仓库至少应有人流通道和物流通道，并设有更衣室、盥洗室、淋浴室等设施，仓库与洁净厂房之间应有缓冲间。

原料仓库平面布局如图 7-11 所示。

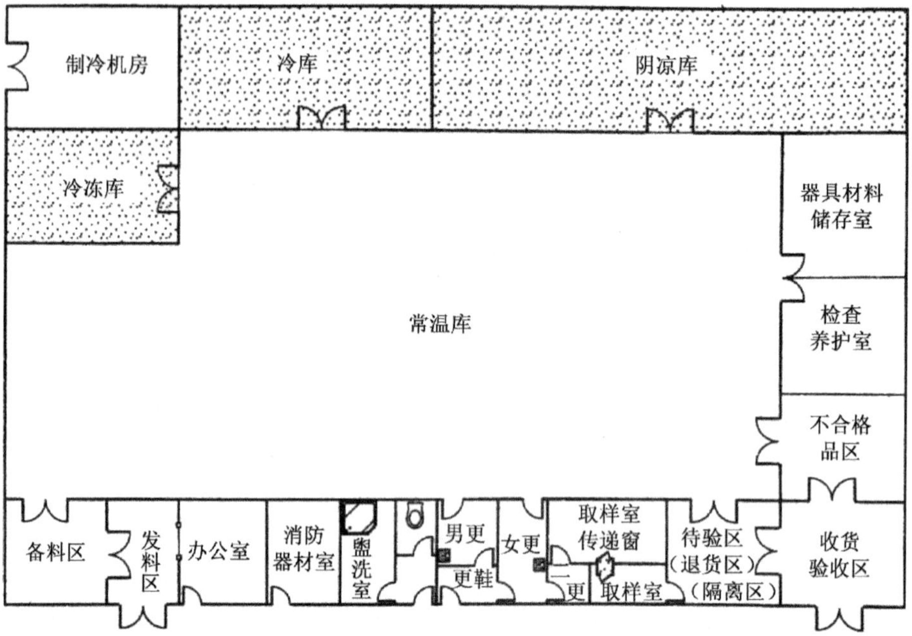

图 7-11　原料仓库平面布局图

仓库应装备完善的消防设施，必须装备火灾报警装置及二氧化碳、干粉灭火器。货位上应悬挂二氧化碳、干粉自动灭火器，尽可能不配备泡沫灭火器，仓库外须设置消防栓，配备消防带。

仓储区有适当的照明和通风设施，能保持干燥、清洁、整齐。对温度、湿度有特殊要求的物料应进行有效的控制。

物料都应堆放在地台板上，地台板宜采用金属或塑料制成，高度不低于 10 cm，并考虑清洁和冲洗方便。产品或物料堆垛应留有一定的距离，垛与垛的间距不应小于 5 cm，与库房内墙、顶、温度调控设备及管道等设施间距不应小于 30 cm。

仓库中的设备主要是高位叉车、手叉车、清洗机、取样间的净化工作台、特殊要求的空调恒温恒湿机组、冷库的制冷机组、计算机系统等。

2. 称量室、暂存室

在药品洁净生产区域内应设置与生产规模相适应的称量室、备料室、中间产品存放区域。

在洁净厂房内进行药品制剂生产都涉及称量操作，为避免称量造成粉尘和挥发性物质污染，须设置称量室。称量室均为负压，防止粉尘或挥发物外泄，或在生产洁净区内安装称量罩。称量罩分负压称量罩和专门用于活性炭的活性炭称量罩。负压称量罩如图 7-12 所示。

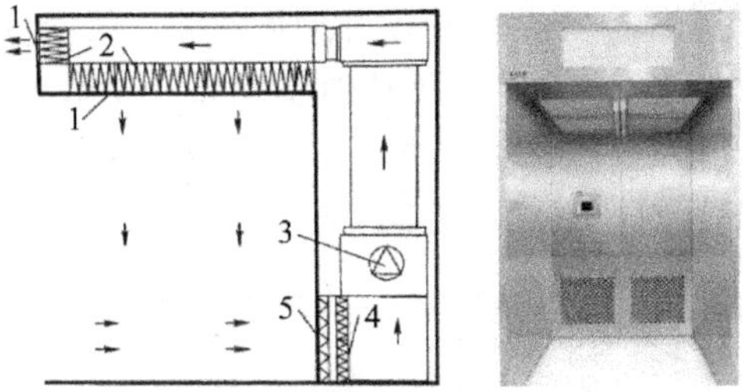

(a) 结构　　(b) 实物

1—出风口；2—高效过滤器；3—风机；4—中效过滤器；5—初效过滤器

图 7-12 洁净厂房负压称量罩结构与实物

洁净厂房内根据工艺需求设置暂存室，其洁净度级别应与产品洁净度相适应，应按产品特性设计。

3. 物料净化设施

洁净厂房应设置与洁净级别相适应的物料净化室和设施，根据实际情况可采用物料清洁间、缓冲间、气锁间或传递窗。洁净区内的中间产品不宜直接进入一般生产区，传输带不得穿越不同洁净级别区域，应采用可封闭隔断的过渡设施。生产中的废弃物不应与物料合用一个传递通道。物料净化设施如图 7-13 所示。

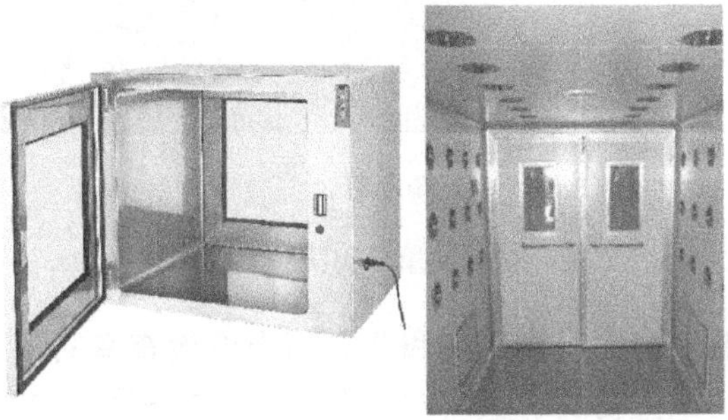

(a) 传递窗　　(b) 货淋室

图 7-13 物料净化设施

（二）质量控制设施

导入案例

某企业微生物检验室在进行改造时因空间限制，设计的阳性菌实验室、无菌检查室和非无菌产品微生物限度检查室共用人流通道，且操作检查室与二次更衣间无气锁间隔断。

讨论：这样设计是否合理？

质量控制实验室应根据需要设置各种理化检验、仪器分析、生物检定、微生物检验、中药标本、留样观察室及其他实验室，实验室应与药品生产区分开。生物检定、微生物检验和放射性同位素检定要分室进行。无菌检查室、微生物限度检查室、阳性对照室如图 7-14 所示。

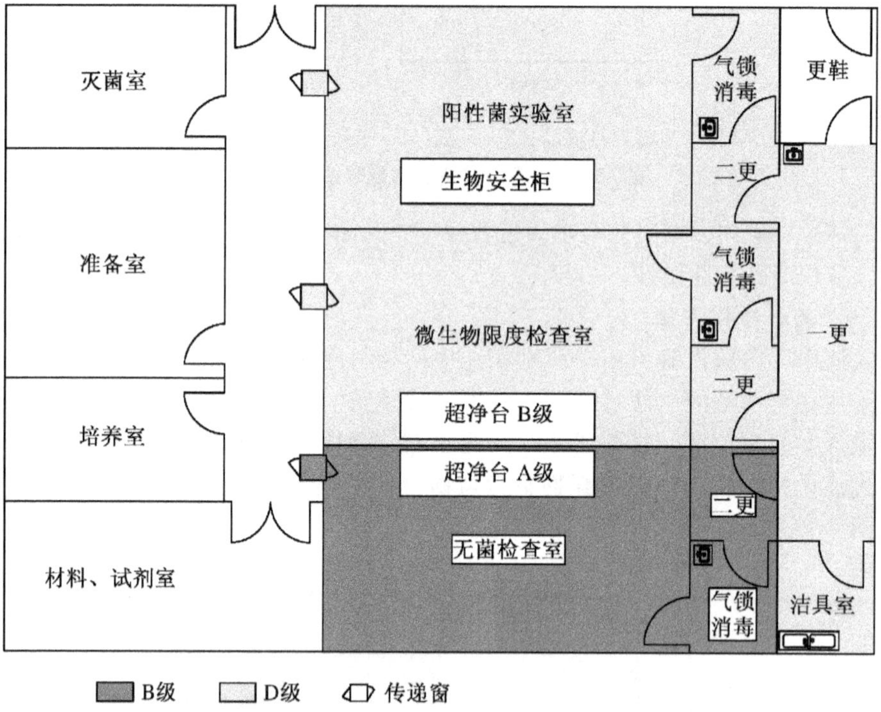

图 7-14　质量控制实验室布局图

阳性对照实验室与无菌检查室和非无菌限度检查室共用人流、物流通道，易出现交叉污染。微生物实验室应划分成相应的洁净区域和活菌操作区域，同时应根据实验目的，在时间或空间上有效分隔不相容的实验活动，将交叉污染的风险降到最低。活菌操作区应配备生物安全柜，形成负压空气环境，以避免具有危害性的生物因子对实验人员和实验环境造成危害。微生物实验的各项工作应在专属的区域进行，以降低交叉污染、假阳性结果和假阴性结果出现的风险。

知识链接

生物安全柜

生物安全柜（图7-15）是指用于生物实验，具备气流控制及高效空气过滤装置的气流负压操作柜，可有效降低实验过程中产生的有害气溶胶对操作者和环境的危害。

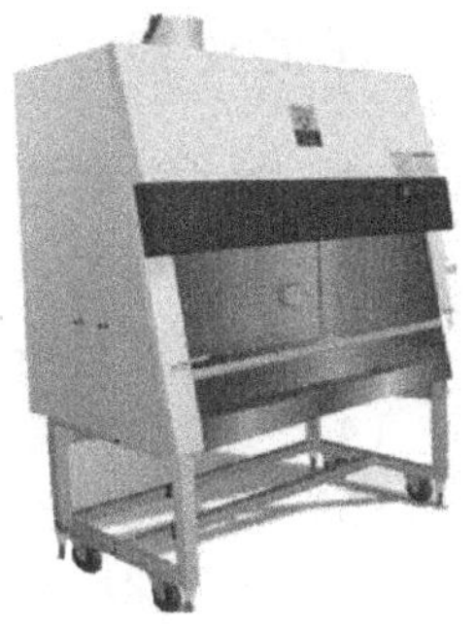

图7-15 生物安全柜

从事体外操作病原微生物样本的BSL-2级以上生物实验室，应按产品的设计要求安装和使用相应级别的生物安全柜。如果生物安全柜的排风在室内循环，室内应具备通风换气的条件。如果使用需要管道排风的生物安全柜，应通过独立于建筑物其他公共通风系统的管道排出。生物安全柜应配置备用电源。

摘自《实验室生物安全通用要求》(GB 19489—2008)

（三）辅助设施

辅助设施包括机修、动力、公共工程和休息室，也包括仪表、五金仓库、锅炉房、空压站、变电站、配电间、冷冻站、盥洗室、淋浴室、休息室等。辅助设施可根据需要设置，须设在洁净区外，不可直接与洁净区和质量控制区及仓储区相通，不得对洁净区产生不良影响。

进入洁净区的人员必须经相应净化室和净化设施净化，其要求应与生产区洁净级别相适应。

人员净化用室包括换鞋室、存外衣室、盥洗室、更换洁净防护服室、气锁间或风淋室。净化用室的面积应根据工作人员数量确定。净化用室要求与生产区的空气洁净度级别相适应。生活用室包括雨具存放室、休息室、盥洗室、淋浴室，可根据需要设置，但须设在洁净区外，不得对洁净区产生不良影响。

人员从一般生产区进入洁净区须先通过人员更衣净化设施，经相应的净化程序净化，以避免造成污染。

人员净化设施要按照相应的净化程序设计、设置。人员净化程序分为非无菌产品生产区人员净化程序和无菌产品生产区人员净化程序两种。

图7-16 人员风淋室

净化室中私人外衣和洁净防护服应分室放置，存衣柜按设计人数每人一柜，洁净防护服宜集中挂入带有空气吹淋的洁净柜中。洁净区入口处宜设置空气吹淋室。人员风淋室如图 7-16 所示。

任务实施

(1) 检查设施管理中各项功能间是否齐全，并了解功能间具体的作用。

(2) 检查称量室、物料暂存室的设施情况。

(3) 检查物料净化设施安装情况。

(4) 检查质量控制相关功能间及具体分布。

(5) 检查辅助设施配套情况。

(6) 将上述检查结果形成总体报告，并分组汇报。

任务强化

1. 不同仓库的温湿度要求有何不同?
2. 简述质量控制设施的要求。
3. 辅助设施一般包括哪些?

项目八 检漏及气流检测

任务一 检 漏

任务目标

知识目标：了解高效过滤器安装密封设计的类别；掌握风管漏光测试的方法；掌握风管漏风测试的方法；掌握高效空气过滤器的检漏方法。

技能目标：能按照 GMP 要求正确进行风管漏光和漏风测试；能按照 GMP 要求进行高效过滤器的检漏。

素质目标：培养学生的实际动手能力、数据分析能力和团队协作能力。

任务卡

<table>
<tr><td>任务名称</td><td colspan="2">检漏</td><td colspan="2">学号</td><td></td><td>姓名</td><td colspan="2"></td></tr>
<tr><td>关键点</td><td colspan="8">一、风管的漏光测试
二、风管的漏风测试
三、高效过滤器的检漏</td></tr>
<tr><td colspan="2">开始时间</td><td colspan="2"></td><td colspan="2">完成时间</td><td colspan="3"></td></tr>
<tr><td colspan="2">执行人</td><td colspan="2"></td><td colspan="2">审核人</td><td colspan="3"></td></tr>
</table>

任务情景

1. 场地：CMP 教学工厂。

2. 材料：人员净化服、记录本、拍摄设备，风管漏光、漏风测试设备。

3. 要求：① 正确进行风管的漏光、漏风测试；② 正确进行高效空气过滤器的检漏。

任务准备

（一）风管的漏光测试

漏光法检测是指利用光线对小孔的强穿透力，对系统风管严密程度进行检测的方法。

风管的漏光测试可按《通风与空调工程施工质量验收规范》（GB 50243—2002）附录 A“漏光法检测与漏风量测试”操作。

检测应采用具有一定强度的安全光源。手持移动光源可采用不低于 100 W、带保护罩的低压照明灯或其他低压光源。

系统风管漏光检测时，光源可置于风管内侧或外侧，但其相对侧应为暗黑环境。检测光源应沿着被检测接口部位与接缝缓慢移动，检测人员在另一侧进行观察，若发现有光线射出，则说明查到明显漏光处，做相应记录。

对系统风管的检测宜采用分段检测、汇总分析的方法。在严格安装质量管理的基础上，系统风管的检测以总管和干管为主。采用漏光法检测系统的严密性能时，低压系统风管以每 10 m 接缝漏光点不多于两处，100 m 接缝平均漏光点不多于 16 处为合格；中压系统风管以每 10 m 接缝漏光点不多于 1 处，100 m 接缝平均漏光点不多于 8 处为合格。

漏光检测中对发现的条缝形漏光应密封处理。

（二）风管的漏风测试

风管的漏风测试可按《通风与空调工程施工质量验收规范》（GB 50243—2002）附录 A“漏光法检测与漏风量测试”操作。

漏风法检测是指在风管系统密闭的状态下，利用专用的漏风量测试装置的风机不断向密闭的风管注入风量，使风管内压力上升。调整进入系统的风量，使压力达到预定值并稳定不变，这时风机送入的风量在该压力下正好等于系统的漏风量。通过测试装置的流量计读出注入系统的风量，就得出系统在某个试验压力下的漏风量，总漏风量除以被测试风管面积，得出被测试风管的单位面积漏风量，与允许值比较，可判定被测试风管漏风量是否合格。漏风量测试装置可采用风管式或风室式。

（1）正压或负压系统风管与设备的漏风量测试分正压试验和负压试验两类。一般可采用正压条件下的测试来检验。

（2）系统漏风量测试可以整体或分段进行。测试时，被测系统的所有开口均应封闭，不应漏风。

（3）被测系统的漏风量超过设计和规范的规定时，应查出漏风部位（可用听、摸、观察、水或烟检漏），并标记；修补完工后重新测试，直至合格。

（4）漏风量测定值一般应为规定测试压力下的实测数值。在特殊条件下，也可采用相近或大于规定压力下的测试值代替，其漏风量按下式换算：

$$Q_0 = Q\ (p_0/p)^{0.65}$$

式中，p_0为规定试验压力，Pa；Q_0为规定试验压力下的漏风量，$m^3/(h \cdot m^2)$；p 为风管工作压力，Pa；Q 为工作压力下的漏风量，$m^3/(h \cdot m^2)$。

（三）高效空气过滤器检漏

1. 高效过滤器和框架间的密封方法

1）接触填料密封　密封用填料有固体密封垫和液体密封胶。固体密封垫一般采用螺栓机械压紧，液体密封胶采用填充和黏附方法密封。

2）液槽刀口密封　在槽型框架中注入一定高度的密封液体，高效过滤器的刀口插入密封液中，使两侧的空气道路受阻起到密封作用。

3）负压泄漏密封　利用洁净室相对室外的正压使空气泄漏到室外空间，确保洁净室不受污染。

2. 高效空气过滤器的检漏方法

高效空气过滤器（HEPA）的检漏方法有计数扫描法和光度计扫描法。

计数扫描法的试验装置及试验过程详见《高效空气过滤器》国家标准（GB/T 13554—2008）附录 B“计数扫描检漏试验”。

光度计扫描法的试验装置及试验过程详见《高效空气过滤器》国家标准（GB/T 13554—2008）附录 C“光度计扫描检漏试验”。

3. 高效空气过滤器的安装

安装高效空气过滤器的框架应平整。每个高效空气过滤器（图 8-1）的安装框架平整度允许偏差不大于 1 mm，且要保持过滤器的外框上的箭头和气流方向一致。当其垂直安装时，滤纸折痕应垂直于地面。

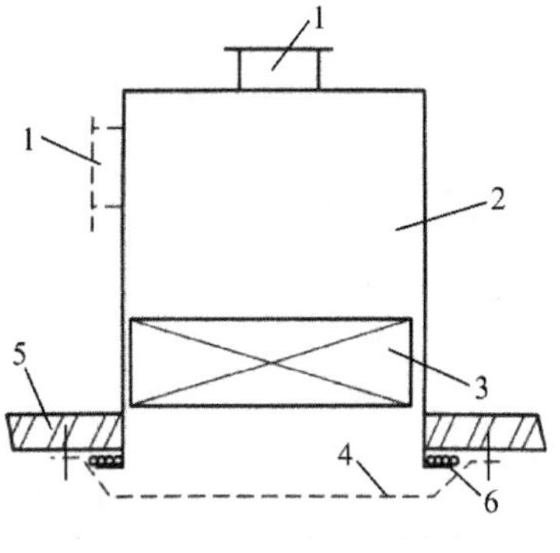

图 8-1　高效空气过滤器示意图

1—进风口；2—箱体；3—过滤器；4—扩散板送风口；5—吊顶；6—密封圈

高效空气过滤器和框架之间的密封采用密封垫密封、不干胶密封、负压密封、液槽密封和双环密封等方法时，必须把填料表面、过滤器边框表面和框架表面及液槽擦拭干净。密封垫的厚度不宜超过 8 mm，压缩率为 25%～30%。其接头形式和材质应符合设计要求，框架各接缝处不得有渗漏现象。采用双环密封条，粘贴密封时不要把环腔上的孔眼堵住。双环密封和负压密封都必须保持负压管道畅通。

目前，国内大多数空气过滤器安装都是采用密封垫法安装，因为海绵橡胶板是闭孔型的，具有良好的气密性能，所以一般将它作为密封材料。如有必要，最好在密封条上均匀打上玻璃胶，将过滤器和静压箱连接在一起时，四周受力要均匀。待 24 h 玻璃胶干了之后，再运行净化系统。

4. 已安装于洁净室的高效空气过滤器检漏

高效空气过滤器现场检漏的试验过程详见《洁净室施工及验收规范》

(GB 50591—2010) 附录 D“高效空气过滤器现场扫描检漏方法”。

(1) 对已安装好的高效空气过滤器的现场检漏，应采用扫描法在过滤器与安装框架接触面、过滤器边框与滤纸接触面及其全部滤芯出风面上进行。

(2) 扫描法可分为光度计法和光学粒子计数器法。检漏应优先选用粒子计数器法。粒子计数器法适用于所有等级的洁净场所过滤器检漏。光度计法可用于最大穿透率不小于 0.001% 的过滤器检漏，应采用多分散的检漏气溶胶。光度计法多适用于高效过滤器上游大气尘浓度低于 4000 粒/L，且过滤器上游系统可以设置检漏气溶胶注入点的情况。

(3) 常用的气溶胶物质有 DOS (癸二酸二辛酯)、DOP (邻苯二甲酸二辛酯)、矿物油、石蜡油、PSL (聚苯乙烯乳胶球)、大气尘溶胶等。

(4) 被检漏过滤器必须已测过风量，在设计风速的 80% ~120% 间运行。

(5) 采用粒子计数器检漏高效过滤器，上风侧应引入均匀浓度的大气尘或含其他气浮胶的空气，上风侧的气溶胶浓度与粒径、测试采样量应与过滤器的效率相适应，并符合相关规定。

(6) 粒子计数器法检漏时将采样口放在距被检过滤器表面 2 ~3 cm 处，宜以 1.5 cm/s (2.83 L/min) 或 2 cm/s (28.3 L/min) 的速度移动，对被检过滤器扫描。上游浓度较大时可提高扫描速度。

任务实施

(一) 检漏

分组进入 GMP 车间，进行风管漏光和漏风量测试，并完成测试记录（见表 8-1）。

表 8-1　风管漏光、漏风量测试记录

单位工程名称					
系统工程名称					
安装单位			项目经理（负责人）		
施工执行标准名称及编号					
风管材质		光源强度/W		工作压力/Pa	

续表

<table>
<tr><td>试验项目</td><td colspan="5">漏光测试</td><td colspan="4">漏风量测试</td></tr>
<tr><td rowspan="2">试验部位
测试内容</td><td rowspan="2">接缝总
长度/m</td><td colspan="2">每 10 m
漏光点</td><td colspan="2">每 100 m
漏光点</td><td rowspan="2">风管
表面积/
m^2</td><td rowspan="2">试验
压力/Pa</td><td rowspan="2">允许漏
风量/[m^3/
($h \cdot m^2$)]</td><td rowspan="2">实测漏
风量/[m^3/
($h \cdot m^2$)]</td></tr>
<tr><td>允许
值/处</td><td>实测
值/处</td><td>允许
值/处</td><td>实测
值/处</td></tr>
<tr><td></td><td></td><td></td><td></td><td></td><td></td><td></td><td></td><td></td><td></td></tr>
<tr><td></td><td></td><td></td><td></td><td></td><td></td><td></td><td></td><td></td><td></td></tr>
<tr><td></td><td></td><td></td><td></td><td></td><td></td><td></td><td></td><td></td><td></td></tr>
<tr><td></td><td></td><td></td><td></td><td></td><td></td><td></td><td></td><td></td><td></td></tr>
<tr><td></td><td></td><td></td><td></td><td></td><td></td><td></td><td></td><td></td><td></td></tr>
<tr><td colspan="3" rowspan="2">安装单位检查评定结果</td><td colspan="7">施工人员：　　　　　　　　测试人员：</td></tr>
<tr><td colspan="7">项目专业质量检查员：　　　　　　　　年　月　日</td></tr>
<tr><td colspan="3">监理（建设）
单位验收结论</td><td colspan="7">专业监理工程师：
（建设单位项目专业技术负责人）　　　　年　月　日</td></tr>
</table>

（二）测试结果汇报

每组拍摄风管漏光和漏风量测试过程照片，并分组上台用 PPT 展示，讨论测试结果。

任务强化

1. 风管漏光测试合格的要求是什么？
2. 简述风管漏风测试的原理。
3. 说一说高效空气过滤器的检漏方法。

任务二　洁净室的气流组织检测

任务目标

知识目标：了解气流流型检测布置测点的方法；掌握风向测试的方法；掌握截面风速测试的方法；掌握气流流向的检测方法。

技能目标：能按照 GMP 要求正确进行风向测试、截面风速测试；能正确布置测点进行气流流型检测；能正确进行气流流向的检测。

素质目标： 培养学生的实际动手能力、数据分析能力和团队协作能力。

任务卡

<table>
<tr><td>任务名称</td><td colspan="2">洁净室的气流组织检测</td><td>学号</td><td></td><td>姓名</td><td></td></tr>
<tr><td>关键点</td><td colspan="6">一、风向测试
二、截面风速测试
三、气流组织检测</td></tr>
<tr><td colspan="2">开始时间</td><td colspan="2"></td><td colspan="2">完成时间</td><td></td></tr>
<tr><td colspan="2">执行人</td><td colspan="2"></td><td colspan="2">审核人</td><td></td></tr>
</table>

任务情景

1. 场地：GMP 教学工厂。

2. 材料：人员净化服、记录本、拍摄设备、风速和气流检测设备。

3. 要求：① 正确进行风向测试；② 正确进行截面风速测试；③ 正确进行气流组织检测。

任务准备

（一）风向测试

对于单向流洁净室，采用室截面平均风速和截面积乘积的方法确定送风量。将距离高效空气过滤器 0.3 m，垂直于气流的截面作为采样测试截面，截面上测点间距不宜大于 0.6 m，测点数不应少于 5 个，以所有测点风速读数的算术平均值作为平均风速。

对于非单向流洁净室，采用风口法或风管法确定送风量，方法如下：

（1）风口法是在安装有高效空气过滤器的风口处，根据风口形状连接辅助风管进行测量，即用镀锌钢板或其他不产尘材料做成与风口形状及内截面相同、长度等于 2 倍风口长边长的直管段连接于风口外部。在辅助风管出口平面上，按测点数不少于 6 处均匀布置，使用热球式风速仪测定各测点风速。然后，以求得的风口截面平均风速乘以风口净截面积求取测定风量。

（2）对于风口上风侧有较长的支管段，且已经或可以钻孔时，可以用风管法确定风量。测量断面应位于大于或等于局部阻力部件前 3 倍管径或长边长，且小于局部阻力部件后5倍管径或长边长的部位。

对于矩形风管，将测定截面分割成若干个相等的小截面。每个小截面尽可能接近正方形，边长不应大于200 mm，测点应位于小截面中心，且整个截面上的测点不宜少于3个。

对于圆形风管，应根据管径大小将截面划分成若干个面积相同的同心圆环，每个圆环测4点。根据管径确定圆环数量，不宜少于3个。

（二）截面风速测试

洁净室垂直单向流或非单向流应选择距墙或维护结构内表面大于0.5 m，且离地面高度0.5～1.5 m作为工作区。水平单向流以距送风墙或维护结构内表面0.5 m处的纵断面为第一工作面。

测定截面的测点数和测定仪器应符合相关规定。

测定风速时应用测定架固定风速仪，以避免人体干扰。不得不用手持风速仪测量时，手臂应伸至最长位置，尽量使人体远离测头。

室内气流流型的测定宜采用发烟或悬挂丝线的方法进行观察测量，然后标记在送风平面的气流流型图上。一般每台过滤器至少对应一个观察点。

风速的不均匀度β_0按下列公式计算：

$$\beta_0 = s/v$$

式中，v为各测定风速的平均值；s为标准差。一般β_0值不应大于0.25。

（三）气流组织测试

1. 气流流型的检测

1）布置测点

① 垂直单向流洁净室选择纵剖面、横剖面各一个，以及距地面高度0.8 m、1.5 m的水平面各一个；水平单向流洁净室选择纵剖面和工作区高度水平面各一个，以及距送风、回风墙面0.5 m和房间中心处等3个横剖面，所有面上的测点间距均为0.2～1 m。

② 乱流洁净室选择通过典型的送风口中心的纵剖面、横剖面和工作区高度的水平面各一个，剖面上的测点间距为0.2～0.5 m，水平面上测点间距为0.5～1 m。两个风口之间的中线上应有测点。

2）测定方法

用发烟器或悬挂单丝线的方法逐点观察和记录气流流向，用量角器量出角度，发烟源可用超声波雾化的去离子水、喷射方法生成的乙醇或正二醇、固态二氧化碳（干冰）等在高强度光源下示踪。在确保对人和物无损害时，可以用四氯化钛作示踪粒子。

2. 气流流向的检测

① 检测一个区域的定向流流向时，应在该区域头尾之间分段立杆，杆上

不同高度处挂有单丝线，或者发烟，按照测定气流流型同样的方法，观测定向流流向并记录。也可分段接力发烟，目测绘制或摄影、摄像。

② 检测一个洁净室的定向流流向时，应在该室门口至排（回）风口之间设立测杆，方法同上。

3. 流线平行的检测

① 用单丝线观测送风平面的气流流向，每台过滤器对应一个观察点。

② 用量角器测定气流流向偏离规定方向的角度，避免人为干扰。

任务实施

（一）洁净室的气流组织检测

分组进入 GMP 车间，进行洁净室气流组织测试，并完成测试记录（见表 8-2）。

表 8-2　洁净室气流组织测试记录

<table>
<tr><td>洁净室名称</td><td colspan="10"></td></tr>
<tr><td>试验项目</td><td colspan="5">风向测试</td><td colspan="5">截面风速测试</td></tr>
<tr><td>测试点数</td><td colspan="5"></td><td colspan="5"></td></tr>
<tr><td>测试位置</td><td></td><td></td><td></td><td></td><td></td><td></td><td></td><td></td><td></td><td></td></tr>
<tr><td>具体风向</td><td></td><td></td><td></td><td></td><td></td><td></td><td></td><td></td><td></td><td></td></tr>
<tr><td>达标情况</td><td></td><td></td><td></td><td></td><td></td><td></td><td></td><td></td><td></td><td></td></tr>
<tr><td>测试方法</td><td></td><td></td><td></td><td></td><td></td><td></td><td></td><td></td><td></td><td></td></tr>
<tr><td colspan="3" rowspan="2">安装单位检查评定结果</td><td colspan="8">施工人员：　　　　　　　测试人员：</td></tr>
<tr><td colspan="8">项目专业质量检查员：　　　　　　　年　月　日</td></tr>
<tr><td colspan="3">监理（建设）
单位验收结论</td><td colspan="8">专业监理工程师：
（建设单位项目专业技术负责人）　　　　年　月　日</td></tr>
</table>

（二）测试结果汇报

每组拍摄洁净室气流组织测试过程，并分组上台用 PPT 展示，讨论测试结果。

任务强化

1. 简述风向测试的具体方法。
2. 简述截面风速测试的方法。
3. 说一说气流流型检测布置测点的方法。

项目九 尘埃粒子及微生物检测

任务一 洁净区的分级与要求

任务目标

知识目标： 了解 GMP 洁净区的生产要求；掌握 GMP 洁净区空气洁净度要求；掌握 GMP 洁净区微生物监测的动态标准。

技能目标： 能按照 GMP 要求正确区分洁净区级别；能描述不同级别洁净区的要求。

素质目标： 培养学生的实际动手能力、数据分析能力和团队协作能力。

任务卡

<table>
<tr><td>任务名称</td><td>洁净区的分级与要求</td><td>学号</td><td></td><td>姓名</td><td></td></tr>
<tr><td>关键点</td><td colspan="5">一、GMP 洁净区空气洁净度要求
二、GMP 洁净区微生物监测的动态标准
三、GMP 洁净区的生产要求</td></tr>
<tr><td>开始时间</td><td></td><td>完成时间</td><td></td></tr>
<tr><td>执行人</td><td></td><td>审核人</td><td></td></tr>
</table>

任务情景

1. 场地：GMP 教学工厂。

2. 材料：人员净化服、记录本、拍摄设备。

3. 要求：① 正确进行空气洁净度的检查；② 正确进行洁净室微生物检测。

任务准备

（一）GMP 对洁净区（室）的分级

空气洁净技术就是建立洁净环境的技术，它是一项综合性的技术。洁净技术也称玷污（或微玷污）控制技术，国际上常用玷污控制（contamination control）一词加以描述。玷污物质的控制，在药品生产企业中以控制空气中的粒子尺寸及其浓度和微生物来实现。

空气洁净度是指洁净环境中空气含尘（微粒）多少的程度，空气洁净度的高低用空气洁净等级来区别。中国 GMP 附录中将药品生产企业洁净室（区）的空气洁净度定为四个级别。

尘粒是空气净化的直接处理对象，是指既包含固态微粒又包含液态微粒的多分散气溶胶，粒径小于 10 μm。细菌培养时，由一个或几个细菌繁殖而成的细菌团称为 CFU（colony forming unit，菌落形成单位），也称菌落数。表 9-1 是中国 GMP 规定的洁净室（区）空气洁净度级别要求。洁净区微生物监测的动态标准见表 9-2。

表 9-1　中国 GMP 洁净室（区）空气洁净度级别要求

洁净度级别	悬浮粒子最大允许数/m^3			
	静态		动态③	
	≥0.5 μm	≥5 μm②	≥0.5 μm	≥5 μm
A 级①	3520	20	3520	20
B 级	3520	29	352000	2900
C 级	352000	2900	3520000	29000
D 级	3520000	29000	不作规定	不作规定

注：① 为了确定 A 级区的级别，每个采样点的采样量不得少于 1 m^3。A 级区空气尘埃粒子的级别为 ISO4.8，以≥0.5 μm 的尘粒为限度标准。B 级区（静态）的空气尘埃粒子的级别为 ISO5，同时包含表中两种粒径的尘粒。C 级区（静态和动态）空气尘埃粒子的级别分别为 ISO7 和 ISO8。D 级区（静态）空气尘埃粒子的级别为 ISO8，测试方法可参照 ISO14644－1。

② 在确认级别时，应使用采样管较短的便携式尘埃粒子计数器，以避免在远程采样系统长的采样管中≥5.0 μm 的尘粒沉降。在单向流系统中，应采用等动力学的取样头。

③ 可在常规操作、培养基模拟灌装过程中进行测试，证明达到了动态的级别，但培养基模拟试验要求在“最差状况”下进行动态测试。

表 9-2　洁净区微生物监测的动态标准①

级别	浮游菌/(cfu/m^3)	沉降菌（φ90 mm）/(cfu/4 h②)	表面微生物	
			接触碟（φ55 mm）/(cfu/碟)	五指手套/(cfu/手套)
A 级	<1	<1	<1	<1
B 级	10	5	5	5
C 级	100	50	25	—
D 级	200	100	50	—

注：① 表中各数值均为平均值。

② 单个沉降碟的暴露时间可以少于 4 h，同一位置可使用多个沉降碟连续进行监测并累积计数。

（二）洁净区生产要求

1. 工艺布局基本要求

（1）工艺布局应按生产流程所要求的空气洁净度等级，做到布置合理、紧凑，有利于生产操作，并能保证对生产过程进行有效的管理。

（2）工艺布局要防止人流、物流之间的混杂和交叉污染，并符合以下基本要求：

① 人员和物料进出生产区域的出入口应分别设置，极易造成污染的物料宜设置专用出入口，洁净厂房内的物料传递路线应尽量短。

② 人员和物料进入洁净室（区），应有各自的净化用室和设施。

③ 洁净室（区）内应只设置必要的工艺设备和设施。用于生产、储存的区域不得用作非本区域内工作人员的通道。

④ 输送人员和物料的电梯宜分开。电梯不宜设在洁净室（区）内，需要设置时，电梯前应设气闸或采取其他确保洁净区空气洁净度等级的措施。

2. 洁净室（区）布置要求

在满足工艺条件的前提下，为提高净化效果、节约能源，有空气洁净度等级要求的房间按下列要求布置：

① 空气洁净度等级高的洁净室（区）宜布置在人员最少到达的地方，并宜靠近空调机房。

② 不同空气洁净度等级的洁净室（区）宜按空气洁净度等级的高低由里及外布置。

③ 空气洁净度等级相同的洁净室（区）宜相对集中布置。

④ 不同空气洁净度等级室之间相互联系应有防止污染措施，如气闸室或传递窗（柜）等。

医药工业洁净厂房内应设置与生产规模相适应的原辅料、半成品、成品存放区域，且尽可能靠近与其相联系的生产区域，以减少过程中可能发生的混杂与污染。存放区域内宜设置待检区、合格品区，或采取能有效控制物料待检、合格状态的措施。不合格品必须设置专区存放。

3. 特殊类别及品种生产厂房的布置要求

① 生产特殊性质的药品，如高致敏性药品（如青霉素类）或生物制品（如卡介苗或其他用活性微生物制备而成的药品）必须采用专用或独立的厂房、生产设施和设备。青霉素类药品产尘量大的操作区域应保持相对负压，排至室外的废气应经净化处理并符合要求，排风口应远离其他空气净化系统的进风口。

② 生产β-内酰胺结构类、性激素类避孕药品必须使用专用设施（如独立的空气净化系统）和设备，并与其他药品生产区严格分开。

③ 生产某些激素类、细胞毒性类、高活性化学药品应使用专用设施（如独立的空气净化系统）和设备。特殊情况下，如采取特别防护措施并经过必要的验证，上述药品制剂可通过阶段性生产方式共用同一生产设施和设备。

任务实施

（一）进入 GMP 教学工厂参观

准备洁净区相关资料，围绕 GMP 教学工厂现场分组讨论。

（二）多媒体展示汇报

查阅资料，调研国内外 GMP 等文件关于洁净区分级与要求的内容，形成总结性 PPT 分组展示。

任务强化

1. 简述 GMP 关于洁净区空气洁净度的要求。
2. GMP 关于洁净区微生物监测的动态标准是什么？
3. GMP 关于洁净区的生产要求有哪些？

任务二　尘埃粒子检测

任务目标

知识目标：了解尘埃粒子检测所使用的仪器；了解尘埃粒子检测的相关规定；掌握尘埃粒子检测采样点的确定方法；掌握尘埃粒子采样量的确定方法和流程。

技能目标：能按照 GMP 要求正确进行尘埃粒子的检测。

素质目标：培养学生的实际动手能力、数据分析能力和团队协作能力。

任务卡

<table>
<tr><td colspan="2">任务名称</td><td>尘埃粒子检测</td><td>学号</td><td></td><td>姓名</td><td></td></tr>
<tr><td colspan="2">关键点</td><td colspan="5">一、尘埃粒子检测采样点的确定
二、尘埃粒子采样量的确定
三、尘埃粒子检测规定</td></tr>
<tr><td colspan="2">开始时间</td><td colspan="2"></td><td colspan="2">完成时间</td><td></td></tr>
<tr><td colspan="2">执行人</td><td colspan="2"></td><td colspan="2">审核人</td><td></td></tr>
</table>

任务情景

1. 场地：GMP 教学工厂。
2. 材料：人员净化服、记录本、拍摄设备、尘埃粒子采样器和计数器。
3. 要求：① 确定尘埃粒了检测采样点；② 正确进行尘埃粒了的检测。

任务准备

空气洁净度等级的检测应在指定的占用状态（空态、静态、动态）下进行。

（一）检测仪器的选用

应使用采样速率大丁 1 L/min 的光学粒了计数器，在选用仪器时应考虑粒径鉴别能力、粒子浓度适用范围和计数效率。仪表应有有效的标定合格证书。

（二）采样点的规定

最低限度的采样点数见表 9-3。

表 9-3　最低限度的采用点数

测点数	2	3	4	5	6	7	8	9	10
洁净区面积 A/m^2	2.1 ~ 6.0	6.1 ~ 12.0	12.1 ~ 20.0	20.1 ~ 30.0	30.1 ~ 42.0	42.1 ~ 56.0	56.1 ~ 72.0	72.1 ~ 90.0	90.1 ~ 110.0

注：① 水平单向流时，面积 A 为与气流方向呈垂直的流动空气截面的面积。
② 最低限度的采用点数（NL）按公式 $NL = 0.5A$ 计算（四舍五入，取整数）。

（三）采样量的确定

每次采样的最少采样量见表 9-4。

表 9-4　每次采样的最少采样量（V_s）

洁净度级别	粒径/μm					
	0.1	0.2	0.3	0.5	1.0	5.0
1	2000	8400	—	—	—	—
2	200	840	1960	5680	—	—
3	20	84	196	568	2400	—
4	2	8	20	57	240	—
5	2	2	2	6	24	680
6	2	2	2	2	2	68
7	—	—	—	2	2	7
8	—	—	—	2	2	2
9	—	—	—	2	2	2

（1）每个采样点的最少采样时间为 1 min，采样量至少为 2 L。

（2）每个洁净室（区）最少采样次数为 3 次。当洁净区仅有一个采样点时，则在该点至少采样 3 次。

（3）对预期空气洁净度等级达到 4 级或更洁净的环境，采样量很大，可采用 ISO14644 -1 附录 F 规定的顺序采样法进行采样。

（四）检测采样的规定

（1）采样时采样口处的气流速度应尽可能接近室内的设计气流速度。

（2）对于单向流洁净室，其粒子计数器的采样管口应迎着气流方向；对于非单向流洁净室，采样管口宜向上。

（3）采样管必须洁净，连接处不得渗漏。采样管的长度应根据允许长度确定；无规定时，不宜大于 1.5 m。

（4）室内的测定人员必须穿洁净工作服，且不宜超过 3 名，并应远离或位于采样点的下风侧静止不动或微动。

（五）数据记录与评价

空气洁净度测试时，当全室（区）测点为 2～9 点时，必须计算每个采样点的平均粒子浓度 C_i 值、全部采样点的平均粒子浓度 C_N 及其标准差，导出 95% 置信上限值；采样点超过 9 点时，可采用算术平均值 C_m 作为置信上限值。

（1）每个采样点的平均粒子浓度 C_i 应小于或等于洁净度等级规定的限值，见表 9-5。

表 9-5 洁净度等级及悬浮粒子浓度限值

洁净度级别	大于或等于粒径 D 的最大浓度 C_n/（粒/m^3）					
	0.1 μm	0.2 μm	0.3 μm	0.5 μm	1.0 μm	5.0 μm
1	10	2	—	—	—	—
2	100	24	10	4	—	—
3	1000	237	102	35	8	—
4	10000	2370	1020	352	83	—
5	100000	23700	10200	3520	832	29
6	1000000	237000	102000	35200	8320	293
7	—	—	—	352000	83200	2930
8	—	—	—	3520000	832000	29300
9	—	—	—	35200000	8320000	293000

注：① 本表仅表示整数值的洁净度等级（S）悬浮粒子最大浓度的限值。

② 对于非整数洁净度等级，其对应于粒子粒径 D（μm）的最大浓度限值 C_n 应按下列公式求取：$C_n = 10^S \times (0.1/D)^{2.08}$。

③ 洁净度等级定级的粒径范围为 0.1～5.0 μm，用于定级的粒径数不应大于3 个，且其粒径的顺序极差不应小于 1.5 倍。

（2）全部采样点的平均粒子浓度 C_N 的 95% 置信上限值应小于或等于洁净度等级规定的限值，即

$$(C_N + t \times s/\sqrt{n}) \leqslant \text{级别规定的限值}$$

式中，C_N 为室内各测点平均含尘浓度，$C_N = \sum C_i/n$；n 为测点数；s 为室内各测点平均含尘浓度 N 的标准差；t 为置信度上限为 95% 时，单侧 t 分布的系数（见表 9-6）。

表 9-6　单侧 t 分布系数

点数	2	3	4	5	6	7 ~ 9
t	6.3	2.9	2.4	2.1	2.0	1.9

每次测试应做记录，并提交性能合格或不合格的测试报告。测试报告应包括以下内容：

① 测试机构的名称、地址。

② 测试日期和测试者签名。

③ 执行标准的编号及标准实施日期。

④ 被测试的洁净室或洁净区的地址、采样点的特点编号及坐标图。

⑤ 被测洁净室或洁净区的空气洁净度等级、被测粒径（或沉降菌、浮游菌）、被测洁净室所处的状态、气流流型和静压差。

⑥ 测量用仪器的编号和标定证书；测试方法细则及测试中的特殊情况。

⑦ 测试结果，在全部采样点坐标图上注明所测的粒子浓度（或沉降菌、浮游菌的菌落数）。

⑧ 对异常测试值进行说明及数据处理。

任务实施

（一）洁净室尘埃粒子检测

分组进入 GMP 车间，进行洁净室尘埃粒子检测，并完成检测记录（见表 9-7）。

表 9-7　洁净室尘埃粒子检测记录

房间名称	净化级别	面积/m^2	采样点	粒径/μm	记录器数据（采样点 A）（粒/2.83 L）				记录器数据（采样点 B）（粒/2.83 L）				平均值的均值/（粒/2.83 L）	粒子浓度/（粒/m^3）
					1	2	3	平均值	1	2	3	平均值		
一更室				≥0.5										
				≥5										
二更室				≥0.5										
				≥5										
换鞋室				≥0.5										
				≥5										
缓冲室				≥0.5										
				≥5										
车间 1				≥0.5										
				≥5										
车间 2				≥0.5										
				≥5										
称量间				≥0.5										
				≥5										
原辅料暂存室				≥0.5										
				≥5										

续表

房间名称	净化级别	面积/m^2	采样点	粒径/μm	记录器数据（采样点 A）(粒/2.83 L)				记录器数据（采样点 B）(粒/2.83 L)				平均值的均值/(粒/2.83 L)	粒子浓度/(粒/m^3)
					1	2	3	平均值	1	2	3	平均值		
脱外包室				≥0.5										
				≥5										
内包室				≥0.5										
				≥5										
清洗消毒室				≥0.5										
				≥5										
器具存放室				≥0.5										
				≥5										
喷雾干燥室				≥0.5										
				≥5										
洁净走廊				≥0.5										
				≥5										

（二）测试结果汇报

每组总结洁净室尘埃粒子检测结果，并分组上台用 PPT 展示，讨论检测结果。

任务强化

1. 若压片间面积为 25 m^2，其尘埃粒子最低采样点数是多少？
2. 进行尘埃粒子检测对检测人员有何要求？

任务三　微生物检测

任务目标

知识目标：了解微生物检测设备仪器的使用原理；掌握洁净区环境微生物检测的方法；掌握洁净区人员和设备表面微生物检测的方法。

技能目标：能按照 GMP 要求正确进行洁净区环境微生物的检测；能按照 GMP 要求进行洁净区人员和设备表面微生物的检测。

素质目标：培养学生的实际动手能力、数据分析能力和团队协作能力。

任务卡

任务名称	微生物检测	学号		姓名	
关键点	一、环境微生物的检测方法 二、表面微生物的检测方法				
开始时间			完成时间		
执行人			审核人		

任务情景

1. 场地：GMP 教学工厂。

2. 材料：人员净化服、记录本、拍摄设备、微生物培养箱、浮游菌取样器、培养皿等。

3. 要求：① 正确进行环境微生物的检测；② 正确进行洁净区人员和设备表面微生物的检测。

任务准备

为维持药品洁净实验室操作环境的稳定性、确保药品质量安全及检测结果的准确性，应对洁净区进行微生物监测和控制，使受控环境维持在可接受的微生物污染风险水平。

GMP 规定洁净区应定期进行微生物监测和控制，内容包括非生物活性的空气悬浮粒子数和有生物活性的微生物监测，其中微生物监测包括环境浮游菌和沉降菌监测，及关键的检测台面、人员操作服表面及五指手套等的微生物检测。当有人员、设备、空气调节系统等重大改变时，或微生物监测结果、样品测定结果发生偏离时，应重新进行监测。

（一）环境微生物的检测

微生物检测方法有空气悬浮微生物法和沉降微生物法两种，采样后的基片（或平皿）在恒温箱内经 37 ℃、48 h 的培养生成菌落后进行计数。使用的采样器皿和培养液须经消毒灭菌处理。采样点可均匀布置或取典型的地域布置。

悬浮微生物法应采用离心式、狭缝式和针孔式等碰击式采样器，采样时间应根据空气中微生物的浓度决定，采样点数可与测定空气洁净度测点数相同。各种采样器应按仪器说明书规定的方法使用。常见的采样仪器是浮游菌采样器，如图 9-1 所示。

沉降微生物法应采用直径为 90 mm 的培养皿（图 9-2），在采样点上沉降 30 min 后进行采样。培养皿最少采样数应符合表 9-8 的规定。

图 9-1　浮游菌采样器

图 9-2　微生物培养皿

表 9-8　最少培养皿数

空气洁净度级别	培养皿数
<5	44
5	14
6	5
≥7	2

制药厂洁净室（包括生物洁净室）室内浮游菌和沉降菌测试也可采用协议确定的采样方案。

用培养皿测定沉降菌，用碰撞式采样器或过滤采样器测定浮游菌，还应遵守以下规定：

（1）采样装置采样前的准备及采样后的处理均应在设有高效空气过滤器排风的负压实验室进行操作，该实验室的温度应为（22 ± 2）℃，相对湿度应为（50 ± 10）%。

（2）采样仪器应消毒灭菌。

（3）采样仪器选择应审核其精度和效率，并有合格证书。

（4）采样装置的排气不应污染洁净室。

（5）沉降皿个数及采样点、培养基、培养温度、培养时间应按有关规范执行。

（6）浮游菌采样器的采样率宜大于 100 L/min。

（7）碰撞培养皿的空气速度应小于 20 m/s。

（二）表面微生物的检测

表面微生物测定是指对环境、设备和人员表面的微生物进行监测，方法包括接触碟法和棉签擦拭法。

接触碟法是将充满规定的琼脂培养基的接触碟对规则表面或平面进行取样，每碟取样面积约为 25 cm^2，然后置于合适的温度下培养一定时间并计数，微生物计数结果以 cfu/碟报告。

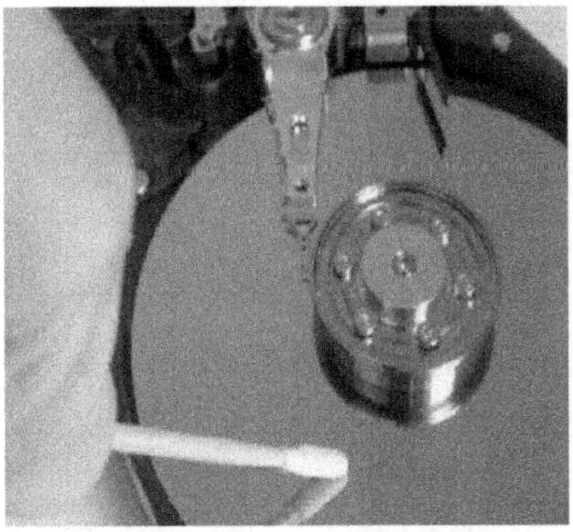

图 9-3　棉签擦拭设备表面

棉签擦拭法是接触碟法的补充（图 9-3），用于不规则表面的微生物监测，特别是设备的不规则表面。取样后，棉签置合适的缓冲液或培养基中，充分振荡，再用平皿涂布法或平皿浇注法计数，每根棉签取样面积约为 25 cm^2，微生物计数结果以 cfu/棉签报告。

接触碟法和棉签擦拭法采用的培养基、培养温度和时间同浮游菌或沉降菌监测。表面菌测定应在实验结束后进行。

环境浮游菌、沉降菌及表面微生物监测用培养基一般采用胰酪大豆胨琼脂培养基（TSA），当监测结果有疑似真菌或考虑季节因素影响时，可增加沙氏葡萄糖琼脂培养基（SDA）。

在制药企业洁净室中，监测频次及监测项目建议按表 9-9 进行。

表 9-9　制药企业洁净室的监测频次及监测项目（推荐）

受控区域	洁净度级别	采样频次	监测项目
无菌隔离系统	内部	每次生产	浮游菌[c]、沉降菌[b]、表面微生物（含手套）
洁净区	A 级	每次生产	浮游菌[a]、沉降菌[b]、表面微生物（含手套及操作服）
	B 级	每周一次	浮游菌[c]、沉降菌、表面微生物（含手套及操作服）
	C 级	每季度一次	浮游菌[d]、沉降菌、表面微生物
	D 级	每半年一次	浮游菌、沉降菌、表面微生物
备注	a. 每月一次；b. 工作台面沉降菌的日常监测采样点数不少于 3 个，且每个采样点的平皿数应不少于 1 个；c. 每季度一次；d. 每半年一次		

任务实施

（一）洁净室微生物检测

分组进入 GMP 车间，进行洁净室微生物检测，并完成检测记录（见表 9-10）。

表 9-10　洁净室微生物检测记录

检品来源		批号		报告日期	
检验依据					
标准要求					
使用设备					
培养基		批号			
检验方法	□直接接种法　□薄膜过滤法　□其他				

续表

名称/编号 培养时间/h	检验日期							
24								
48								
72								
菌落报告数（cfu/25 cm^2）								
结论								
检验人员				复核人员				

（二）测试结果汇报

每组总结洁净室微生物检测结果，并分组上台用 PPT 展示，讨论检测结果。

任务强化

1. 简述环境微生物的检测方法。
2. 简述表面微生物的检测方法。

项目十　暖通空调系统数据检测

任务一　空气净化

任务目标

知识目标：了解空气过滤器的结构；掌握暖通空调系统的定义；掌握空气过滤器的分类及效率；掌握空气过滤器的选用要求。

技能目标：能按照 GMP 要求正确进行空气过滤器的选择、安装与拆卸。

素质目标：培养学生的实际动手能力、数据分析能力和团队协作能力。

任务卡

<table>
<tr><td>任务名称</td><td>空气净化</td><td>学号</td><td></td><td>姓名</td><td></td></tr>
<tr><td>关键点</td><td colspan="5">一、空气过滤器的分类及效率
二、空气过滤器的结构
三、空气过滤器的选用</td></tr>
<tr><td>开始时间</td><td colspan="2"></td><td>完成时间</td><td colspan="2"></td></tr>
<tr><td>执行人</td><td colspan="2"></td><td>审核人</td><td colspan="2"></td></tr>
</table>

任务情景

1. 场地：GMP 教学工厂。

2. 材料：人员净化服、记录本、拍摄设备、天平、台秤、风速和风阻检测设备。

3. 要求：① 了解空气过滤器的结构；② 正确选用空气过滤器。

任务准备

暖通空调系统（heating，ventilating and air conditioning，HVAC）是药品生产质量控制系统的重要组成部分，通过它为药品生产提供温度、湿度、悬浮粒子数、微生物等均符合规定的环境，并对这些参数进行控制和监测，以避免污染和交叉污染，同时为操作人员提供舒适的环境。HVAC 系统还起到减少和避免药品在生产过程中对人和周围环境造成不利影响的作用，以保护人体健康和周围的环境。

为保证洁净室（区）的洁净度，应采取以下措施：送入洁净室（区）的空气须经多级过滤，防止尘埃粒子从外部进入室内；通过严格管理生产及人员、规范施工、选择合适材料等减少洁净室（区）尘埃粒子的产生量；通过合理的排风和回风及时排出室内产生的尘埃粒子；防止室外粒子进入室内。

空气过滤器是空调净化系统的核心设备。空气流经过滤器时，空气中的尘粒被各种作用，如拦截效应、惯性效应、扩散效应、重力效应、静电效应等截留于过滤器。

（一）空气过滤器的分类及效率

空气过滤器按性能可分为粗效过滤器、中效过滤器、高中效过滤器、亚高效过滤器、高效过滤器、超高效过滤器；按形式可分为平板式、折褶式、袋式、卷绕式、筒式、静电式；按滤料更换方式可分为可清洗式、可更换式、一次性使用式。

按国家标准《空气过滤器》（GB/T 14295—2008）和《高效空气过滤器》（GB/T 13554—2008），各类过滤器的效率和阻力见表 10-1、表 10-2 和表 10-3。

表 10-1　空气过滤器额定风量下的效率和阻力

<table>
<tr><th>性能类别</th><th>代号</th><th>迎面风速/（m/s）</th><th colspan="2">额定风量下的效率 E/%</th><th>额定风量下的初阻力 ΔP_i/Pa</th><th>额定风量下的终阻力 ΔP_f/Pa</th></tr>
<tr><td>亚高效</td><td>YG</td><td>1.0</td><td rowspan="5">粒径≥0.5 μm</td><td>99.9 > E≥95</td><td>≤120</td><td>240</td></tr>
<tr><td>高中效</td><td>GZ</td><td>1.5</td><td>95 > E≥70</td><td>≤100</td><td>200</td></tr>
<tr><td>中效 1</td><td>Z1</td><td rowspan="3">2.0</td><td>70 > E≥60</td><td rowspan="3">≤80</td><td rowspan="3">160</td></tr>
<tr><td>中效 2</td><td>Z2</td><td>60 > E≥40</td></tr>
<tr><td>中效 3</td><td>Z3</td><td>40 > E≥20</td></tr>
<tr><td>粗效 1</td><td>C1</td><td rowspan="4">2.5</td><td rowspan="2">粒径≥2.0 μm</td><td>E≥50</td><td rowspan="4">≤50</td><td rowspan="4">100</td></tr>
<tr><td>粗效 2</td><td>C2</td><td>50 > E≥20</td></tr>
<tr><td>粗效 3</td><td>C3</td><td rowspan="2">标准人工尘计重效率</td><td>E≥50</td></tr>
<tr><td>粗效 4</td><td>C4</td><td>50 > E≥10</td></tr>
</table>

注：当效率测定结果同时满足表中两个类别时，按较高类别评定。

表 10-2 高效空气过滤器性能

类别	额定风量下的钠焰法效率/%	20%额定风量下的钠焰法效率/%	额定风量下的初阻力/Pa
A	99.99 > E≥99.9	无要求	≤190
B	99.999 > E≥99.99	99.99	≤220
C	E≥99.999	99.999	≤250

表 10-3 超高效空气过滤器性能

类别	额定风量下的计数法效率/%	额定风量下的初阻力/Pa	备注
D	99.999	≤250	扫描检漏
E	99.9999	≤250	扫描检漏
F	99.99999	≤250	扫描检漏

（二）任务术语

1）计重效率　指人工尘试验过滤器在任意一个试验周期内，受试过滤器积尘量与发尘量之比，即受试过滤器捕集灰尘粒子质量的能力，该效率以百分数（%）表示。

2）初阻力　指未积尘的受试过滤器通过额定风量时的空气阻力，单位以 Pa 表示。

3）终阻力　指在额定风量下由于过滤器积尘，而使其阻力上升并达到规定值。可以按表 10-1 规定的值，也可以由生产厂家推荐，单位以 Pa 表示。

4）容尘量　指在额定风量下受试过滤器达到终阻力时所捕集的人工尘总质量，单位以 g 表示。

（三）空气过滤器的结构

空气过滤器的外框材料有纸板、塑料板、木板、铝合金板、镀锌钢板、冷轧钢板、不锈钢板等。粗效过滤器一般为由化纤无纺布、玻璃纤维滤料制成的板式或袋式过滤器；中效过滤器一般为由玻璃纤维滤料、聚丙烯制成的袋式过滤器；高效过滤器一般由超细玻璃纤维、带静电聚四氟乙烯纤维等制成。高效过滤器按滤芯结构可分为有隔板过滤器和无隔板过滤器，如图 10-1 所示。有隔板过滤器的分隔板可采用铝箔、塑料板、胶版印刷纸等，无隔板过滤器的分隔板可采用热熔胶、玻璃纤维纸条、阻燃丝线等。

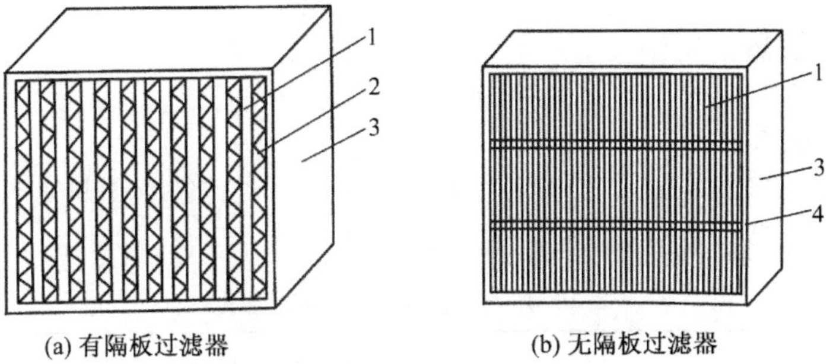

1—滤料；2—分隔板；3—框架；4—分隔物

图 10-1　有隔板过滤器和无隔板过滤器

（四）空气过滤器的布置和选用

1. 空气过滤器的布置方式

（1）中效空气过滤器宜集中设置在净化空气处理机组的正压段；

（2）高效空气过滤器或亚高效空气过滤器宜设置在净化空气调节系统的末端；

（3）在回风和排风系统中，高效空气过滤器和亚高效空气过滤器及作为预过滤的中效过滤器应设置在系统的负压段。

2. 空气过滤器选用的一般建议

（1）根据不同场所洁净度的要求确定末级过滤器的效率；

（2）根据末级的高效空气过滤器选择效率合适的前级过滤器；

（3）中效空气过滤器、高效空气过滤器应按小于或等于额定风量选用；

（4）设置在同一洁净区内的高效空气过滤器、亚高效空气过滤器运行时的阻力和效率宜相近。

（5）高效空气过滤器必须逐台检查；

（6）选用通用尺寸的过滤器。

末端过滤器决定空气的洁净程度，前级过滤器起保护末端过滤器的作用，以延长末端过滤器的使用周期，减少维护费用，保护净化空调系统正常工作。过滤器的使用寿命除取决于其本身的优劣，如过滤材料、过滤面积、结构设计、初始阻力等，还与空气中的含尘浓度、实际使用风量、终阻力的设定等因素有关。过滤器对空气形成阻力，随着过滤时间延长，积尘增加，过滤器阻力增大。若过滤器积尘太多，阻力过高，通过风量降低，可造成洁净室（区）洁净级别、温湿度等达不到要求。因此，过滤器须设定使用周期，在过滤器没有损坏的情况下，一般以阻力作为判定依据。

任务实施

（一）空气净化

进入 GMP 教学工厂，检查各个空气过滤器，对比特点，并完成空气过滤器的拆卸和安装，填写对应记录表（表 10-4）。

表 10-4　空气过滤器的检查记录

检查地点		空气过滤器种类	
检查地点		空气过滤器种类	
检查地点		空气过滤器种类	
检查地点		空气过滤器种类	
检查情况			
拆卸步骤			
安装步骤			
操作人员		复核人员	

（二）多媒体展示汇报

每组总结空气过滤器的检查结果，形成总结性 PPT 分组展示。

任务强化

1. 简述空气过滤器的分类及效率。
2. 空气过滤器的结构有何特点？
3. 如何选用空气过滤器？

任务二　新风、排风和回风

任务目标

知识目标：掌握新风、排风和回风设计的要求。

技能目标：能按照 GMP 要求正确进行新风、排风和回风的设计。

素质目标：培养学生的实际动手能力、数据分析能力和团队协作能力。

任务卡

<table>
<tr><td>任务名称</td><td>新风、
排风和回风</td><td>学号</td><td></td><td>姓名</td><td></td></tr>
<tr><td>关键点</td><td colspan="5">新风、排风和回风设计</td></tr>
<tr><td colspan="2">开始时间</td><td colspan="2"></td><td>完成时间</td><td></td></tr>
<tr><td colspan="2">执行人</td><td colspan="2"></td><td>审核人</td><td></td></tr>
</table>

任务情景

1. 场地：GMP 教学工厂。

2. 材料：人员净化服、记录本、拍摄设备、风向测试设备、风速测试设备。

3. 要求：① 正确认知新风、排风和回风设计；② 正确判断新风排风和回风。

任务准备

（一）新风设计

新鲜空气量（新风量）应取下列最大值：

（1）补偿室内排风量和保持室内正压所需新鲜空气量；

（2）室内每人每小时新鲜空气量不低于 40 m^3。

药品生产企业的系统新风比不应简单地按照系统内所需人员的新风量与总风量之比，而应根据医药洁净区内人员密度最大房间所需新风量的新风比确定。

（二）排风设计

净化空调系统的空气不应循环使用的情况：生产过程散发粉尘的洁净室（区），其室内空气经处理仍不能避免交叉污染时；生产中使用有机溶媒，且因气体积聚可构成爆炸或火灾危险的工序；病原体操作区；放射性药品生产区；生产过程中产生大量有害物质及异味或挥发性气体的生产工序。

1. 排风系统设计要求

医药洁净室（区）的排风系统应符合下列规定：

（1）应采取防止室外气体倒灌的措施。

（2）排放含易燃、易爆物气体的局部排风系统应采取防火、防爆措施。

（3）排放气体相关物质含量超过国家排放标准的应采取处理措施。

（4）针对含有水蒸气和凝结性物质的排风系统应设置坡度及排放口。

（5）生产青霉素等特殊药品的排风系统应符合相关规定。

为防止室外气体倒灌，可采取在排风管路上安装过滤器、止回阀或电动排风阀与止回阀连锁等措施。

2. 排风系统设置与净化要求

（1）下列情况下，排风系统应单独设置：

① 不同净化空气调节系统。

② 散发粉尘或有害气体的区域。

③ 排放介质毒性为现行国家标准《职业性接触毒物危害程度分级》（GB 2230—2010）中规定的中度危害以上的区域。

④ 排放介质混合后会加剧腐蚀、增加毒性、产生燃烧和爆炸事故或发生交叉污染的区域。

⑤ 排放易燃、易爆介质的区域。

（2）下列情况下，空气净化系统排风应经净化处理：

① 生产特殊性质的药品，如高致敏性药品（如青霉素类）或生物制品

（如卡介苗或其他用活性微生物制备而成的药品）的空气净化系统。

② 生产β-内酰胺结构类药品、性激素类避孕药品的空气净化系统。

③ 生产某些激素类、细胞毒性类、高活性化学药品的空气净化系统。

3. 其他注意事项

生产过程中散发粉尘的医药洁净室（区）应设置除尘设施，除尘器应设置在净化空气调节系统的负压段。采用单机除尘时，除尘器应设置在靠近发尘点的机房内；如机房门向医药洁净室（区）方向开启，机房内环境要求宜与医药洁净室（区）相同。间歇使用的除尘系统应有防止医药洁净室（区）压差变化的措施。

发散大量有害气体或有爆炸气体的医药洁净室（区）应设置事故排风装置，事故排风系统应设置自动和手动控制开关，手动控制开关应分别设置在洁净室（区）内和洁净室（区）外便于操作的地点。

有爆炸危险的除尘系统应采用有泄爆和防静电装置的防爆除尘器。防爆除尘器应设置在排尘系统的负压段，并应设置在独立的机房内或室外。

采用熏蒸消毒灭菌的医药洁净室（区）应设置消毒排风设施。

任何室内排风风口均应有过滤器。排风对环境造成有毒有害影响时，排风口的室内侧必须安有高效过滤器，必要时还应加装活性炭过滤器。对于可能含有Ⅲ类生物危险度的生物气溶胶，排风管道必须是不锈钢焊接成型的负压管道，排风口上的过滤装置应为 B 类或更高效的过滤器。

有腐蚀性气溶胶的排风管道应采用防腐材料。

（三）回风设计

一般不宜采用顶部回风，因为回风流向与尘粒沉降方向相反，可能导致洁净室下部积聚粒径较大的尘粒。

单向流洁净室采用水平送风、水平回风或垂直送风、垂直回风；非单向流洁净室一般采用顶送下侧回、侧送下侧回。

散发粉尘或有害物质的医药洁净室（区）不应采用走廊回风，且不宜采用顶部回风。

洁净室（区）的空气如可循环使用，应采取有效措施避免污染和交叉污染，回风口应有过滤器。回风口宜安装超低阻高中效过滤器，至少应安装中效过滤器，每次生产结束后可清洁回风口上过滤器，并设定更换周期。

采用下侧回风时，回风口上边离地宜不超过 500 mm，下边离地宜不小于 100 mm。

为减少尘粒在格栅上积聚，回风口格栅应为竖条。

回风管上应按设计要求设防火阀。

任务实施

(一）新风、排风和回风风向测试

进入 GMP 教学工厂，进行洁净空气各个风口的风向测试，填写对应记录表（表 10-5）。

表 10-5　风向测试记录

检查风口		风向	
检查风口		风向	
检查风口		风向	
检查风口		风向	
检查情况			
操作人员		复核人员	

(二）新风、排风和回风风速测试

进入 GMP 教学工厂，进行洁净空气各个风口的风速测试，填写对应记录表（表 10-6）。

表 10-6　截面风速测试记录

检查车间		风速	
检查车间		风速	
检查车间		风速	
检查车间		风速	
检查情况			
操作人员		复核人员	

(三）学生汇报

学生将上述两个检查结果进行总结汇报。

(四）教师总结

学生互评，教师点评结果。

任务强化

简述新风设计与排风、回风设计的区别。

任务三　压差检测

任务目标

知识目标：掌握压差设计的要求；掌握静压差测试的要求。
技能目标：能按照 GMP 要求正确进行静压差测试。
素质目标：培养学生的实际动手能力、数据分析能力和团队协作能力。

任务卡

<table>
<tr><td>任务名称</td><td>压差检测</td><td>学号</td><td></td><td>姓名</td><td></td></tr>
<tr><td>关键点</td><td colspan="5">一、压差设计
二、静压差测试</td></tr>
<tr><td>开始时间</td><td colspan="2"></td><td>完成时间</td><td colspan="2"></td></tr>
<tr><td>执行人</td><td colspan="2"></td><td>审核人</td><td colspan="2"></td></tr>
</table>

任务情景

1. 场地：GMP 教学工厂。
2. 材料：人员净化服、记录本、拍摄设备、静压差测试设备。
3. 要求：① 掌握压差设计的要求；② 正确进行静压差测试。

任务准备

（一）压差设计

GMP 第四十八条规定：“洁净区与非洁净区之间、不同级别洁净区之间的压差应当不低于 10 帕斯卡。必要时，相同洁净度级别的不同功能区域（操作间）之间应保持适当的压差梯度。”

为避免污染或交叉污染，同一空气等级区域内的各洁净室之间常须维持一定的压差，一般可控制为 5 Pa。

正压具有以下作用：① 在门窗关闭的情况下，防止洁净室外的污染物由缝隙渗入洁净室；② 在门开启的瞬间，保证有足够的气流向外流动，减少门开启或人进入的瞬间带来的干扰气流；③ 保证洁净区域内合理、有序的气流流向与流量。洁净室正压调节的措施见表 10-7。

表 10-7　洁净室正压调节的措施

名称	特点	备注
回风口或支风管上装调节阀	结构简单，经济，调节精度不高	适用于各种洁净室，最好用对开式多叶调节阀
回风口上装空气阻尼层	结构简单，经济，起一定的过滤作用，室内正压有些变化，随着阻尼层阻力逐渐增加而有所上升	仅适用于走廊或套间回风方式；阻尼层一般用厚 5 ~ 8 mm 的泡沫塑料或无纺布制作；阻尼层一般 1 ~ 2 个月清洗 1 次，以维持室内正压
余压阀	灵敏度较高，安装简单，长期使用后关闭不严	当余压阀全关闭时，室内正压仍低于预定值，则无法控制；一般设在洁净室下风侧的墙上
差压式电动风量调节阀	灵敏度高，可靠性强，设备较复杂，当正压低于或高于预定值时，可自动系统配合；造价较高，系统调试较难	当正压低于或高于预定值时，可自动控制调节回风阀或排风阀，使室内正压保持稳定

房间的压力由送入房间的风量和回风及排风量来控制。洁净区总体压差是由新风量控制的，当新风量大于排风量时，差额就是洁净区向环境的渗透风量，产生正压。新风量可通过新风阀来调控。对于洁净室，送风量减去回风量和排风量的差额部分即渗透风量：渗透风量为正，室内对室外产生正压；渗透风量为负，室内对室外产生负压。

可采用两种测量方式对洁净室压力关系进行监测，即洁净室对洁净室及洁净室对公共参考点。

下列医药洁净室（区）应设置指示压差的装置：

① 不同空气洁净度等级的洁净室（区）之间。

② 无菌洁净室与非无菌洁净室之间。

③ 按规定，须保持相对负压的房间。

④ 人员净化室和物料净化室的气闸室。

下列医药洁净室（区）应与相邻医药洁净室（区）保持相对负压：

① 生产过程中散发粉尘的医药洁净室（区）。

② 生产过程中使用有机溶媒的医药洁净室（区）。

③ 生产过程中产生大量有害物质、热湿气体和异味的医药洁净室（区）。

④ 青霉素等特殊药品的精制、干燥、包装室及其制剂产品的分装室。

⑤ 病原体操作区。

⑥ 放射性药品生产区。

（二）静压差测试

静压差的测试应在所有房间的门关闭时进行，有排风时，应在最大排风量条件下进行，并宜从 GMP 车间平面分布图上最里面的房间依次向外测定相邻相通房间的压差，直至测出洁净区与非洁净区、室外环境（或向室外开口的房间）之间的压差。

对于洁净度 5 级或优于 5 级的单向流洁净室，还应测定在门开启状态下距门口 0.6 m 处的室内侧工作面高度的粒子数。

有不可关闭的开口与邻室相通的洁净室，还应测定开口处的流速和流向。

采用微压差计时，灵敏度不应低于 2.0 Pa。

任务实施

（一）静压差测试

进入 GMP 教学工厂，进行各个车间的静压差测试，填写对应记录表(见表 10-8)。

表 10-8　静压差测试记录

占用状态：		□ 空态	□ 静态	□ 动态
房间之间的静压差		规定值/Pa	实际值/Pa	是否符合要求
房间编号	房间编号			
				□是　□ 否
				□是　□ 否
				□是　□ 否
				□是　□ 否
				□是　□ 否
				□是　□ 否
				□是　□ 否
				□是　□ 否

续表

房间之间的静压差		规定值/Pa	实际值/Pa	是否符合要求
房间编号	房间编号			
				□是 □否
				□是 □否
				□是 □否
备注：				

操作人		审核人	

（二）学生汇报

学生将上述检查结果进行总结汇报。

（三）教师总结

学生互评，教师点评结果。

任务强化

1. 简述压差设计的要求。
2. 简述静压差测试的要求。

任务四 温湿度检测

任务目标

知识目标：掌握温湿度设计的要求；掌握温湿度测试的要求。

技能目标：能按照 GMP 要求正确进行温湿度测试。

素质目标：培养学生的实际动手能力、数据分析能力和团队协作能力。

任务卡

任务名称	温湿度检测	学号		姓名	
关键点	一、温湿度设计 二、温湿度测试				
开始时间			完成时间		
执行人			审核人		

任务情景

1. 场地：GMP 教学工厂。
2. 材料：人员净化服、记录本、拍摄设备、温湿度测试设备。
3. 要求：① 掌握温湿度设计要求；② 正确进行温湿度测试。

任务准备

（一）温湿度设计

生产工艺对温度和湿度无特殊要求时，空气洁净度为 A 级和 B 级的洁净区（室）温度应为 20～24 ℃，相对湿度应为 45%～60%；空气洁净度为C 级和 D 级的洁净区（室）温度应为 18～26 ℃，相对湿度应为 45%～65%。生产工艺对温度和湿度有特殊要求时，应根据工艺要求确定。

1. 温度设计

人员净化及生活用室的温度，冬季应为 16～20 ℃，夏季为 26～30 ℃。

1）降温　采用表冷段中安装表冷器对空气降温，降温幅度与冷却盘管中冷却水进水温度、流量有关，冷却盘管表面附着的灰尘、内部的水垢会阻碍热交换，须定期清洁。

2）升温　可采用电加热或蒸气加热的方式对空气增温。

2. 湿度设计

当洁净室有相对湿度要求时，可采用冷却盘管、除湿机、加湿器等进行空气的湿度处理。对于低湿度要求的洁净室（如粉剂生产），应考虑应用除湿机。但由于投资和运行费较高，故常在露点温度低于 5 ℃时才使用。

为了防止吸收水分，裸露的粉剂产品要求相对湿度低于 40%。须注意，当相对湿度过低（20%～30%）时，操作人员的咽喉和眼睛会感到不适。

如须控制室内静电，则在寒冷或干燥气候条件下应考虑增湿。

（二）温湿度测试

1. 测试要求

根据温度和相对湿度波动范围，选择相应具有足够精度的仪表进行测定，每次测定间隔不应大于 30 min。

2. 室内测点布置

（1）送、回风口处；

（2）恒温工作区或典型区（如沿工艺设备周围布置或等距离布置）；

（3）没有恒温要求的洁净室中心。

测点一般应布置在离外墙表面 0.5 m 以外，且距地面 0.8 m 的同一高度上，也可以根据恒温区的大小分别布置在离地不同高度的几个平面上。

3. 测点数设计

测点数应符合表 10-9 的规定。

表 10-9 温湿度测点数

波动范围	室面积不大于 50 m^2	每增加 20～50 m^2
$\Delta t = \pm 0.5 \sim \pm 2$ ℃	5 个	增加 3～5 个
$\Delta RH = \pm 5\% \sim \pm 10\%$		
$\Delta RH \leqslant \pm 5\%$	点间距不应大于 2 m，点数不应少于 5 个	

4. 其他要求

有恒温恒湿要求的洁净室。室温波动范围按各测点的各次温度中偏差控制点温度的最大值占测点总数的百分比整理成累积统计曲线。如 90% 以上测点偏差值在室温波动范围内为符合设计要求；反之，不合格。

区域温度以各测点中最低的一次测试温度为基准，各测点平均温度与超偏差值的点数占测点总数的百分比整理成累积统计曲线，90% 以上测点所达到的偏差值为区域温差，应符合设计要求。相对温度波动范围可按室温波动范围的规定执行。

任务实施

（一）温湿度测试

进入 GMP 教学工厂，进行相应车间温湿度测试，填写对应记录表（见表 10-10）。

表 10-10　温湿度测试记录

检测地点						
洁净级别	□A　□B　□C　□D		检测状态		□动态　□静态　□空态	
检测依据	2010 版 GMP		检测日期		年　月　日	
项目	测定位置	级别	测定值		标准	结论
			温度	湿度		
温湿度		D 级			温度 18 ~ 26 ℃ 湿度 45% ~ 65%	

（二）学生汇报

学生将上述检查结果进行总结汇报。

（三）教师总结

学生互评，教师点评结果。

任务强化

1. 简述温湿度设计的要求。
2. 简述温湿度测试的要求。

任务五 照度和噪声检测

任务目标

知识目标：了解照度和噪声的定义；掌握照度和噪声测试的要求。

技能目标：能按照 GMP 要求正确进行照度和噪声的测试。

素质目标：培养学生的实际动手能力、数据分析能力和团队协作能力。

任务卡

任务名称	照度和噪声检测	学号		姓名	
关键点	一、照度测试 二、噪声测试				
开始时间			完成时间		
执行人			审核人		

任务情景

1. 场地：GMP 教学工厂。

2. 材料：人员净化服、记录本、拍摄设备、照度测试设备、噪声测试设备。

3. 要求：① 了解照度和噪声；② 正确进行照度和噪声测试。

任务准备

（一）照度

1. 照度的定义

照度，即光照强度，指单位面积上所接受可见光的光通量，单位勒克斯（lux 或 lx）（1 勒克斯是 1 流明的光通量均匀照射在 1 平方米面积上所产生的照度），用于指示光照的强弱和物体表面积被照明的程度。

夏季在阳光直接照射下，光照强度可达 6 万 ~ 10 万 lx，没有太阳的室外为 0.1 万 ~ 1 万 lx，明朗的室内为 100 ~ 550 lx，夜间满月下为 0.2 lx。白炽灯每瓦大约可发出 12.56 lx 的光。

2. 照度的测试

室内照度的检测应为测定除局部照明之外的一般照明的照度。

室内照度的检测可采用便携式照度计，照度计的最小刻度不应大于 2 lx。

室内照度的检测必须在室温趋于稳定之后进行。例如，荧光灯已有 100 h 以上的使用期，检测前应已工作 15 min 以上；白炽灯已有 10 h 以上的使用期，检测前应已工作 5 min 以上。

测点距地面高 0.8 m 的，应按 1 ~2 m 间距布点。30 m^2 以内的房间，测点应距墙面 0.5 m；超过 30 m^2 的房间，测点应距墙面 1 m。

(二) 噪声

1. 噪声的定义

噪声是指发声体做无规则振动时发出的声音。声音由物体的振动产生，以波的形式在一定的介质（如固体、液体、气体）中进行传播。通常所说的噪声污染是指人为造成的声音。从生理学观点来看，凡是干扰人们休息、学习和工作等的声音，即不需要的声音，统称为噪声。当噪声对人及周围环境造成不良影响时，就形成噪声污染。

2. 噪声的测试

噪声测试一般情况下可只检测 A 声级的噪声，必要时可采用带倍频程分析仪的声级仪，按中心频率 63，125，250，500，1000，2000，4000，8000 Hz 的倍频程检测，测点附近 1 m 内不应有反射物。声级计的最小刻度不宜低于 0.2 dB（A）。

通常，测点应距地面高 1.1 m。面积在 15 m^2 以下的洁净室可只测室中心一点，15 m^2 以上的洁净室除中心一点外，应再测对角四点，距侧墙各 1 m，测点朝向各角。

如为混合流洁净室，应分别测定单向流区域、非单向流区域的噪声。

有条件时，宜测定空调净化系统停止运行后的本底噪声。室内噪声与本底噪声相差小于 10 dB（A）时，应对测点值进行修正：相差（6 ~9）dB（A）时减 1 dB（A），相差（4 ~5）dB（A）时减 2 dB（A），相差 3 dB（A）时减 3 dB（A），相差小于 3 dB（A）时测定值无效。

任务实施

(一) 照度、噪声测试

进入 GMP 教学工厂，进行相应车间照度和噪声测试，填写对应记录表（见表 10-11）。

表 10-11 照度和噪声测试记录

<table>
<tr><td colspan="2">检测地点</td><td colspan="5"></td></tr>
<tr><td colspan="2">洁净级别</td><td colspan="2">□A □B □C □D</td><td>检测状态</td><td colspan="2">□动态 □静态 □空态</td></tr>
<tr><td colspan="2">检测依据</td><td colspan="2">2010 版 GMP</td><td>检测日期</td><td colspan="2">年 月 日</td></tr>
<tr><td rowspan="2">项目</td><td rowspan="2">测定位置</td><td rowspan="2">级别</td><td colspan="2">测定值</td><td rowspan="2">标准</td><td rowspan="2">结论</td></tr>
<tr><td>照度/lx</td><td>噪声/dB</td></tr>
<tr><td rowspan="15">照度和噪声</td><td></td><td rowspan="15">D级</td><td></td><td></td><td rowspan="15"></td><td></td></tr>
<tr><td></td><td></td><td></td><td></td></tr>
<tr><td></td><td></td><td></td><td></td></tr>
<tr><td></td><td></td><td></td><td></td></tr>
<tr><td></td><td></td><td></td><td></td></tr>
<tr><td></td><td></td><td></td><td></td></tr>
<tr><td></td><td></td><td></td><td></td></tr>
<tr><td></td><td></td><td></td><td></td></tr>
<tr><td></td><td></td><td></td><td></td></tr>
<tr><td></td><td></td><td></td><td></td></tr>
<tr><td></td><td></td><td></td><td></td></tr>
<tr><td></td><td></td><td></td><td></td></tr>
<tr><td></td><td></td><td></td><td></td></tr>
<tr><td></td><td></td><td></td><td></td></tr>
<tr><td></td><td></td><td></td><td></td></tr>
</table>

（二）学生汇报

学生将上述检查结果进行总结汇报。

（三）教师总结

学生互评，教师点评结果。

任务强化

1. 简述照度测试的要求和注意事项。
2. 简述噪声测试的要求和注意事项。

第四篇

软件管理

项目十一 文件管理

任务一 基本文件

任务目标

知识目标：掌握文件构成、文件管理流程、文件制定步骤、文件使用管理等内容。

技能目标：能够正确识读各项管理文件；能够正确进行文件的编写和编码。

素质目标：培养学生科学严谨的学习态度，提高分析问题的能力和团队协作能力。

任务卡

任务名称	基本文件	学号		姓名	
关键点	一、文件的分类、编码和格式要求 二、文件制定的管理 三、文件使用的管理				
开始时间			完成时间		
执行人			审核人		

任务情景

1. 场地：多媒体实训室。

2. 材料：GMP 各类文件资料、课程教材、GMP 法规等。

3. 要求：① 正确讲述 GMP 文件的各项知识；② 正确讲述 GMP 文件制定和使用管理的方法。

任务准备

（一）文件

1. 文件的分类

GMP所指的文件包括质量标准、工艺规程、操作规程、记录、报告等。文件实际上涉及药品生产管理与质量控制的书面标准和实施过程中的结果记录，这些构成药品生产企业文件系统，如图11-1所示。

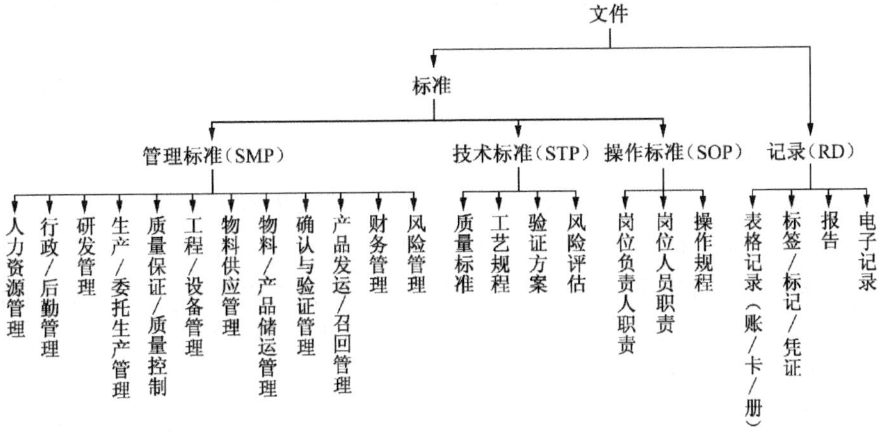

图11-1　药品生产企业文件系统

2. 文件的编码

GMP第一百八十二条规定，厂房、设备、物料、文件和记录应当有编号，并制定编号操作规程，确保编号的唯一性。

1）编码要求　文件的编码应符合系统性、准确性、识别性、可追溯性、一致性、发展性要求。

2）编码方式　企业内部文件编码应统一。企业可根据经营与管理模式确定编码系统，但须制定文件编码系统的操作规程，详细列出编码规定，指导正确编码。

企业文件编号多采用四级编码，内含分类代码、类别代码、序列号、版本号，如图11-2所示。

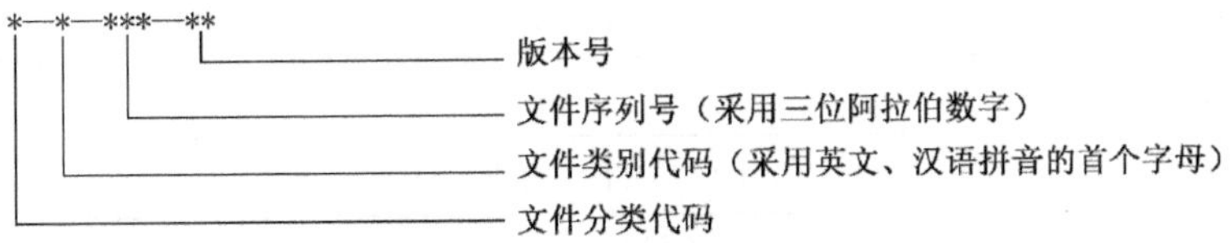

图11-2　企业文件编号

（1）文件的分类代码：文件系统可根据需要按管理标准文件（SMP）、技术标准文件（STP）、操作规程（SOP）、记录（RD）等形式进行编码分类。

（2）文件的类别代码：在各自分类编码下划分文件类别，各类别代码表示如下：① 管理标准（SMP），包括各职能部门及各工作程序的管理要求；② 技术标准（STP），包括质量标准、工艺规程、验证方案、风险评估；③ 操作规程（SOP），包括岗位负责人职责、岗位人员职责、操作规程；④ 记录（RD），包括账、卡、册等表格记录，标签、标记、凭证，报告，电子记录。

（3）文件序列号：指每个类别的文件序列号，由数字 1 ~ 999 组成，由企业统一编制。

（4）版本号：文件的修订，由数字 1 ~ 99 组成，如首版为 1，第 2 版为 2，以此类推。

3. 文件的格式

1）表头格式　药品生产企业文件系统的所有文件须采用统一格式，标准文件均需设立标志性内容，一些设计成文件表头，一些放置于文件封面。

标准文件封面的页眉应包含标志性信息，包括文件编号、版本号（含修订版本号）、页码、文件标题，起草人、审核人和批准人姓名、所属的部门、职务、签署日期等。

标准文件封面应有文件修订记录，包括修订日期、修订版本号、修订内容、修订人签名、审核人签名。记录文件的表头内容采用单独的设计格式。文件表头示例见表 11-1。

表 11-1　某企业文件表头示例

<table>
<tr><td colspan="2" rowspan="4">×××制药有限公司</td><td>页码</td><td>第 X 页/共 Y 页</td></tr>
<tr><td>文件编码</td><td>SMP - DM - 01001 - 1</td></tr>
<tr><td>生效日期</td><td>2017. 8. 30</td></tr>
<tr><td>修订日期</td><td>2018. 5. 20</td></tr>
<tr><td colspan="4">管理标准（SMP）</td></tr>
<tr><td>题目</td><td>GMP 文件编制管理规定</td><td>颁发部门</td><td>质量部</td></tr>
<tr><td>起草人</td><td></td><td>日期</td><td></td></tr>
<tr><td>部门主管审核</td><td></td><td>日期</td><td></td></tr>
<tr><td>QA 主管审核</td><td></td><td>日期</td><td></td></tr>
<tr><td>批准</td><td></td><td>日期</td><td></td></tr>
<tr><td>分发</td><td colspan="3">总经理、质量部、生产部、工程部、人事部</td></tr>
</table>

2）正文格式　文件正文可根据文件的需要依次列出目的、原则、适用范围、职责、定义、标准依据等条款，然后再编制文件的内容。文件可按《标准化工作导则　第1部分：标准的结构和编写》（GB/T 1.1—2009）编写。企业可有自己的编排格式，但必须用专门的规范文件规定文件的标准格式。

（二）文件的管理

文件管理分文件制定管理和文件使用管理两个过程，包括文件的设计、编码、起草、修订、审核、批准、替换或撤销、复制、分放、保管、销毁等内容，如图11-3所示。

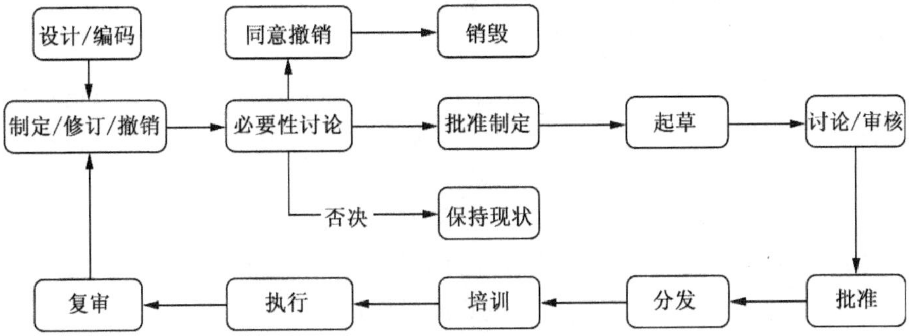

图11-3　文件管理

1. 文件制定的管理

企业应根据GMP的要求及企业的实际情况设计一个文件系统框架，文件系统框架确定后，着手制定文件的格式及文件制定程序、原则、方法等。参与文件制定的人员应经培训，然后着手编制文件。

1）文件制定的组织　一般由质量管理部门负责文件的编制管理工作，药品生产企业成立一个专门的文件起草领导小组。

2）文件制定的原则　文件编制应注重真实性、可靠性、科学性，内容完整、清晰易懂，使每一个操作只有一个标准，做到“令有据、行有迹、追有踪”。具体编写应遵循目标性、统一性、协调性、适用性、一致性、合规性的原则。

3）文件制定的流程　新开办药品生产企业应在筹办阶段着手制定文件系统，起草文件。已建成运作的企业在下列情况下，应起草、修订和变更文件：①新产品投产前、新设备使用前；②工艺及处方改变时；③验证前和验证后；④厂房、设施、设备、物料使用过程中发现偏差或缺陷需要变更时；⑤法律、法规、质量标准及规范发生变更时；⑥组织机构职能变动时；⑦接受GMP检查发现缺陷，需要改进时。

文件制定流程如下：设计—编码—起草—审核—批准—生效。

（1）设计。各药品生产企业经营管理模式有所不同，但都以我国颁布的GMP为框架运作。企业应根据企业的章程、经营模式、机构与岗位设置及人员配备来设计自己的文件系统，可依据图11-1所示的文件系统编排文件目录。

（2）编码。编制文件目录及文件时应编排文件编码。除少部分规程和凭证无编码外，绝大部分文件需编制号码。

（3）起草。文件的起草是形成文件的第一步，文件主要由文件使用部门指定专人负责起草，起草人员应具备相当学历和经验，熟悉法律、法规及GMP规范。起草工作完成以后，一般由起草人员所在部门进行会稿，以保证内容的全面性、准确性。会稿人员一定要和起草人员进行沟通、协商，切不可撇开起草人员进行文件修改。

（4）审核。起草后的文件由文件起草部门负责人审阅，再交质量管理部门或主管部门审核，质量主管部门应组织有关部门专业技术人员对文件进行再次修正或修改，注意文件内容的合规性、真实性、一致性、可操作性和可控性，语言是否精练、易懂、确切。

（5）批准和生效。所有的文件经过质量管理部门审核后，由质量管理部门负责人提交企业负责人批准，按规定的日期宣布生效。

文件的起草、修订、审核、批准均应当由企业指定的人员签字并注明日期。

典型案例

报废药品如何销毁

药品生产企业因产品质量问题或经营问题会导致药品报废，由此引发报废药品如何销毁，相关的操作规程如何编制等问题。许多企业编制规程时有报废药品的销毁规定，但大多只是笼统规定，并未说明指导操作的具体方法，给相关人员作业带来困惑。

讨论：指导报废药品销毁作业的依据是什么？

2. 文件使用的管理

文件使用的管理包括分发、培训、执行、保管与归档、复审与修订、撤销与销毁等过程，文件使用管理的目的是确保文件的使用过程程序化、规范化。

1）分发　文件不宜多印，应控制份数，标准文件经批准人签字后方可发布。文件一经批准，应在执行前分发至有关人员或部门，分发文件时必须进行登记。一旦新文件生效使用，前版文件必须收回，已撤销和过时的文件除留档备查外，不得在工作现场出现。

2）培训　新文件在执行之前应对文件使用者进行专门培训，可由文件编制人、审定人、批准人之一进行培训，以保证每个使用者了解如何使用文件。

3）执行　文件由执行责任人于执行日期开始严格遵守执行，文件开始执行阶段，相关人员应特别注意监督检查执行情况，以保证文件执行的有效性。

4）保管与归档　收存文件的部门应妥善保存文件，不得丢失、撕毁或涂改，应保持文件齐全和整洁。若需保密的文件，应按有关保密规程管理。如果文件采用计算机化系统，只有经授权才能操作。文件的归档包括现行文件归档和各种记录归档，各种记录一旦填写完成，应按类归档，并按档案管理规程来管理归档文件。

5）复审与修订　药品生产企业应定期组织生产技术、质量管理部门和相关的业务部门复审文件，一般每2年复审一次，并做好记录。

一般情况下，生产工艺规程每5年修订一次，操作规程每2年修订一次，一旦政策、法规、标准修订和变更时，或者原辅料、与药品直接接触的包装材料、生产工艺、主要生产设备及其他影响药品质量的主要因素发生改变时，应根据变更结果修订文件。

各职能部门因管理需要可提出修订文件申请，由企业负责人组织人员对变更文件的合规性和必要性进行审核，审核通过的可修订文件。

6）撤销及销毁　一旦修订文件生效，旧文件应自动失效，文件管理部门应及时公布撤销文件信息，修订文件生效之日，应由文件分发部门向收存旧文件的部门和人员回收失效文件。

《药品生产质量管理规范》（2010年修订）　［节选］

第八章　文件管理

第一节　原　则

第一百五十条　文件是质量保证系统的基本要素。企业必须有内容正确的书面质量标准、生产处方和工艺规程、操作规程以及记录等文件。

第一百五十一条　企业应当建立文件管理的操作规程，系统地设计、制定、审核、批准和发放文件。与本规范有关的文件应当经质量管理部门的审核。

第一百五十二条　文件的内容应当与药品生产许可、药品注册等相关要求一致，并有助于追溯每批产品的历史情况。

第一百五十三条　文件的起草、修订、审核、批准、替换或撤销、复制、保管和销毁等应当按照操作规程管理，并有相应的文件分发、撤销、复制、销毁记录。

第一百五十四条　文件的起草、修订、审核、批准均应当由适当的人员签名并注明日期。

第一百五十五条　文件应当标明题目、种类、目的以及文件编号和版本号。文字应当确切、清晰、易懂，不能模棱两可。

第一百五十六条　文件应当分类存放、条理分明，便于查阅。

第一百五十七条　原版文件复制时，不得产生任何差错；复制的文件应当清晰可辨。

第一百五十八条　文件应当定期审核、修订；文件修订后，应当按照规定管理，防止旧版文件的误用。分发、使用的文件应当为批准的现行文本，已撤销的或旧版文件除留档备查外，不得在工作现场出现。

第一百五十九条　与本规范有关的每项活动均应当有记录，以保证产品生产、质量控制和质量保证等活动可以追溯。记录应当留有填写数据的足够空格。记录应当及时填写，内容真实，字迹清晰、易读，不易擦除。

第一百六十条　应当尽可能采用生产和检验设备自动打印的记录、图谱和曲线图等，并标明产品或样品的名称、批号和记录设备的信息，操作人应当签注姓名和日期。

第一百六十一条　记录应当保持清洁，不得撕毁和任意涂改。记录填写的任何更改都应当签注姓名和日期，并使原有信息仍清晰可辨，必要时，应当说明更改的理由。记录如需重新誊写，则原有记录不得销毁，应当作为重新誊写记录的附件保存。

第一百六十二条　每批药品应当有批记录，包括批生产记录、批包装记录、批检验记录和药品放行审核记录等与本批产品有关的记录。批记录应当由质量管理部门负责管理，至少保存至药品有效期后一年。

质量标准、工艺规程、操作规程、稳定性考察、确认、验证、变更等其他重要文件应当长期保存。

第一百六十三条　如使用电子数据处理系统、照相技术或其他可靠方式记录数据资料，应当有所用系统的操作规程；记录的准确性应当经过核对。

使用电子数据处理系统的，只有经授权的人员方可输入或更改数据，更改和删除情况应当有记录；应当使用密码或其他方式来控制系统的登录；关键数据输入后，应当由他人独立进行复核。

用电子方法保存的批记录，应当采用磁带、缩微胶卷、纸质副本或其他方法进行备份，以确保记录的安全，且数据资料在保存期内便于查阅。

第二节　质量标准

第一百六十四条　物料和成品应当有经批准的现行质量标准；必要时，中间产品或待包装产品也应当有质量标准。

第一百六十五条　物料的质量标准一般应当包括：

（一）物料的基本信息：

1. 企业统一指定的物料名称和内部使用的物料代码；

2. 质量标准的依据；

3. 经批准的供应商；

4. 印刷包装材料的实样或样稿。

（二）取样、检验方法或相关操作规程编号。

（三）定性和定量的限度要求。

（四）贮存条件和注意事项。

（五）有效期或复验期。

第一百六十六条　外购或外销的中间产品和待包装产品应当有质量标准；如果中间产品的检验结果用于成品的质量评价，则应当制定与成品质量标准相对应的中间产品质量标准。

第一百六十七条　成品的质量标准应当包括：

（一）产品名称以及产品代码；

（二）对应的产品处方编号（如有）；

（三）产品规格和包装形式；

（四）取样、检验方法或相关操作规程编号；

（五）定性和定量的限度要求；

（六）贮存条件和注意事项；

（七）有效期。

第三节　工艺规程

第一百六十八条　每种药品的每个生产批量均应当有经企业批准的工艺规程，不同药品规格的每种包装形式均应当有各自的包装操作要求。工艺规程的制定应当以注册批准的工艺为依据。

第一百六十九条　工艺规程不得任意更改。如需更改，应当按照相关的操作规程修订、审核、批准。

第一百七十条　制剂的工艺规程的内容至少应当包括：

（一）生产处方：

1. 产品名称和产品代码；

2. 产品剂型、规格和批量；

3. 所用原辅料清单（包括生产过程中使用，但不在成品中出现的物料），阐明每一物料的指定名称、代码和用量；如原辅料的用量需要折算时，还应当说明计算方法。

（二）生产操作要求：

1. 对生产场所和所用设备的说明（如操作间的位置和编号、洁净度级别、必要的温湿度要求、设备型号和编号等）；

2. 关键设备的准备（如清洗、组装、校准、灭菌等）所采用的方法或相应操作规程编号；

3. 详细的生产步骤和工艺参数说明（如物料的核对、预处理、加入物料的顺序、混合时间、温度等）；

4. 所有中间控制方法及标准；

5. 预期的最终产量限度，必要时，还应当说明中间产品的产量限度，以及物料平衡的计算方法和限度；

6. 待包装产品的贮存要求，包括容器、标签及特殊贮存条件；

7. 需要说明的注意事项。

（三）包装操作要求：

1. 以最终包装容器中产品的数量、重量或体积表示的包装形式；

2. 所需全部包装材料的完整清单，包括包装材料的名称、数量、规格、类型以及与质量标准有关的每一包装材料的代码；

3. 印刷包装材料的实样或复制品，并标明产品批号、有效期打印位置；

4. 需要说明的注意事项，包括对生产区和设备进行的检查，在包装操作开始前，确认包装生产线的清场已经完成等；

5. 包装操作步骤的说明，包括重要的辅助性操作和所用设备的注意事项、包装材料使用前的核对；

6. 中间控制的详细操作，包括取样方法及标准；

7. 待包装产品、印刷包装材料的物料平衡计算方法和限度。

第四节　批生产记录

第一百七十一条　每批产品均应当有相应的批生产记录，可追溯该批产品的生产历史以及与质量有关的情况。

第一百七十二条　批生产记录应当依据现行批准的工艺规程的相关内容制定。记录的设计应当避免填写差错。批生产记录的每一页应当标注产品的名称、规格和批号。

第一百七十三条　原版空白的批生产记录应当经生产管理负责人和质量管理负责人审核和批准。批生产记录的复制和发放均应当按照操作规程进行控制并有记录，每批产品的生产只能发放一份原版空白批生产记录的复制件。

第一百七十四条　在生产过程中，进行每项操作时应当及时记录，操作结束后，应当由生产操作人员确认并签注姓名和日期。

第一百七十五条　批生产记录的内容应当包括：

（一）产品名称、规格、批号；

（二）生产以及中间工序开始、结束的日期和时间；

（三）每一生产工序的负责人签名；

（四）生产步骤操作人员的签名；必要时，还应当有操作（如称量）复核人员的签名；

（五）每一原辅料的批号以及实际称量的数量（包括投入的回收或返工处理产品的批号及数量）；

（六）相关生产操作或活动、工艺参数及控制范围，以及所用主要生产设备的编号；

（七）中间控制结果的记录以及操作人员的签名；

（八）不同生产工序所得产量及必要时的物料平衡计算；

（九）对特殊问题或异常事件的记录，包括对偏离工艺规程的偏差情况的详细说明或调查报告，并经签字批准。

第五节　批包装记录

第一百七十六条　每批产品或每批中部分产品的包装，都应当有批包装记录，以便追溯该批产品包装操作以及与质量有关的情况。

第一百七十七条　批包装记录应当依据工艺规程中与包装相关的内容制定。记录的设计应当注意避免填写差错。批包装记录的每一页均应当标注所包装产品的名称、规格、包装形式和批号。

第一百七十八条　批包装记录应当有待包装产品的批号、数量以及成品的批号和计划数量。原版空白的批包装记录的审核、批准、复制和发放的要求与原版空白的批生产记录相同。

第一百七十九条　在包装过程中，进行每项操作时应当及时记录，操作结束后，应当由包装操作人员确认并签注姓名和日期。

第一百八十条　批包装记录的内容包括：

（一）产品名称、规格、包装形式、批号、生产日期和有效期；

（二）包装操作日期和时间；

（三）包装操作负责人签名；

（四）包装工序的操作人员签名；

（五）每一包装材料的名称、批号和实际使用的数量；

（六）根据工艺规程所进行的检查记录，包括中间控制结果；

（七）包装操作的详细情况，包括所用设备及包装生产线的编号；

（八）所用印刷包装材料的实样，并印有批号、有效期及其他打印内容；不易随批包装记录归档的印刷包装材料可采用印有上述内容的复制品；

（九）对特殊问题或异常事件的记录，包括对偏离工艺规程的偏差情况的详细说明或调查报告，并经签字批准；

（十）所有印刷包装材料和待包装产品的名称、代码，以及发放、使用、销毁或退库的数量、实际产量以及物料平衡检查。

第六节　操作规程和记录

第一百八十一条　操作规程的内容应当包括：题目、编号、版本号、颁发部门、生效日期、分发部门以及制定人、审核人、批准人的签名并注明日期，标题、正文及变更历史。

第一百八十二条　厂房、设备、物料、文件和记录应当有编号（或代码），并制定编制编号（或代码）的操作规程，确保编号（或代码）的唯一性。

第一百八十三条　下述活动也应当有相应的操作规程，其过程和结果应当有记录：

（一）确认和验证；

（二）设备的装配和校准；

（三）厂房和设备的维护、清洁和消毒；

（四）培训、更衣及卫生等与人员相关的事宜；

（五）环境监测；

（六）虫害控制；

（七）变更控制；

（八）偏差处理；
（九）投诉；
（十）药品召回；
（十一）退货。

任务实施

（一）多媒体展示

多媒体展示“文件系统分类方法管理制度”“生产质量管理文件管理制度”和“生产质量管理文件的编号编制管理制度”。

（二）自主练习

给出“生产计划、生产指令管理制度”相关内容，学生练习编写“生产计划、生产指令管理制度”文件。

（三）学生互评

学生相互对书写的文件进行评价。

（四）教师总结

教师针对学生书写情况进行点评，并对本节课程做总结。

“生产计划、生产指令管理制度”文件主要内容

① 周生产计划应依据汇总计划表，成品库存量追补订货量，半成品及原辅料、包装材料的库存情况等制订，具体计划的制订工作由生产部计划人员负责。

② 一般每周召开一次周生产调度会，参加部门有生产部、工程设备处、物料部、供应室、车间、质量管理部、主管领导。会上由生产部安排、协调本周生产情况，同时布置下周生产任务。

③ 周生产调度会后，由生产部给定生产品种的批号，制订好周生产计划。周生产计划一般于周生产调度会后一个工作日内下发。同时每一个产品需发放下列已给定批号的记录文件：生产指令，批生产记录，领料单（2 份），核料单（2 份），半成品、成品送检单，成品入库单，成品完工单，成品库卡。

④ 考虑到备料、领料所需时间，记录文件一般提前两天发放。

⑤ 车间根据生产计划规定的品种、批次做出每天生产安排，并提前一天将生产产品的生产指令、领料单、核料单送至仓库，仓库接到

指令后于当天进行备料。

⑥ 车间管理人员将批生产记录下发各工序操作人员，操作人员必须严格执行指令，认真填写记录，同时将各种状态标记、凭证附于记录背面。

⑦ 各工序的记录在完成生产操作后，由工段长负责收集，交车间负责人审核。

⑧ 领料单、成品完工单反馈到生产部。成品入库单、成品库卡和待检成品送至仓库。

⑨ 生产指令、批生产记录、领料单、核料单交质量管理部质量保证室审核后，归档保存。

任务强化

练习“生产文件管理制度”等文件的编写。

任务二 质量标准文件

任务目标

知识目标：掌握质量标准文件的种类和主要内容。

技能目标：能够正确区分各类质量标准文件。

素质目标：培养学生科学严谨的学习态度，提高分析问题的能力和团队协作能力。

任务卡

任务名称	质量标准文件	学号		姓名	
关键点	一、原辅料的质量标准 二、包装材料的质量标准 三、成品的质量标准 四、制药用水的质量标准				
开始时间			完成时间		
执行人			审核人		

任务情景

1. 场地：多媒体实训室。

2. 材料：GMP 各类质量标准资料、课程教材、GMP 法规等。

3. 要求：① 正确描述各项质量标准文件；② 正确区分各项质量标准文件。

任务准备

物料和产品的质量标准主要包括原料、辅料、与药品直接接触的包装材料、印刷包装材料、成品、制药用水的质量标准。企业质量标准的制定和执行应符合国家有关标准，企业应制定高于国家标准或行业标准等法定标准的内控标准，以保证物料和产品的质量。

（一）原料的质量标准

原料的质量标准内容包括：① 名称、代码；② 成分、来源、药用部位及成分组成，应列出成分组成、配方清单或物料处方文件编号；③ 注册文号或备案文号，包括药品批准文号、批准证明文件、注册文号或备案文号；④ 标准依据和企业内控标准；⑤ 企业批准的供应商资料；⑥ 取样、检验方法或相关操作规程编号；⑦ 使用的标准品、对照品、标本的编号；⑧ 定性和定量的限度要求；⑨ 规格和包装；⑩ 供应商提供的生产厂商产品与物料直接接触的包装材料质量标准文号；⑪ 供应商提供的生产厂商产品印刷包装材料实样，包括印有标签内容相同的药品大、中、小包装的包装材料，使用说明书，产品合格证，封口签，防伪签等印刷品标准样板实样；⑫ 储存条件及注意事项；⑬ 有效期或保质期；⑭ 复验期。

（二）辅料的质量标准

辅料的质量标准内容包括：① 名称、代码；② 成分、来源及成分组成，应列出成分组成、配方清单或物料处方文件编号；③ 注册文号或备案文号，包括药用辅料批准文号或批准证明文件、注册文号或备案文号；④ 标准依据与企业内控标准；⑤ 企业批准的供应商资料；⑥ 取样、检验方法或相关操作规程编号；⑦ 使用的标准品、对照品、标准样品、标本的编号；⑧ 定性和定量的限度要求；⑨ 规格和包装；⑩ 供应商提供的生产厂商产品、与物料直接接触的包装材料质量标准编号；⑪ 供应商提供的生产厂商产品印刷包装材料实样，包括印有标签内容相同的药品大、中、小包装的包装材料，使用说明书，产品合格证，封口签，防伪签等印刷品标准样板实样；⑫ 储存条件及注意事项；⑬ 有效期或保质期；⑭ 复验期。

（三）包装材料的质量标准

1. 与药品直接接触的包装材料和容器

（1）名称、代码：与药品直接接触的包装材料和容器的命名应按照用途、材质和形制的顺序编制，文字应简洁，如口服药用铝箔。

（2）材质：包装材料的构成、材料组成及化学成分。

（3）注册文号或备案文号：包括药包材注册文号、注册号或备案文号。

（4）标准依据：应依据 GB 国家标准系列、YYB 行业标准系列如《药包材标准》（2015 年版）制定质量指标等同或高于上述标准的企业内控标准。

（5）企业批准的供应商资料。

（6）取样、检验方法或相关操作规程编号。

（7）使用的标准品、对照品、标准样品、标本的编号。

（8）技术指标：

① 规格及偏差。即尺寸、厚度、壁厚、容积、直线度、圆口精度、管端切割精度等，必要时提供模具图纸。

② 外观质量要求。玻璃类，包括透明度、结石、节瘤、裂纹、合缝线、刻度线、字标记、满口容量、垂直轴偏差、标线容量；金属类，包括洁净度、平整度、针孔度；塑料类，包括透明度、透光率、粗糙度、平整度等。

③ 物理性能。玻璃类，包括热膨胀系数、121 ℃颗粒耐水性、内表面耐水性、热稳定性、耐热冲击力、耐内压力；金属类，包括阻隔性能、黏合层热合强度、保护层黏合性、保护层耐热性、黏合剂涂布量差异、开卷性能、破裂强度、管帽配合、尾涂均匀性、内涂层连续性、韧性；塑料类，包括 90 ℃颗粒耐水性、温度适应性、抗跌落适应性、穿刺力、穿刺部位不渗透性、悬挂力、蒸气透过量。

④ 化学性能。玻璃类，包括耐酸性、耐碱性、内表面耐水性、砷和锑等溶出量；金属类，包括荧光物质、挥发物、溶出物、内涂层化学稳定性、耐灭菌性；塑料类，包括炽灼残渣、金属元素限量检测、溶出物检测。

⑤ 生物性能。玻璃类，包括微生物限度；金属类，包括微生物限度、生产厂商提供的原性皮肤刺激试验证明文件；塑料类，包括微生物限度、生产厂商提供的细菌内毒素、细胞毒性、皮肤致敏、皮内刺激、急性全身毒性、溶血等试验证明文件。

⑥ 印刷质量要求。有印刷标识的，应有印刷用色标、条形码基准、商标基准、标准样板、规格、质量控制项目、合格水平、判定方法及说明，要求文字准确、清晰，图案不得有错位、遗漏，不同批次印刷不得有明显的色差。

（9）规格和包装。

（10）储存条件及注意事项。

（11）保存期。

（12）复验期。

2. 印刷包装材料

（1）材料名称：包装材料的命名应按照用途、材质和形制的顺序编制，文字简洁，不使用夸大修饰语言，尽量不使用外文缩写。

（2）材质，即包装材料的构成成分。

（3）规格及偏差。

（4）标准依据：应依据国家标准、行业标准制定质量指标同等或高于上述标准的企业内控标准。

（5）企业批准的供应商资料。

（6）取样、检验或相关操作规程编号。

（7）技术指标：① 规格及偏差，必要时提供模具图纸；② 外观质量要求，如洁净度、平整度、透明度、粗糙度；③ 物理性能，指应具备的物理机械强度；④ 印刷质量要求，应有印刷用色标，条形码、商标等基准，标准样版，规格，质量控制项目，合格水平，判定方法及说明，要求文字准确、清晰，不同批次印刷不得有明显的色差。

（8）规格和包装。

（9）储存条件及注意事项。

（10）保存期。

（11）复验期。

3. 包装材料标识的印刷标准

（1）名称、编号：即识别品种、包装配套、印刷版次等。

（2）文字内容标准：包装、标签及说明书所用文字必须以中文为主，并使用国家语言文字工作委员会公布的规范化汉字。文字及图案不得加入任何未经审批的内容。

（3）文字设计的样稿及复印件。

（4）标准依据：应依据法律、法规，药品标签和说明书管理规定，化学药品和生物制品说明书规范细则，中药、天然药物处方药说明书格式内容书写要求及撰写指导原则及国家标准系列制定内控标准。

（5）印刷质量要求：有印刷标识的，应有印刷用色标、条形码基准、商标基准、标准样板、规格、质量控制项目、合格水平、判定方法及说明，要求文字准确、清晰，图案不得有错位、遗漏，不同批次印刷不得有明显的色差。

（四）成品的质量标准

药品标准是指规定了药品质量指标、检验方法及生产工艺等技术要求的技术文件，包括《中国药典》、药品注册标准和其他药品标准。成品的质量标准包括下列内容：① 产品名称、代码；② 药品批准文号或药品批准证明文件；

③ 处方来源、处方编号；④ 标准依据和企业内控标准；⑤ 取样、检验方法或相关操作规程编号；⑥ 定性和定量的限度要求；⑦ 产品规格和产品包装；⑧ 印刷包装材料标准样板，包括印有标签内容相同的药品大、中、小包装的包装材料，使用说明书，产品合格证，封口签，防伪签等印刷品标准样板；⑨ 包装材料质量标准编号；⑩ 储存条件及注意事项；⑪ 有效期。

（五）制药用水的质量标准

1. 标准依据

（1）饮用水：《生活饮用水卫生标准》（GB 5749—2006）和《生活饮用水标准检验方法》（GB 5750—2006）。

（2）纯化水：《中国药典》（2015 年版，二部）。

（3）注射用水：《中国药典》（2015 年版，二部）。

（4）灭菌注射用水：《中国药典》（2015 年版，二部）。

2. 标准内容

质量标准内容包括：① 名称、代码；② 原料水来源；③ 标准依据和企业内控标准；④ 取样、检验方法或相关操作规程编号；⑤ 使用的标准品、对照品、标准样品、标本的编号；⑥ 定性和定量的限度要求；⑦ 储存条件及注意事项。

质量标准指标包括性状、pH 值、电导率、氨、硫酸盐与钙、总有机碳、二氧化碳、硝酸盐、亚硝酸盐、重金属、易氧化物、不挥发物限度；注射用水和灭菌注射用水质量标准指标还包括需氧菌、细菌内毒素限度。

任务实施

（一）多媒体展示

多媒体展示各类“包装材料质量标准”文件。

（一）通用纸箱内控标准

题　目	通用纸箱内控质量标准		编码：ZL-BZB-001-01		共 1 页
制　定		审　核		批　准	
制定日期		审核日期		批准日期	
颁发部门	行政部			生效日期	
分发单位	质保部、生产部				

1. 目　　的：制定通用纸箱的质量标准，规范公司通用纸箱的采购、检验、使用。

2. 标准依据：《中华人民共和国国家标准》(GB/T 6543—1986)。

3. 适用范围：适用于公司通用纸箱的采购、检验。

4. 责 任 者：质保部全体人员、仓库管理员、采购员。

5. 内　　容：

通用纸箱

B－01、B－02、B－03、B－45

【材质】本品材质为卡面纸、瓦楞纸板。

【外观】合拢摇盖，离缝重叠不得大于3 mm。

箱体方正，表面没有明显的损坏和污迹，切断口表面裂损宽度不超过8 mm。

箱面印刷文字、图案清晰，深浅一致，位置准确，色泽鲜艳，颜色均匀。

纸箱接头钉合搭接舌边宽度35～50 mm，金属钉应沿搭接部分中线钉合，箱钉应排列整齐、均匀，单排钉距不大于80 mm，钉距均匀，头尾钉距底面压痕边线不超过20 mm。

纸箱接头黏合搭接舌边宽度不小于30 mm，黏合接缝的黏合剂涂布应均匀充分。

瓦楞纸箱的压痕线宽度，单瓦楞纸箱不大于12 mm，双瓦楞纸箱不大于17 mm，折线居中，不得有破裂断线，箱壁没有多余的压痕线。

瓦楞纸箱摇盖经开、合180°，往复5次，不得有裂缝。

黏合纸箱用乙酸乙烯酯乳液或具有同等效果的其他黏合剂。

【纸箱附件】纸箱附件应与纸箱配套。

【规格】箱子的基本尺寸符合下表要求（允许误差±5 mm、±5 g）：

名称	代号	长×宽×高/(mm×mm×mm)	质量/g	对角线之差/mm
通用纸箱	B－001	345×295×260	618	≤5

（二）塑料瓶内控质量标准

题　　目	塑料瓶内控质量标准		编码：ZL-BZB-002-01		共2页
制　　定		审　　核		批　　准	
制定日期		审核日期		批准日期	
颁发部门	行政部			生效日期	
分发单位	质保部、生产部				

1. 目　　的：制定塑料瓶的质量标准，规范公司塑料瓶的采购、检验、使用。

2. 标准依据：《国家药品包装容器（材料）标准》《中华人民共和国国家标准》（GB/T 5009.60—1985）。

3. 适用范围：适用于公司口服液药用瓶、液体消毒剂和杀虫剂用塑料瓶的采购、检验。

4. 责 任 者：质保部全体人员、采购员、仓库管理员。

5. 内　　容：

塑料瓶

【材质】口服液药用瓶的材质为聚对苯二甲酸乙二醇酯塑料；液体消毒剂和杀虫剂用瓶材质为聚丙烯塑料。

【外观】表面应清洁、光滑、无破损。

无污迹、卫生、洁净。

瓶盖应清洁、无破损、硬度好，与塑料瓶结合良好，气密性好。

【规格】药用瓶尺寸符合下表要求（允许误差 ±2 mm、±0.5 g）。

【微生物限度】按照微生物限度检查法检测，将口服液药用瓶用 50 mL，0.9% 灭菌氯化钠液冲洗内壁，作为供试液。取适宜的连续的 2～3 个稀释级的供试液 1∶10，1∶100，1∶1000 的稀释液各 1 mL，置于直径约 90 mm 的平皿中，再注入约 45 ℃的培养基约 15 mL，混匀，待凝固后，倒置培养，每个稀释级做 2 个平皿。

营养琼脂培养基用于细菌计数，培养温度 35 ℃，玫瑰红钠琼脂培养基用于霉菌计数，培养温度 25 ℃。

细菌培养时间 48 h、霉菌培养时间 72 h 后点计菌落数。

细菌数、霉菌（酵母菌）数均应≤100 个/瓶，大肠杆菌不得检出（见下表）。

序号	品名	外观	瓶高/mm	下口径/mm	上口径/mm	个/g	微生物限度
1	500 mL 塑料瓶	表面清洁、光滑、无破损	220	65	20	48.0	细菌数、霉菌（酵母菌）数均应≤100 个/瓶，大肠杆菌不得检出
2	100 g 塑料瓶	表面清洁、光滑、无破损	115	70	54	28.0	
3	500 mL 口服液药用瓶	表面清洁、光滑、无破损	185	67	35	45.0	

（三）复合铝箔袋内控质量标准

题　　目	复合铝箔袋内控质量标准		编码：ZL-BZB-003-00		共2页
制　　定		审　　核		批　　准	
制定日期		审核日期		批准日期	
颁发部门	行政部			生效日期	
分发单位	质保部、生产部				

1. 目　　的：制定复合铝箔袋的质量标准，规范公司复合铝箔袋的采购、检验、使用。

2. 标准依据：《中华人民共和国国家标准》（GB 5009. 60—1985）。

3. 适用范围：适用于公司复合铝箔袋的采购、检验。

4. 责 任 者：质保部全体人员、仓库管理员、采购员。

5. 内　　容：

复合铝箔袋

【材质】本品的材质为复合铝箔。

【外观】无损坏残缺、裁剪整齐；接缝处密封要严密，开口一端无粘连；无污迹、卫生、洁净。

【规格】规格应符合下表要求（允许误差 ±3 mm、±0. 2 g）：

品名	外观	颜色	字体	长×宽/(mm×mm)
复合铝箔袋	内容完整，表面清洁、无破损	色调搭配均衡	统一、协调一致	230×170

（四）药用聚乙烯内袋内控质量标准

题　　目	药用聚乙烯内袋内控质量标准		编码：ZL-BZB-004-00		共2页
制　　定		审　　核		批　　准	
制定日期		审核日期		批准日期	
颁发部门	行政部			生效日期	
分发单位	质保部、生产部				

1. 目　　的：制定药用聚乙烯内袋的质量标准，规范公司药用聚乙烯内袋的采购、检验、使用。

2. 标准依据：《中华人民共和国国家标准》（GB/T 10005—1998）。

3. 适用范围：适用于公司药用聚乙烯内袋的采购、检验。

4. 责 任 者：质保部全体人员、仓库管理员、采购员。

5. 内　　容：

药用聚乙烯内袋

B－04、B－06、B－08

【材质】本品的材质为药用聚乙烯。

【外观】清洁无污迹、无漏洞，边缘整齐、密封严密。

【规格】规格应符合下表要求（允许误差 ±5 mm、±0.2 g）：

序号	名 称	代 号	长×宽/(mm×mm)	质量/g
1	一次性周转内袋	B－06	900×600	65.0
2	500 g 内袋	B－08	230×175	1.8

（五）合格证、装箱单内控质量标准

题　　目	合格证、装箱单内控质量标准		编码：ZL-BZB-005-00		共 1 页
制　　定		审　　核		批　　准	
制定日期		审核日期		批准日期	
颁发部门	行政部			生效日期	
分发单位	质保部、生产部				

1. 目　　的：制定合格证、装箱单的质量标准，规范公司合格证、装箱单的验收、检验、使用。

2. 标准依据：《中华人民共和国国家标准》（GB 5009.60—1985）。

3. 适用范围：适用于公司合格证、装箱单的采购、验收。

4. 责 任 者：质保部全体人员、采购员、仓库管理员。

5. 内　　容：

合格证、 装箱单

【材质】本品的材质为白纸。

【外观】印刷内容，排版样式，使用的颜色、字体、字号等均与样本一致。无损坏残缺、裁剪整齐。无污迹、卫生、洁净。

【规格】规格应符合下表要求（允许误差 ±2 mm）：

品名	内容	长×宽/(mm×mm)	质量/g
装箱单	内容完整、字迹清晰、字号协调、排版合理、表面清洁、无破损	100×80	1.2
合格证	内容完整、字迹清晰、字号协调、排版合理、表面清洁、无破损	70×50	0.3

（二）学生互评

学生分组讲解后相互打分。

（三）教师互评

教师对本节课程进行点评总结。

任务强化

练习各类“质量标准”文件的编写。

任务三　生产管理文件

任务目标

知识目标：了解电子记录的定义和审核；掌握工艺规程的主要类别和要求；掌握操作规程的定义和内容；掌握批记录的定义和主要内容。

技能目标：能够正确区分各类生产管理文件。

素质目标：培养学生科学严谨的学习态度，提高分析问题的能力和团队协作能力。

任务卡

<table>
<tr><td>任务名称</td><td>生产管理文件</td><td>学号</td><td></td><td>姓名</td><td></td></tr>
<tr><td>关键点</td><td colspan="5">一、工艺规程
二、操作规程
三、批记录
四、电子记录</td></tr>
<tr><td colspan="2">开始时间</td><td colspan="2"></td><td>完成时间</td><td></td></tr>
<tr><td colspan="2">执行人</td><td colspan="2"></td><td>审核人</td><td></td></tr>
</table>

任务情景

1. 场地：多媒体实训室。

2. 材料：GMP 各类生产管理资料、课程教材、GMP 法规等。

3. 要求：① 正确区分工艺规程和操作规程；② 正确描述批记录的主要内容。

任务准备

导入案例

"欣弗"事件案例中，安徽华源生物药业有限公司因更新灭菌设备，未经确认和灭菌验证，擅自变更灭菌工艺参数和操作规程，导致严重质量事故。

讨论：企业在更新设备后，应如何确认与验证，并执行文件变更？

（一）工艺规程

工艺规程是指为生产特定数量的成品而制定的一个或一套文件，包括生产处方、生产操作要求和包装操作要求，规定原辅料和包装材料的数量、工艺参数和条件、加工说明（包括中间控制、注意事项）等内容。

工艺规程的制定应当以注册批准的工艺为依据。工艺规程不得任意更改。如需更改，应当经过工艺验证，按照相关的操作规程修订、审核、批准。

1. 原料药生产工艺规程

（1）品名、产品概述、化学反应及副反应过程、生产工艺及设备流程图。

（2）工艺流程及生产操作要求，包括：① 物料、中间产品名称及代码，投料量、投料比；② 工艺过程及参数，操作顺序及要求；③ 物料、中间产品储存条件及期限，标签、包装材料。

（3）生产过程的质量控制，物料、中间产品、成品的质量标准及取样方法。

（4）生产地点、设备（含仪表）型号及材质一览表，主要设备的生产能力。

（5）预防措施及注意事项，如技术安全及防火，劳动保护，原料消耗定额和技术经济指标，副产品、回收品的处理，"三废"治理及排放标准。

（6）操作工时与生产周期，如单个步骤或整个工艺过程的时限，劳动组织与岗位。

（7）附录，包括有关理化常数、曲线、图表、计算公式、换算表等。

2. 制剂生产工艺规程

（1）生产处方，包括：① 产品名称和产品代码；② 产品剂型、规格和批量；③ 所用原辅料清单，包括生产过程中使用但不在成品中出现的物料，阐明每一物料的指定名称、代码和用量，如原辅料的用量需要折算时，还应当说明计算方法。

（2）生产操作要求，包括：① 对生产场所和所用设备的说明，如操作间的位置和编号、洁净度级别、必要的温湿度要求、设备型号和编号等；② 关键设备的准备，如清洗、组装、校准、灭菌等所采用的方法或相应操作规程编号；③ 详细的生产步骤和工艺参数说明，如物料的核对、预处理、加入物料的顺序、混合时间、温度等；④ 所有中间控制方法及标准；⑤ 预期的最终产量限度，必要时，还应当说明中间产品的产量限度，以及物料平衡的计算方法和限度；⑥ 待包装产品的储存要求，包括容器、标签及特殊储存条件；⑦ 需要说明的注意事项。

（3）包装操作要求，包括：① 以最终包装容器中产品的数量、质量或体积表示的包装材料的完整清单，包括包装材料的名称、数量、规格、类型与形式；② 所需全部包装材料的完整清单，与质量标准有关的每一包装材料的代码；③ 印刷包装材料的实样或复制品，并标明产品批号、有效期打印位置；④ 需要说明的注意事项，包括对生产区和设备进行的检查，在包装操作开始前，确认包装生产线的清场已经完成等；⑤ 包装操作步骤的说明，包括重要的辅助性操作和所用设备的注意事项、包装材料使用前的核对；⑥ 中间控制的详细操作，包括取样方法及标准；⑦ 待包装产品、印刷包装材料的物料平衡计算方法和限度。

（二）操作规程

操作规程是指经批准用来指导设备操作、维护与清洁、验证、环境控制、取样和检验等药品生产活动的通用性文件，也称标准操作规程，英文为standard operational procedure，缩写为“SOP”。

药品生产从物料采购到产品销售及售后服务均应有相应的操作规程，其过程和结果应当有记录。

操作规程内容包括：① 操作名称；② 编写依据；③ 操作范围及条件，应注明时间、地点、对象、目的；④ 操作步骤或程序，包括准备过程、操作过程、结束过程；⑤ 操作标准；⑥ 操作结果的验收、检验标准；⑦ 操作过程复核与控制；⑧ 操作过程的安全事项与注意事项；⑨ 操作中使用的物品、设备、器具及其编号；⑩ 操作异常情况处理等。

“欣弗”事件的问题在于安徽华源生物药业有限公司更换灭菌设备未经确认，灭菌工艺未经验证，擅自变更灭菌参数，即未经确认与验证即随意对操作规程进行修订与变更，不符合文件修订、审批程序，造成安全隐患。

（三）批记录

批记录是指用于记述每批药品生产、质量检验和放行审核的所有文件和记录，可追溯所有与成品质量有关的历史信息。

批记录包括批生产指令记录、批包装指令记录、批生产记录和批包装记录、批检验记录、批放行记录。

生产中批指令一般包括批生产指令和批包装指令。

1. 批生产指令

生产指令包括以下主要内容：① 产品名称及代码、规格、批号、生产日期；② 计划产量；③ 生产技术依据、生产操作规程编号；④ 专用模具代码清单；⑤ 原辅料定额量、计划领用量；⑥ 生产技术部门负责人、生产车间生产负责人签名批准。

2. 批生产记录

批生产记录是指一个批次的待包装品的生产过程的详细情况记录。

批生产记录可追溯该批产品的生产历史及与质量有关的情况。批生产记录应当依现行批准的工艺规程相关内容制定。记录的设计应当避免填写差错。批生产记录的每一页应当标注产品的名称、规格和批号。

原版空白的批生产记录应当经生产管理负责人和质量管理负责人审核和批准。批生产记录的复制和发放均应当按照操作规程进行控制并有记录，在生产过程中，进行每项操作时应当及时记录，操作结束后，应当由生产操作人员确认并签注姓名和日期。

批生产记录包括以下主要内容：① 产品名称、代码、规格、批号；② 生产及中间工序开始、结束的日期和时间；③ 每一原辅料的批号、投料量、折算投料量、实际投料量，包括投入的回收或返工处理产品的批号及数量、称量人与复核人签名；④ 所用主要生产设备的编号；⑤ 相关生产操作或活动、工艺参数及控制范围，各步生产过程控制操作记录，操作者签名及签名日期、时间；⑥ 中间控制结果的记录及操作人员的签名；⑦ 各生产阶段及不同工序的产品数量，物料平衡的计算；⑧ 结退料记录；⑨ 设备清洁、操作、保养记录；⑩ 前次包装操作的清场记录副本及本次包装清场记录正本；⑪ 对特殊问题或异常事件的记录，包括对偏离工艺规程的偏差情况的详细说明或调查报告处理及结果记录，并经签字批准。

3. 批包装指令

批包装指令包括以下主要内容：① 包装产品名称及代码、包装规格、批号、生产日期；② 计划产量；③ 包装方法、包装要求、作业顺序、SOP 编号、生产地点、使用设备与生产线及其编号；④ 专用模具代码清单；⑤ 包装材料定额量、计划领用量；⑥ 生产技术部门负责人、生产车间生产负责人签名批准。

4. 批包装记录

批包装记录是指一个批次的待包装产品变成成品所需的包括分装、贴签等所有生产操作步骤的详细情况记录。但无菌生产工艺中产品的无菌灌装及最终灭菌产品的灌装等不视为包装。每批产品或每批中的部分产品包装，都应当有批包装记录，以便追溯该批产品包装操作及与质量有关的情况。

批包装记录包括以下主要内容：① 产品名称、规格、包装形式、批号、生产日期和有效期；② 包装开始日期、时间，各工序生产日期、时间，包装结束日期、时间；③ 包装操作负责人签名；④ 包装工序的操作人员签名；⑤ 待包装产品数量；⑥ 每一包装材料的名称、代码号，发放和实际使用的数量；⑦ 根据工艺规程所做的检查记录，包括中间控制结果；③ 包装操作的详细情况，包括所用设备及包装生产线的编号；⑨ 所用印刷包装材料的实样，并印有批号、有效期及其他打印内容，不易随批包装记录归档的印刷包装材料可采用印有上述内容的复制品；⑩ 包装操作记录，设备、生产线操作记录，操作者、复核者、负责人签名；⑪ 各生产阶段及不同工序的产品数量，物料平衡的计算；⑫ 结退料记录；⑬ 设备清洁、操作、保养记录；⑭ 前次包装操作的清场记录副本及本次包装清场记录正本；⑮ 特殊问题或异常事件的记录，包括对偏离工艺规程的偏差情况的详细说明或调查报告，并经签字批准。

5. 批检验记录

所有原辅料、包装材料、中间产品和成品都必须经过检验，确保符合相应标准，并有检验记录。检验记录包括：① 原辅料、与药品直接接触的包装材料的检验项目，检验结果报告单；② 中间产品检验项目及检验结果报告单；③ 成品检验项目及检验结果报告单。

6. 放行审核记录

放行审核记录包括对物料和产品的放行。产品包括药品的中间产品、待包装产品和成品。

物料与产品的放行应符合放行要求。

中间产品、待包装产品和成品放行应进行合规性审查，对药品生产现场的人员操作及环境监测过程进行核查，审核批生产、批包装、批检验等记录，实施电子记录的，应对电子记录予以审核和确认。对于批记录审核合格的，须经受权人或质量管理负责人批准放行，中间产品可进入下一道工序，成品可发运投放市场。

（四）电子记录

1. 标准术语

电子生产记录（electron production records，EPR）是指实施计算机化系统管理的企业在执行控制工艺和生产操作过程中存储来自生产相关活动的数据和信息形成的电子记录，数据和信息可由系统产生或配合人工输入，也可单纯由人工输入。电子数据可能保存在一个或多个系统或数据库中。电子生产记录一般有两种类型：电子批生产记录和电子设备历史记录。

电子批生产记录（electron batch records，EBR）是指用来记录一个批次，含回收、重新加工、返工批次，或连续过程中药品生产和质量控制的电子数据信息。

电子设备历史记录（electron device history records，EDHR）是指一系列的记录涵盖已完成的电子设备的历史记录。

自动化控制和电子生产记录的使用可以保证所生产产品或设备符合相应的规范和标准。该系统具备向工作人员提供其所关注的有关生产过程的执行状况与结果方面的实时信息及完工报告的能力，审查和事务处理报告应与这种能力相适应。

EPR 管理也包括电子数据形式和纸质记录形式共同使用的情形。

2. 电子记录的审核

电子记录审核是指对从生产相关的运行中得到的数据进行筛选，用于编制审核与事务处理如发布、隔离、拒绝报告的方法，该方法既包括对关键工艺异常的审核，也包括减少或取消对可接受数据和趋势的审核。

EPR 审核适用于生产的全过程或部分工艺步骤仅用计算机化系统或与纸质记录形式共同使用的情形。

审核可采用人工审核和系统附带的自动审核功能，系统自动审核会产生大量电子数据。该方法应用于产品配方生产逻辑或实际盘库的程序执行，如中间产品、成品及非产品配方清单如资产准备，包括设备选择、安装、清理和消毒的程序执行。

在完整的生产报告使用数据审核之前，可以通过分阶段的方法实施数据审核。如果有程序化的技术控制措施来控制管理方法，可将每个报告作为整体报告的一部分进行管理，而各个单独的报告和数据审核报告可以结合使用。

审核报告中的异常状况示例应含背景信息，以便审核人员可按流程调用或自动调用，协助处理流程的相关异常数据，也包括实际数据或者数据源的索引或链接。

电子记录审核确保达到以下要求：将工艺保持在规定的可按受偏差范围内；准确地记录数据与事件；当超出规定的偏差范围或其他操作规定时，发出警报和得出警告结论；电子记录是准确、可信且安全的，用来审核的生产报告是准确的。

3. 电子记录数据库

生产过程中可能包含大量数据，如物料规格说明、工艺参数、警报与警告限制，或者由几个系统共同控制的工艺步骤程序，如图 11-4 所示。可以将单一来源或多个来源的主要数据整合在数据清单内，然后将其传送到生产环境中，以便使用。系统设计和/或规程控制措施应能保证主要数据的版本是已知可控的，而且能为任何具体的主数据清单提供说明。

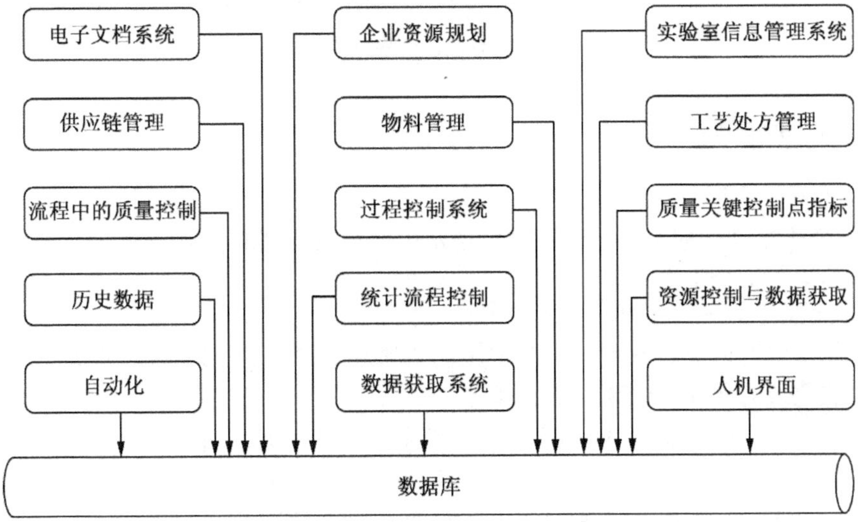

图 11-4　由几个系统共同控制的工艺步骤程序

4. 电子表格

可以用应用程序工具来创建各种最终用户应用程序，包括定制的统计数据分析、本地数据库创建、数据挖掘和多元分析。

由于电子表格灵活、强大的处理能力，在主要的临床研究、生产管理和质量控制中，可用其进行从简单计算到复杂分析的各种应用，用户端使用个人计算机既可以创建电子表格应用程序，也可以处理受控数据。

电子表格的应用类型包括一次性电子表格、存档电子表格、数据库电子表格、模板电子记录表格、桌面数据库等。

EPR 审核、迁移、实时发布流程如图 11-5 所示。

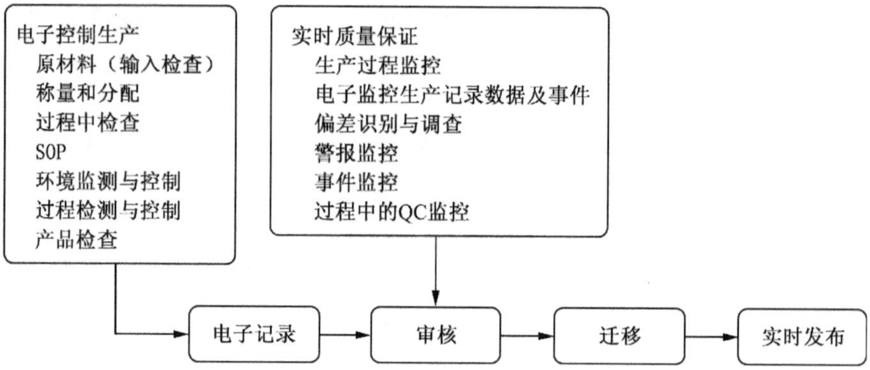

图 11-5　EPR 审核、迁移、实时发布流程

任务实施

（一）资料搜集

学生整理、搜集并上台用 PPT 展示生产记录管理的各项要求。

（一）生产记录的构成和管理

生产记录的管理：生产记录的管理包括批生产记录的管理、批包装记录的管理和清场记录的管理。

批生产记录由生产指令、各工序岗位生产原始记录、清场记录、物料平衡及偏差调查处理情况、检验报告单等汇总而成。批生产记录可由岗位工艺员分段填写，生产车间技术人员汇总，生产部门有关负责人审核并签字。跨车间的产品，各车间分别填写，由指定人员汇总、审核并签字后送质量管理部门。该记录应具有质量的可追踪性，保持整洁，不得撕毁和任意涂改。若发现填写错误，应按规定程序更改。批生产记录应按批号归档，保存至药品有效期后 1 年，未规定有效期的药品，批生产记录应保存 3 年。

批包装记录是该批产品包装全过程的完整记录，可以单独设置，也可以作为批生产记录中的一部分，管理要求与批生产记录管理要求相同。

（二）原始记录填写规定

（1）原始记录是对生产过程进行分析评判的依据。

（2）原始记录不允许用铅笔填写，书写应整洁、完整，字迹清楚，不得涂改贴盖，如有的地方需要更改，应画两条水平线，将正确的内容填在上方，并加盖更改人的印章或签名。

（3）原始记录各项内容应逐项填写，若有缺项，应在格内画一斜线，不得有空格。出现内容与上项内容相同时应重复抄写，不得用“同上”或“……”表示。

（4）原始记录应及时、真实地填写，不准超前或拖后，填写应真实，不准有虚假或伪造，以便能真实地反映当时的情况。

（5）品名不得简写，应按标准名称填写。

（6）操作者、复核者均应填写全名，不能只写姓或名。

（7）日期一律横写，年、月、日均应用两位数表示，不足两位数的月、日前加零，如2003年7月1日，应写成“03.07.01”。

（8）数据的修约应采用舍进机会相同的修约原则，即“4”舍“6”入，“5”考虑。当所修约的数字中，其右面第一个数字小于或等于4时舍去；其右面第一个数字大于或等于6时则进1；其右面第一个数字等于5时，5后（右边）非0应进1，5后皆0看奇偶，5前偶数应舍去，5前奇数则进1。

例如（小数点后保留1位数字）：

① 3.5424——3.5

② 2.1500——2.2

③ 2.3653——2.4

④ 2.2500——2.2

⑤ 2.0500——2.0

⑥ 2.1507——2.2

（9）车间QA对全车间记录进行整理装订，确保无误后交到化验室。

违反以上规定者，视情节扣2～10分，严重违反者报公司处理。

另外，QA负责每周对原始记录填写情况评比一次，每班分别评出1～2名优等者和较差者，给予2～10分奖励或处罚。

（二）分组练习

给出相关记录表格和工艺参数，学生练习填写。

（三）学生互评

学生之间互换进行检查。

（四）教师总结

教师对本节课程进行点评并总结。

任务强化

给出片剂压片的一系列表格及相关工艺技术参数，让学生练习巩固。

项目十二 质量管理

任务一 质量管理与质量保证

任务目标

知识目标：了解质量管理的相关术语；了解质量管理的发展历史；了解国际标准的产生及发展；掌握 GMP 与 ISO 族标准；掌握质量保证与质量控制的内容。

技能目标：能够正确区分 GMP 与 ISO；能够正确区分质量保证与质量控制。

素质目标：培养学生科学严谨的学习态度，提高分析解决问题的能力和团队协作能力。

任务卡

<table>
<tr><td>任务名称</td><td>质量管理与质量保证</td><td>学号</td><td></td><td>姓名</td><td></td></tr>
<tr><td>关键点</td><td colspan="5">一、质量管理的发展历史
二、GMP 与 ISO
三、质量保证与质量控制
四、国际标准</td></tr>
<tr><td colspan="2">开始时间</td><td colspan="2"></td><td>完成时间</td><td></td></tr>
<tr><td colspan="2">执行人</td><td colspan="2"></td><td>审核人</td><td></td></tr>
</table>

任务情景

1. 场地：多媒体实训室。
2. 材料：GMP 各类文件资料、课程教材、GMP 法规等。
3. 要求：① 正确区分 GMP 与 ISO；② 正确区分质量保证与质量控制。

任务准备

(一) 任务术语

1) 质量 系产品、过程或服务满足规定要求或潜在需要的固有特性的程度。质量包括产品质量和工作质量。

产品质量包括有形产品和无形产品质量，即产品适用性和符合性的全部内涵，其特性可概括为适用性、可靠性、安全性、寿命性、经济性等。

工作质量是指与产品质量有关的工作及其对产品质量的保证程度。

2) 质量管理 系质量方面指挥和控制组织的协调活动，包括质量方针、质量目标、质量策划、质量控制、质量保证和质量改进。

(1) 质量方针系由组织最高管理者正式发布的关于质量方面的全部意图和方向。

(2) 质量目标，系在质量方面所追求的目标。

(3) 质量策划，质量管理的一部分，致力于制定质量目标，规定必要的运行过程并提供相关资源，以实现质量目标。

(4) 质量保证，致力于提供质量要求会得到满足的信任，简称“QA”，英文全称为 quality assurance。

(5) 质量控制，致力于满足质量要求，简称“QC”，英文全称为 quality control。

(6) 质量改进，系质量管理中致力于提高满足质量要求的能力。

3) 质量管理体系 系指组织实现质量方针和目标的指挥和控制因素。

QA 是质量保证，通过建立和维持质量管理体系来保证整个过程满足产品质量要求。QA 不仅要判断问题出在何处，还要制订解决方案，纠正和预防偏差。

QC 是质量控制，也可称为“品质控制”。QC 所关注的是产品，而非体系。其目的与 QA 是一致的，质量控制是指为使产品满足质量要求所采取的作业技术和活动，包括检验等。因此，QC 的控制范围主要是在工厂内部，确保产品满足质量要求，只有合格品才能交付给客户。

QA 与 QC 的职责对比，见表 12-1。

表 12-1 QA 与 QC 的职责对比

项目	QA	QC
职责	确保工作质量、过程满意	确保产品质量、结果满意
工作核心	纠正、预防差错，完善体系	发现、指明差错

续表

项目	QA	QC
工作侧重对象	体系	产品
工作领域	内部、外部	内部
工作目标演绎	提供满足质量的信任，相信产品做得令人满意	提供质量满足的信任，相信做的产品令人满意

从管理学角度来看，体系涉及人、事、物的所有要素，而管理体系主要涉及人和事，侧重管理。药品生产企业只有建立和健全质量管理体系，才能生产出符合预定用途和注册要求的产品。

（二）质量管理的发展历史

质量管理的产生及发展过程经历了漫长的历史，可以说是源远流长。人类历史自有商品生产以来，就开始了以商品检验为主的质量管理。

1. 质量管理发展的四个阶段

1）传统质量管理阶段　从产生质量管理开始到19世纪末，产品质量主要依靠工匠的实际操作经验、感官估计和简单的度量衡器测量而定。

2）质量检验管理阶段　西方国家工业革命成功之后，产生了企业管理和质量检验管理。检验工作是这一阶段执行质量职能的主要内容。质量检验的手段是使用多种检测设备和仪表，方式是严格把关，进行百分之百的检验。

3）统计质量管理阶段　一些国家的企业采取质量控制的统计方法。一般是运用数理统计原理，采取预防产出废品并检验产品质量的措施，由专职检验人员负责的工作转交给专业的质量控制工程师负责，这标志着管理方法从事后检验转为事先预测。

4）现代质量管理阶段　20世纪60年代，许多企业开始实行全面质量管理及标准化管理，在企业内部建立起完善的质量体系，质量管理也转变为全员性、全过程的管理，更注重标准、职责和程序的管理，这标志着质量管理步入科学规范的新时代。

2. 全面质量管理的提出

美国通用电气公司质量经理菲根堡姆最早提出“全面质量管理（TQC）”的概念。全面质量管理的基本核心是以质量为中心，以全员参与为基础，提高人员素质，让顾客满意，让组织内部所有成员及社会受益。

企业全体人员都应具有质量意识并承担质量责任，提高所有人员的素质，调动人员的积极性，做好本职工作，抓好工作质量来保证和提高产品质量，从而实现企业目标，获得成功。

（三）质量保证

导入案例

从2006年6月开始，一些省份患者使用安徽华源生物药业有限公司生产的“欣弗”（克林霉素磷酸酯葡萄糖注射液）后，出现心悸，寒战，肾区疼痛，肝、肾功能损害，过敏性休克等临床症状，5个批次产品在16个省份共发生严重不良反应93例，造成11人死亡。

经查，企业违反规定，未按药监部门批准的工艺生产“欣弗”，更换灭菌设备未经确认，将批准的105 ℃灭菌温度降至最低为100 ℃，30 min的灭菌时间缩短至1～4 min，增加了灭菌装载量，抽检的数批产品中出现“热原”和“无菌检查”项目不格。

讨论：质量保证体系如何确保达到生产管理的要求？

GMP明确了质量保证是质量管理体系的一部分，就是要求建立由机构与人员、硬件和软件等各种资源组成的质量体系，以达到GMP第九条、第十条规定的要求，这也是企业质量保证和质量控制的工作指引。

分析“欣弗”事件，5个批次产品发生严重不良反应实属罕见，国内其他5个企业生产的同类产品却未出现案例所述的不良反应，且这并非因人员或设备意外偶然出现的产品质量事故，而是因为企业质量体系存在重大缺陷。该企业更换灭菌设备未经确认，灭菌工艺未经再验证，擅自更改灭菌参数，安全隐患的祸根已埋下，按当时的有关法律、法规规定，影响产品质量的关键工艺和设备变更时须经确认和验证，且须报原审批部门批准。

（四）质量控制

GMP规定的质量控制应包括相应的组织机构、文件系统及取样、检验等，确保物料或产品在放行前完成必要的检验，确认其质量符合要求。质量控制的基本条件须达到GMP第十二条规定的要求。

（五）国际标准的产生及发展

19世纪后期，国际标准从电工领域的计量单位、材料性能与试验方法开始起步。20世纪50年代后，国际标准化组织（International Organization for Standardization，ISO）的成立，使国际标准随着社会科技进步与经济发展逐步发展起来，标准范围也从基础标准如术语标准、符号标准、试验方法标准逐步扩展到产品标准，从技术标准延展到质量管理体系标准，如ISO9000族标准和ISO14000族标准，采用国际标准已成为各国标准化的基本方法与政策。其中，ISO14000族标准侧重活动、产品、服务的环境影响，它不仅要考虑满足质量，得到客户信任的要求，还要指导企业在生产的全过程中实施环境标准，这有利于保护环境、节约资源、降低成本，重点在于营造良好的环境，以满足顾客需求以外的多方面的利益。

（六）GMP 与 ISO 族标准

GMP 与 ISO 族标准是质量管理发展到全面质量管理后的产物，本质上都是全面质量管理的深入和系统体现，理念和理论体系都是一致的，但是在推行的法律效力和侧重点上有所不同。GMP 与 ISO 族标准的对比见表 12-2。

表 12-2　GMP 与 ISO 族标准的对比

项目	GMP	ISO 族标准
管理性质、模式	相同	相同
标准发布组织	政府	标准化组织
法律、认证要求	强制性	非强制性
文件系统	管理、技术、操作标准、记录	质量手册、程序文件、作业指导书、记录
侧重点	产品质量	产品、服务质量、环境影响
适用行业、领域	药品、食品、化妆品、医疗器械等	所有行业、领域和组织

《药品生产质量管理规范》(2010 年修订)　［节选］

第二章　质量管理

第一节　原　则

第五条　企业应当建立符合药品质量管理要求的质量目标，将药品注册的有关安全、有效和质量可控的所有要求，系统地贯彻到药品生产、控制及产品放行、贮存、发运的全过程中，确保所生产的药品符合预定用途和注册要求。

第六条　企业高层管理人员应当确保实现既定的质量目标，不同层次的人员以及供应商、经销商应当共同参与并承担各自的责任。

第七条　企业应当配备足够的、符合要求的人员、厂房、设施和设备，为实现质量目标提供必要的条件。

第二节　质量保证

第八条　质量保证是质量管理体系的一部分。企业必须建立质量保证系统，同时建立完整的文件体系，以保证系统有效运行。

第九条　质量保证系统应当确保：

（一）药品的设计与研发体现本规范的要求；

（二）生产管理和质量控制活动符合本规范的要求；

（三）管理职责明确；

（四）采购和使用的原辅料和包装材料正确无误；

（五）中间产品得到有效控制；

（六）确认、验证的实施；

（七）严格按照规程进行生产、检查、检验和复核；

（八）每批产品经质量受权人批准后方可放行；

（九）在贮存、发运和随后的各种操作过程中有保证药品质量的适当措施；

（十）按照自检操作规程，定期检查评估质量保证系统的有效性和适用性。

第十条　药品生产质量管理的基本要求：

（一）制定生产工艺，系统地回顾并证明其可持续稳定地生产出符合要求的产品；

（二）生产工艺及其重大变更均经过验证；

（三）配备所需的资源，至少包括：

1. 具有适当的资质并经培训合格的人员；

2. 足够的厂房和空间；

3. 适用的设备和维修保障；

4. 正确的原辅料、包装材料和标签；

5. 经批准的工艺规程和操作规程；

6. 适当的贮运条件；

（四）应当使用准确、易懂的语言制定操作规程；

（五）操作人员经过培训，能够按照操作规程正确操作；

（六）生产全过程应当有记录，偏差均经过调查并记录；

（七）批记录和发运记录应当能够追溯批产品的完整历史，并妥善保存、便于查阅；

（八）降低药品发运过程中的质量风险；

（九）建立药品召回系统，确保能够召回任何一批已发运销售的产品；

（十）调查导致药品投诉和质量缺陷的原因，并采取措施，防止类似质量缺陷再次发生。

第三节　质量控制

第十一条　质量控制包括相应的组织机构、文件系统以及取样、检验等，确保物料或产品在放行前完成必要的检验，确认其质量符合要求。

第十二条　质量控制的基本要求：

（一）应当配备适当的设施、设备、仪器和经过培训的人员，有效、可靠地完成所有质量控制的相关活动；

（二）应当有批准的操作规程，用于原辅料、包装材料、中间产品、待包装产品和成品的取样、检查、检验以及产品的稳定性考察，必要时进行环境监测，以确保符合本规范的要求；

（三）由经授权的人员按照规定的方法对原辅料、包装材料、中间产品、待包装产品和成品取样；

（四）检验方法应当经过验证或确认；

（五）取样、检查、检验应当有记录，偏差应当经过调查并记录；

（六）物料、中间产品、待包装产品和成品必须按照质量标准进行检查和检验，并有记录；

（七）物料和最终包装的成品应当有足够的留样，以备必要的检查或检验；除最终包装容器过大的成品外，成品的留样包装应当与最终包装相同。

第四节　质量风险管理

第十三条　质量风险管理是在整个产品生命周期中采用前瞻或回顾的方式，对质量风险进行评估、控制、沟通、审核的系统过程。

第十四条　应当根据科学知识及经验对质量风险进行评估，以保证产品质量。

第十五条　质量风险管理过程所采用的方法、措施、形式及形成的文件应当与存在风险的级别相适应。

任务实施

【案例一】“磺胺酏剂”事件

1937 年，美国一家公司的主任药师瓦特金斯为使小儿服用方便，用二甘醇代替乙醇作溶剂，配制色、香、味俱全的口服液体制剂，称为磺胺酏剂，未做动物实验，在美国田纳西州的马森吉尔药厂投产后，全部进入市场，用于治疗感染性疾病，结果引起 300 多人急性肾功能衰竭，107 人死亡。究其原因，系甜味剂二甘醇在体内氧化为草酸而中毒，美国为此于 1938 年修改了《联邦食品、药品和化妆品法案》(Federal Food，Drug，and Cosmetic Act)。

【案例二】　20世纪最大的药物灾难——“反应停”事件

20世纪50年代后期，联邦德国格仑南苏制药厂生产了一种声称可治疗妊娠反应的镇静药Thalidomide（又称反应停、沙利度胺、肽咪哌啶酮）。该药出售后的6年间，先后在联邦德国、澳大利亚、加拿大、日本及拉丁美洲、非洲的28个国家发现畸形胎儿12000余例（其中西欧就有6000～8000例，日本约有1000例)。患儿有无肢、短肢、肢间有蹼、心脏畸形等先天性异常，呈海豹肢畸形（phocomelia)。

阅读上述两个案例，思考药品质量管理的重要性，探讨影响药品质量的因素及质量管理工作的要点。

任务强化

查阅药品生产质量管理规范，明确GMP对质量管理的要求。

任务二　质量风险管理

任务目标

知识目标：了解质量风险管理的目的、特点和意义；掌握质量风险管理的原则；掌握质量风险管理的过程。

技能目标：掌握质量风险管理流程。

素质目标：培养学生科学严谨的学习态度，提高分析解决问题的能力和团队协作能力。

任务卡

<table>
<tr><td>任务名称</td><td>质量
风险管理</td><td>学号</td><td></td><td>姓名</td><td></td></tr>
<tr><td>关键点</td><td colspan="5">一、质量风险管理的目的、特点和意义
二、质量风险管理的原则
三、质量风险管理的过程</td></tr>
<tr><td colspan="2">开始时间</td><td colspan="2"></td><td>完成时间</td><td></td></tr>
<tr><td colspan="2">执行人</td><td colspan="2"></td><td>审核人</td><td></td></tr>
</table>

任务情景

1. 场地：多媒体实训室。
2. 材料：GMP 各类文件资料、课程教材、GMP 法规等。
3. 要求：① 掌握质量风险管理的原则；② 掌握质量风险管理流程。

任务准备

（一）任务术语

1）质量风险　质量分险是指与产品质量相关的危害发生的可能性和严重性。

2）质量风险管理　质量风险管理系在整个产品生命周期中，采用前瞻或回顾的方式，对质量风险进行评估、控制、沟通、审核的系统过程。

在药品生产的质量管理中，有效的质量风险管理可使决策更加全面、合理，具有前瞻性，同时能向监管部门证明企业处理风险的能力。

（二）质量风险管理的目的

质量风险管理旨在识别风险，并为消除或降低风险提供有效的方法，从而使质量风险控制在可接受水平，主要包括：① 认识风险及其对药品生产管理与质量控制的潜在影响；② 识别引发风险的主要因素、系统及企业的薄弱环节；③ 正确选择消除和降低风险的应对措施；④ 建立风险优先控制处理顺序；⑤ 通过调查，采取纠正和预防偏差的措施进行防范；⑥ 满足监管要求。

（三）质量风险的特点

质量风险具有以下特点：① 不确定性；② 突发性；③ 复杂性；④ 危害性；⑤ 可检测性；⑥ 管理决策主观性；⑦ 相关利益者影响性；⑧ 人文环境依赖性。

在质量风险管理中，了解质量风险的特点至关重要，这有助于正确使用评估方法，进而采取更好的控制方法消除或降低风险。

（四）质量风险管理的意义

实施质量风险管理，对企业生存和发展具有深远的意义，主要包括以下几点：① 提高风险管理意识，有效配置和使用风险管理资源；② 实施主动性、前瞻性的管理，改善内部管理和控制；③ 提高对威胁和机会的识别；④ 促使企业的生产管理和质量控制合规、严谨；⑤ 避免或减少损失，改善资金状况和财务报告；⑥ 提高安全、环保和职业健康水平；⑦ 提高利益相关者对企业的信心；⑧ 提高企业的学习能力；⑨ 增强企业的生存和持续发展能力。

（五）质量风险管理的原则

质量风险管理体现企业的质量风险承受度，应遵循的主要原则包括：①控制损失原则；②企业管理全过程原则；③方法原则；④信息原则；⑤环境依赖原则；⑥沟通与参与原则；⑦持续改进原则。

（六）质量风险管理的过程

风险管理流程包括风险评估、风险控制、风险沟通和风险审核。

质量风险管理应解决以下五个方面的问题：哪些方面可能会出现风险？出现风险的可能性有多大？危害或损失如何？是否与利益相关方沟通？有无控制和防范措施？

质量风险管理流程如图 12-1 所示。

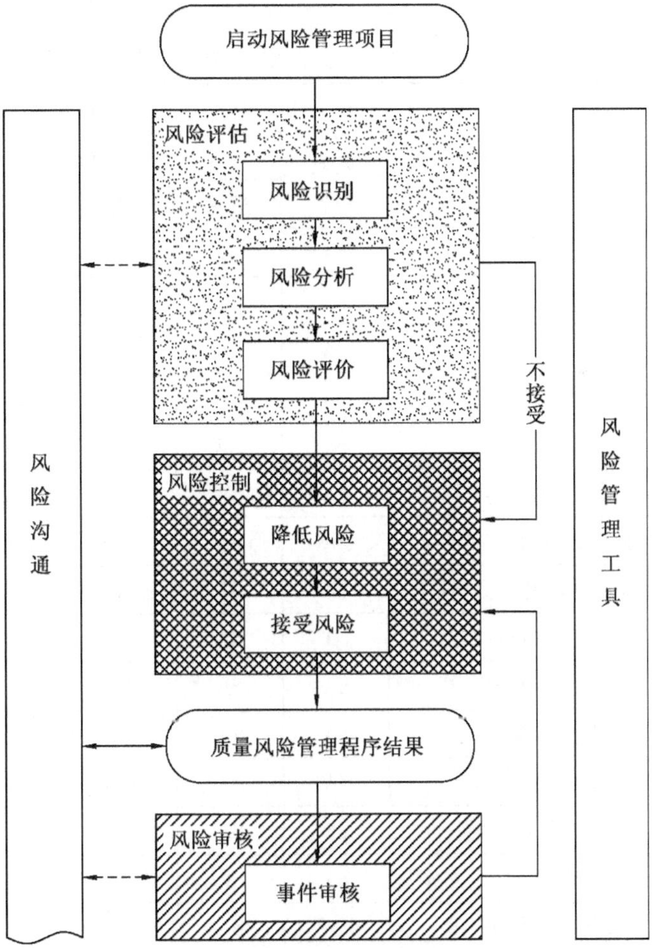

图 12-1　质量风险管理流程

1. 风险评估

风险评估包括风险识别、风险分析和风险评价。

1）风险识别　风险识别也称“风险辨识”，是指发现、列举和描述风险要素的过程。

风险识别的目的是确定可能影响系统或企业工作目标的事件或情况。风险一旦得以识别，企业应对当前的设计、人员、过程和系统等进行识别。

风险识别包括风险源、风险事件、原因和潜在后果的识别。

在整个风险识别过程中无论采用何种识别技术，应将偏离预期的人为决策、指挥、操作失误、企业实力和处境等因素纳入识别范围。风险分析可单独采用常规方法，复杂的也可采用多种方法（具体方法参阅 GB/T 27921—2011《风险管理　风险评估技术》附录）。风险评估技术及适用性见表 12-3。

表 12-3　风险评估技术及适用性（节选）

序号	风险评估技术	风险评估过程				
		风险识别	风险分析			风险评价
			后果	可能性	风险等级	
1	头脑风暴法	SA	A	A	A	A
2	结构化/半结构化访谈	SA	A	A	A	A
3	德尔菲法	SA	A	A	A	A
4	情景分析	SA	SA	A	A	A
5	检查表	SA	NA	NA	NA	NA
6	预先危险分析	SA	NA	NA	NA	NA
7	失效模式和效应分析	SA	SA	SA	SA	SA
8	危险与可操作性分析	SA	SA	A	A	A
9	危害分析与关键控制点	SA	SA	NA	NA	NA
10	结构化假设分析	SA	SA	SA	SA	SA
11	风险矩阵	SA	SA	SA	SA	A
12	人因可靠性分析	SA	SA	SA	SA	A
13	以可靠性为中心维修	SA	SA	SA	SA	SA
14	压力测试	SA	A	A	A	A
15	保护层分析法	A	SA	A	A	NA
16	业务影响分析	A	SA	A	A	A

续表

序号	风险评估技术	风险评估过程				
		风险识别	风险分析			风险评价
			后果	可能性	风险等级	
17	潜在通路分析	A	NA	NA	NA	NA
18	风险指数	A	SA	SA	A	SA
19	故障树分析	A	NA	SA	A	A
20	事件树分析	A	SA	A	A	NA
21	因果分析	A	SA	SA	A	A
22	根原因分析	NA	SA	SA	SA	SA
23	决策树分析	NA	SA	SA	A	A

注：SA 表示非常适用；A 表示适用；NA 表示不适用。

2）风险分析　风险分析可以增进对风险的理解，为风险评价、决定风险控制策略和方法提供信息支持，包括初步分析、后果分析、可能性分析、不确定性分析和敏感性分析。

（1）初步分析。应对风险进行全面的筛选，以识别筛选出严重风险和一般风险，便于进一步的分析。切勿遗漏发生频率低但有重大累积效应的风险，应记录最初的假定及结果。

药品生产企业在自检中发现缺陷、潜在的隐患，以及历史数据回顾性分析得出的生产管理、质量控制方面的偏差和质量事故发生及其频次，中间控制的难易程度，由此即可初步认定质量风险。

（2）后果分析。不期望的特定事件、情况或影响因素已经出现时，后果分析可确定风险造成影响的性质和类型。某个事件可能会对体系内的相关项目造成不利影响，也可能影响利益相关方，在明确环境信息时，应当确定后果类型和受影响的利益相关方。

（3）可能性分析。风险可能性分析通常单独或组合使用以下二种方法：① 回顾性分析预测可能性，即利用相关历史数据分析已发生的事件或情况，借此推断未来发生的可能性；② 故障树或事件树等技术分析预测可能性，即当历史数据无法获取或不够充分时，可采用系统、活动、设备或企业及其相关的失效状况分析来推断风险发生的可能性；③ 系统化、结构化访谈等技术分析预测可能性，即利用一切现有的相关信息，提供给专家判断分析，常用的方法包括头脑风暴法、德尔菲法、层次分析法等。

知识链接

头脑风暴法

头脑风暴，为无限制的自由联想和讨论，目的在于激发创造性思维与设想。

中国互联网上流传着这样一个故事：某民营企业引进一条香皂生产线，试产中发现时常有未填装香皂的空盒流出生产线，导致出现无产品空盒。企业负责人召集相关人员开会征询意见，大家的建议五花八门，一名技术骨干提出设计安装自动分拣系统，需投入约 80 万元。而一名工段长提出在生产线末端底部安装强力风扇，风可吹走空盒，只需花费几百元。车间先对工段长的提议进行实验，结果成功了，此为“头脑风暴法”运用的一个范例。

（4）不确定性分析。即分析参数的设定和假设的共同偏差。风险分析会涉及多种不确定性，主要与风险识别、分析所采用的方法、模型和数据有关。由于不确定性，故质量风险可能性分析属猜测性，都带有“或许”，极少用“不可能”或“一定”。

（5）敏感性分析。敏感性分析用于确定某个参数输入的变化对风险等级的影响，与不确定性分析密切相关，可用来识别哪些数据对结果影响较大，因此更应确保其精确性。

3）风险评价　风险评价是指在识别和分析的基础上，对风险发生的概率、危害程度、检测性等因素进行综合分析，与标准或指标比较，确定风险的轻重程度，并决定是否需要采取相应措施的过程。

（1）风险指数计算。通常采集 2～3 个因素的参数分度值，计算风险指数。以 3 个因素计算风险指数，公式如下：

$$RPN = S \cdot O \cdot D$$

式中，RPN 为风险指数，也称为“风险顺序数”；S 为后果严重度，1—几乎无，2—非常轻微，3—轻微，4—较小，5—中等，6—大，7—很大，8—重大，9—严重，10—灾难；O 为频度，也称为发生概率或可能性，1—几乎不发生，2—极少，3—非常少，4—很少，5—低，6—中等，7—高，8—很高，9—非常高，10—几乎必然发生；D 为检测度，1—几乎必然，2—非常高，3—很高，4—高，5—中等，6—低，7—很低，8—非常低，9—极低，10—几乎不可能。分度值个数可根据企业风险管理的设计要求设定。

例如，以参数分度值各取 5 个计算，风险等级根据计算结果，1～8 为“低”，9～35 为“中”，36～125 为“高”。

以后果严重度和频度两个因素计算风险指数，公式如下：

$$RPN = S \cdot O$$

式中，RPN 为风险指数；S 为后果严重度；O 为频度，也称为发生概率或可能性。

例如，以可能性和后果严重性两个因素各取 5 个参数分度数值计算，风险等级根据计算结果，1 ~4 为“低”，5 ~9 为“中”，10 ~25 为“高”。计算的风险指数以风险矩阵法分析，结果如图 12-2 所示。

可能性↑	5	10	15	20	25
	4	8	12	16	20
	3	6	9	12	15
	2	4	6	8	10
	1	2	3	4	5
	后果严重程度→				

图 12-2 风险指数矩阵法示例

（2）风险等级确定。即运用风险评估技术或工具计算风险指数并确定风险级别。例如，运用失效模式和效应分析（FMEA）、风险矩阵和风险指数法等确定质量风险处理先后顺序。

风险评估的结果既是一个对风险定量的估计，又是一个对风险范围的定性描述。当风险被定量地表达时，可运用数字 0 ~1 或 0 ~100% 的范围来表示其概率。质量风险分析还可用高、中、低来定性表示，但应尽可能详细地表述，这些风险输出需要进行排序和筛选。

（3）控制措施评估。风险的等级水平不仅取决于风险本身，还与现有风险控制措施的有效性密切相关。评估控制措施时，需要解决以下问题：① 已发现识别的风险，有何控制措施？② 控制措施是否有效？③ 如何证明控制措施有效？

依据风险的可接受程度，可以将风险划分为三个区域：① 不可接受区域，即高风险或严重风险，在该区域内无论相关活动可以带来多少收益，风险都是无法承受的，不惜代价也要进行风险控制；② 中间区域，即中风险或一般风险，对该区域内风险的控制需要考虑实施控制措施的成本与收益，并评估机会与潜在后果；③ 广泛可接受区域，即低风险或轻微风险，该区域中的风险等级轻微或很小，可采取风险防范控制措施。

2. 风险控制

风险控制是在完成风险评估之后，采取措施避免和改变风险事件发生的可能性和后果的过程。风险管理的根本目的在于尽可能消除或降低风险，达到一个可接受的水平，对风险控制采取的措施应与该风险的严重性相适应。

风险控制包括消除风险、降低风险和接受风险。

企业应采取措施消除和降低风险，改善风险因素和质量风险的可检测性，对不能消除的风险要降低到一个可接受的水平，加强管理控制，在控制已识别风险的同时，应采取纠正与预防措施，避免引入新的风险。

对于严重风险，在采取措施消除或降低风险前，不可进行药品生产的任何操作，须深度调查，查明原因，采取纠正和预防措施整改，并对纠正和预防措施的有效性进行评估。对于一般风险，在采取措施控制风险发生的可能性的同时，要加强培训与沟通，加强生产过程中的检查、控制，并采取措施进行整改。对于低风险，可以继续生产，但须进一步强化和规范生产操作管理，对存在的问题和隐患及时发现并纠正，做好预防措施。

3. 风险沟通

风险沟通即风险通报，就是决策者与其他人员间交换或分享风险管理信息的过程。

一个正式的风险通报过程已成为风险管理的一部分，包括多个相关部门间的沟通，所含信息涉及质量风险是否存在，以及风险本质、合规性、法律责任、严重性、可能性、可接受性、处理方法、检测能力或其他内容。

在完成风险评估并采取控制措施后，需对整个执行过程及年度风险审核和改进计划在组织内部进行沟通。沟通的内容主要包括：① 识别的结果以文件的形式确定下来，经质量负责人批准；② 对包括一线操作人员在内的全体人员进行培训和考核，熟悉生产管理和质量控制过程中的关键环节，管理人员应监督风险控制过程，发现偏差及时记录和处理；③ 确保生产中的风险控制。

4. 风险审核

风险审核即风险回顾，也称风险评审，是指对质量风险管理的全过程进行监控，并定期进行回顾评审。

风险控制审核是指审核系统是否有超出风险控制状态的情形，是否需要通过技术改进或采取其他措施消除或降低风险。

企业应当建立风险审查规程，全面、系统地分析一个周期内产品质量各项指标及风险控制情况，总结偏差特点和趋势，建立消除或降低风险的改进计划。此外，原辅料、与药品直接接触的包装材料、工艺、设备、生产环境、检验方法、法律法规或技术要求等发生变更时，应重新执行风险识别、评估和控制流程。

任务实施

（一）阅读分析

请仔细阅读表 12-4 所示某制药企业“物料管理质量风险评估报告”并分析。

（二）分组讨论

学生分组进行讨论，并派代表发言。

（三）教师总结

教师对学生讨论的结果进行点评，并总结。

表 12-4　物料管理质量风险评估报告

序号	风险项目	风险详述	可能导致的结果	风险分析				风险等级	风险控制措施
				S	*P*	*D*	*PRN*		
1	物料不符合标准	① 供应商未进行审计； ② 多处购买	物料不合格	4	2	2	16	中	① 进行供应商评估； ② 在合格供应商处购买
2	检验不合格	检验偏差	错发、错用	4	3	4	48	高	严格执行质量标准及操作规程
3	储存物料混淆、交叉污染	① 常温、阴凉、冷藏产品未分开存放； ② 固体、液体原料未分开存放； ③ 特殊管理物料未按规定存放； ④ 物料代码管理混乱、重码	① 交叉污染 ② 错发错用	5	3	3	45	高	制定相应管理规程并严格执行
4	储存条件不符合要求	① 温湿度超出要求； ② 未按遮光、密闭、密封、通风等要求存放	物料不合格	2	2	3	12	中	制定并执行管理规程，安装空调、排风扇及遮光设施，日常监测温湿度
5	物料、产品过了有效期	① 未定期检查物料； ② 未按先进先出、近效期先出要求发放	物料不合格	5	2	3	30	中	制定并严格执行相关管理规程

续表

序号	风险项目	风险详述	可能导致的结果	风险分析				风险等级	风险控制措施
				S	P	D	PRN		
6	虫鼠污染	仓库设施未定期维护、未做好防虫防鼠措施	物料不合格	4	3	2	24	中	① 制定管理规程； ② 安装防虫防鼠设施
7	物料品种及数量发放错误	① 发错品种； ② 发错数量	成品不合格	4	5	3	60	高	① 严格执行物料发放管理标准，按指令发放； ② 加强人员培训
8	投诉、召回	① 包装问题； ② 产品质量； ③ 不良反应	① 影响企业形象； ② 影响销售	5	2	6	60	高	① 加强产品生产过程及放行管理； ② 加强产品售后服务； ③ 加强不良反应监测报告管理
9	人员素质	① 人员不符健康规定； ② 未培训或培训不到位，业务水平差； ③ 责任心差、工作态度不端正	① 物料不合格； ② 发错物料	3	3	2	18	中	① 人员按规定体检； ② 加强培训

注：严重程度 S（severity），代表风险发生结果的严重程度；发生率 P（probability），代表风险发生的可能性（或概率），可预知性 D（detection），代表风险发生时能够检测（或探知）的程度；风险顺序指数 RPN（risk priority number，值为 $S \cdot P \cdot D$），用来综合评估某项风险严重程度及可能性等，从而提前采取对策，避免或减少给公司造成的损失。

表 12-5 为不同风险等级应采取的控制措施。

表 12-5 风险等级与风险控制措施

RPN	风险等级	风险控制措施
1～8	低风险	应有一定的控制措施防止风险进一步升高
9～36	中风险	须立即采取有效措施控制解决
37～125	高风险	应立即采取有效措施控制解决，在得不到有效解决之前，不得继续操作

任务强化

进入 GMP 教学工厂对物料的风险进行评估，并制作风险评估报告。

项目十三 质量控制与保证

任务一 质量检验管理

任务目标

知识目标：了解质量检验管理的相关人员、设施、仪器设备和文件；掌握质量检验管理的过程。

技能目标：能够按照 GMP 要求正确进行物料和产品的检验。

素质目标：培养学生科学严谨的学习态度，提高分析问题的能力和团队协作能力。

任务卡

<table>
<tr><td>任务名称</td><td>质量检验管理</td><td>学号</td><td></td><td>姓名</td><td></td></tr>
<tr><td>关键点</td><td colspan="5">一、质量检验管理的相关内容
二、质量检验管理的过程</td></tr>
<tr><td colspan="2">开始时间</td><td colspan="2"></td><td>完成时间</td><td></td></tr>
<tr><td colspan="2">执行人</td><td colspan="2"></td><td>审核人</td><td></td></tr>
</table>

任务情景

1. 场地：多媒体实训室。
2. 材料：GMP 各类文件资料、课程教材、GMP 法规等。
3. 要求：① 熟悉质量检验管理的相关内容；② 掌握质量检验管理的过程。

任务准备

质量控制是质量管理的一部分，是按照规程和方法对原辅料、包装材料、中间产品和成品进行取样、检验、复核、出具报告，确保物料和产品的成分组成、含量、杂质与限度及其他性状的检验方法符合规定标准，检验结果真实、准确、可靠的过程。

（一）相关人员

质量控制实验室负责人应当具有足够的资质和经验，能够管理本企业一个或多个实验室。检验人员至少应当具有相关专业中专或高中以上学历，并经过检验操作实践培训且通过考核。质量控制实验室检验人员的职责包括以下方面：

（1）执行物料与产品的内控标准、检验室管理及检验操作的有关规程与标准。

（2）对物料、产品进行取样、检验、留样，对物料和产品取样进行持续稳定性考察，并出具考察报告。

（3）正确使用检验用仪器及计量器具，做好校准、检定管理工作。

（4）负责标定检验用标准品、对照品。

（5）负责监测洁净室的尘粒数和微生物数。

（6）为有关部门提供产品检验及质量信息，为纠正和预防偏差及确保质量提供信息。

（二）设施

质量控制实验室应根据需要设置各类实验室，实验室应与药品生产区分开。

（三）仪器与试剂

质量控制实验室应根据规定和相关物料、产品检验所需条件，配备足够数量的与其适应的检验仪器，并按要求配备试剂、标准品或对照品等相关的标准物质。

应当确保检验用的关键衡器、量具、仪器、仪表、记录与控制设备经过检定、校准，所得数据应准确、可靠，试剂、试液、培养基、标准菌株、工作菌株、标准品或对照品的管理应符合 GMP 第二百二十六条、第二百二十七条规定的要求。

（四）文件

质量控制实验室应当配备《中国药典》（2015 年版）、标准图谱等必要的工具书。控制实验室的文件应当符合企业文件系统的原则，至少应有以下文件：① 质量标准；② 取样、检验操作规程和记录；③ 检验报告或证书；④ 洁净室环境空气监测操作规程、记录和报告；⑤ 物料、产品检验方法确认与验证文件；⑥ 仪器校准和设备使用、清洁、维护的操作规程及记录。

（五）检验管理实施过程

严格按照法定标准和内控标准对物料与产品进行检验，检验方法发生变更或采用新检验方法的，应对检验方法进行验证，并上报药监部门批准。检验用实验动物在使用前进行检验或隔离检疫，饲养和实验管理应符合相关的实验动物管理规定，动物使用应有标志和记录。

导入案例

齐二药“亮菌甲素”事件中，齐齐哈尔第二制药有限公司采购人员违规购入非药用“二甘醇”假冒药用辅料“丙二醇”，而化验室负责人及检验人员严重违规，未进行红外光谱（IR）检测比对“丙二醇”IR标准图谱，将不符合标准的“相对密度值”改为正常值。

讨论：质量控制实验室的检验人员应如何执行检验规程和质量标准？

1. 取样

取样是指为某一特定目的，从某一物料或产品的总体物质中抽取具有代表性的部分作为样品的操作。取样规程应与取样的目的、物料及产品相适应，防止造成所抽取样品的物料、产品、样品的污染和交叉污染。

1）取样人员　取样人员应经过相应的取样操作培训并有相关记录。取样时应穿符合相应要求的防护服，防止取样人员受到伤害或污染物料和产品。

2）取样方法及原则　应按GMP附件8“取样”的要求制定取样规程，内容包括取样方法、所用器具、样品量、分样方法等。

3）抽样方案　质量控制实验室可参照GB/T 6378.1—2008/ISO3951—1：2005《计量抽样检验程序　第1部分：按接收质量限（AQL）检索的对单一质量特性和单个AQL的逐批检验的一次抽样方案》（以下简称GB/T 6378.1—2008）的要求，结合企业实际设计可操作的取样方案。实施取样前，应做好抽样方案设计工作。确认产品适用GB/T 6378.1—2008抽样要求，确定产品“批次”，规定检验水平（多数采用一般检验水平Ⅱ），确定抽样方案类型（药品生产企业涉及的检验抽样一般采用S法及一般检验水平Ⅱ）。

从批量产品中抽取供检验用样本，参照表13-1、表13-2确定与检验方法对应的抽取样本量。例如，某产品批量为2000盒，按一般检验水平Ⅱ检验，则根据表13-1，样本量字码为K，根据表13-2，按S法正常和加严检验抽取的样品量为50盒。

表13-1　样本量字码和检验水平

产品批量范围	特殊检验水平				一般检验水平		
	S-1	S-2	S-3	S-4	Ⅰ	Ⅱ	Ⅲ
2~8	B	B	B	B	B	B	B
9~15	B	B	B	B	B	B	C
16~25	B	B	B	B	B	C	D

续表

产品批量范围	特殊检验水平				一般检验水平		
	S-1	S-2	S-3	S-4	Ⅰ	Ⅱ	Ⅲ
26~50	B	B	B	C	C	D	E
51~90	B	B	C	C	C	E	F
91~150	B	B	C	D	D	F	G
151~280	B	C	D	E	F	G	H
281~500	B	C	D	E	F	H	J
501~1200	C	C	E	F	G	J	K
1201~3200	C	D	E	G	H	K	L
3201~10000	C	D	F	G	J	L	M
10001~35000	C	D	F	H	K	M	N
35001~150000	D	E	G	J	L	N	P
150000~500000	D	E	G	J	M	P	Q
500001 及以上	D	E	H	K	N	Q	R

注：① 产品批量：批中单位产品的数量。
② 样本量：样本中单位产品的数量。
③ 本表摘自 GB/T 6378.1—2008。

表 13-2　样本量字码与检验方法对应的抽取样本量

样本量字码	S 法		σ 法		GB/T 2828.1 等效计数抽样方案	
	正常和加严检验	放宽检验	正常和加严检验	放宽检验	正常和加严检验	放宽检验
B	3	3	2	2	3	2
C	4	3	3	2	5	2
D	6	3	4	2	8	3
E	9	4	6	3	13	5
F	13	6	8	4	20	8
G	18	9	10	6	32	13
H	25	13	12	8	50	20
J	35	18	15	10	80	32
K	50	25	18	12	125	50

续表

样本量字码	S法		σ法		GB/T 2828.1 等效计数抽样方案	
	正常和加严检验	放宽检验	正常和加严检验	放宽检验	正常和加严检验	放宽检验
L	70	35	21	15	200	80
M	95	50	25	18	315	125
N	125	70	32	21	500	200
P	160	95	40	25	800	315
Q	200	125	50	32	1250	500
R	250	160	65	40	2000	800

注：① GB/T 6378.1—2008 中给出的样本量字码和检验水平与 GB/T 2828.1 中的相对应。
② 本表摘自 GB/T 6378.1—2008。

在《中国药典》（2015 年版，四部）通则 0211 中，对中药材和饮片取样做出如下规定：批量总数不足 5 件的，逐件抽取样；批量总数在 5 ~ 99 件的，随机抽 5 件样本取样；批量总数在 100 ~ 1000 件的，按 5% 比例样本数量取样；批量总数超过 1000 件的，超过部分按 1% 比例样本数量取样。

GMP 附件 8 "取样" 对检验抽样做出如下规定：被抽检的物料与产品是均匀的，且来源可靠，应按批取样。若总件数为 n，则当 $n \leqslant 3$ 时，每件取样；当 $3 < n \leqslant 300$ 时，按 $\sqrt{n}+1$ 件随机取样；当 $n > 300$ 时，按 $\sqrt{n}/2+1$ 件随机取样。

对比 GMP 附件 8 "取样"、《中国药典》（2015 年版，四部）及 GB/T 6378.1—2008 可知，三者在抽样方案设计和样本数量上是有差别的。

4）取样量

（1）中药材、饮片和贵细药材：一般药材和饮片抽取 100 ~ 500 g；粉末状药材和饮片抽取 25 ~ 50 g；贵重药材和饮片抽取 5 ~ 10 g。最终抽取的供检验用样品量，一般不得少于检验所需用量的 3 倍，即 1/3 供实验室分析用，另 1/3 供复核用，其余 1/3 留样保存。

（2）原辅料取样量原则上与《中国药典》（2015 年版，四部）通则 0211 规定的中药材取样量相同。无菌物料的取样应充分考虑取样对于物料的影响，取样过程应严格遵循无菌操作的要求，取样件数可按照《中国药典》（2015 年版，四部）通则无菌检查法中单批次出厂产品最少检验数量的要求计算。

（3）中间产品和待包装产品按批号每批抽取，因无留样需要，故取样量为供两次全检用量。

（4）成品按批取样，一般不得少于检验所需用量的 3 倍，即 1/3 供实验室检验用，另 1/3 供复核用，其余 1/3 留样保存，不得少于两次全检量。以包装单位为箱、袋、盒、桶等，在已包装好的包装件中按上述规定随机抽取。

5）取样方法

（1）采用 GB/T 6378. 1—2008 方案取样法取样前，应先核对被取样品的品名、规格、批号、编号、数量等是否与请检单相符，包装是否完好无损，标志及其内容是否齐全。确认无误后，对批量产品样本按自然数“1”开始顺序编号，按抽样方案采用附带随机数计算模式的电子计算器、随机数骰子法、随机数表法、伪随机数法、扑克牌法取样。随机数计算工具如图 13-1 所示。

(a) 计算器　　(b) 骰子

图 13-1　随机数计算工具

（2）采用 GMP 附件 8 取样法：① 一般原辅料：若一次接收的同一批号原辅料是均匀的，则可从此批原辅料的任一部分中取样；若原辅料不具有物理均匀性，则需要使用特殊的取样方法取出有代表性的样品。② 无菌物料：取样过程应严格遵循无菌操作的要求，取样人员应经严格的培训。③ 血浆：按《中国药典》（2015 年版，三部）“血液制品生产人用血浆”的要求对每袋血浆进行取样。④ 中药材、中药饮片：按《中国药典》（2015 年版，四部）通则 0211“药材和饮片取样法”的要求取样。⑤ 印刷包装材料：可参考 GB/T 2828. 12012/ISO2859—1：1999 的要求计算取样。⑥ 中间产品：选择相应的生产时段和取样位置进行取样操作，若为非在线取样，可按照 GMP 附件 8 取样法的要求进行计算取样。⑦ 成品：在已包装好的包装件中按上述规定随机抽取；对于无菌检查样品的取样，取样件数应按照 GMP 附件无菌药品中的规定，结合《中国药典》（2015 年版，四部）通则 1101 无菌检查法中单批次放行产品最少检验数量的要求计算取样。

样品的容器应当贴有标签，注明样品名称、批号、取样日期、取自哪一包装容器、取样人等信息，样品应当按照规定的储存要求保存。

取样后，应进行样品的外观检查，必要时进行鉴别检查。若每个样品的结果一致，则可将其合并为一份样品，并分装为检验样品、留样样品，检验样品作为实验室全检样品。

6）分样方法　将抽取的样品混匀，即为抽取样品总量。若抽取固体样品总量超过检验用量数倍时，参照《中国药典》（2015 年版，四部）通则 0211 先采用四分法再取样，即将所有样品摊成正方形，依对角线画“×”，分为四等份，取对角两份；再如上操作，反复数次，直至最后剩余量能满足供检验用样品量。

（六）检验

计量器具、仪器必须按规定进行检定和校准。在检验中，严格按质量标准和检验规程操作，每个检验项目及所用方法均应符合标准要求，所有检验数据必须确保真实性、精确性、完整性、可靠性、可追溯性。

（七）记录与报告

1）记录　检验的所有记录必须用黑色签字笔或蓝黑墨水笔书写，字迹清楚，端正完整。更改错误时，应保持原记录清晰可辨认，并签上更改人的名字或盖章，仔细做好记录，核对后签名，然后交负责人复核签名。

2）报告　检验报告单要以检验原始记录为依据。填写检验报告单时，检验依据必须明确，检验结论必须清楚，并由检验人员签章、检验部门负责人复核签章、质量管理部门负责人审查和部门签章。

检验记录、检验报告书必须按品种分类，以批号顺序装订，同时检验报告单还需编号，建立检验台账，并由专人归档保管。

“齐二药”采购人员违规购入非药用“二甘醇”假冒药用辅料“丙二醇”，而检验室负责人及检验人员严重违反检验操作规程，将假冒药用辅料的“二甘醇”当“丙二醇”检验，未进行红外光谱（IR）检测并比对“丙二醇”IR 标准图谱，发现“相对密度值”不符合标准，未如实上报却改为正常值并签发合格证，致使假的辅料投入生产，造成严重事故。

任务实施

（一）物料的取样

教师准备好物料，学生根据所给的物料制定取样程序，并按照程序进行取样练习。

（二）中间产品的取样

教师准备好中间产品，学生根据所给的中间产品制定取样程序，并按照程序进行取样练习。

（三）半成品的取样

教师准备好半成品，学生根据所给的半成品制定取样程序，并按照程序进行取样练习。

（四）成品的取样

教师准备好成品，学生根据所给的成品制定取样程序，并按照程序进行取样练习。

任务强化

学生分组进入 GMP 教学工厂，完成对应岗位的取样工作并填写相应记录。

任务二 留样管理

任务目标

知识目标： 了解留样管理的术语；掌握留样管理的要求、范围、留样观察的期限和留样期满的处理。

技能目标： 能够按照 GMP 要求正确进行物料和产品的留样。

素质目标： 培养学生科学严谨的学习态度，提高分析问题的能力和团队协作能力。

任务卡

<table>
<tr><td>任务名称</td><td>留样管理</td><td>学号</td><td></td><td>姓名</td><td></td></tr>
<tr><td>关键点</td><td colspan="5">一、留样管理的要求
二、留样管理的范围</td></tr>
<tr><td>开始时间</td><td colspan="2"></td><td>完成时间</td><td colspan="2"></td></tr>
<tr><td>执行人</td><td colspan="2"></td><td>审核人</td><td colspan="2"></td></tr>
</table>

任务情景

1. 场地：多媒体实训室。
2. 材料：GMP 各类文件资料、课程教材、GMP 法规等。
3. 要求：① 掌握留样管理的要求和范围；② 掌握留样管理的过程。

任务准备

（一）任务术语

留样是指企业按规定保存的用于药品质量追溯或调查的物料、产品样品。用于产品持续稳定性考察的样品属于考察样品，不属于留样。

（二）留样要求

每批成品均应当有留样，分数次包装的应当至少保留一件每次包装的最小市售包装的成品；每批制剂用的原辅料应留样，与药品直接接触的包装材料在成品已留样时可不必单独留样。留样应具有代表性，原料留样的包装形式应当与原料到货时的市场包装相同或模拟市售包装形式，留样的容器须贴有规定的标签，留样量应当至少满足检验需要。成品的留样必须使用其商业包装，依据产品贮藏条件储存，留样应有标签。如企业终止药品生产或企业关闭，应当将留样转交受权单位保存，并报告当地药品监督管理部门，以便在必要时随时取得留样。留样观察应当有记录，留样记录应包含产品名称、批号、数量、取样时间、储存条件、储存时间等内容。一般情况下，留样仅在有特殊目的时才可使用，如调查投诉，留样用于其他用途应经过质量管理负责人批准。

（三）留样范围

1）物料与中间产品留样　物料、中间产品由经授权的检验人员按抽样方案取样，经质量控制实验室检验合格后，样品按规程规定数量登记，置于留样室按贮藏要求储存。物料、中间产品留样应为完成两次全检量，包装标明品种、批号、规格、来源和留样日期等。

2）成品留样　完成包装的成品由经授权的检验人员按抽样方案全检取样，按物料留样方法留样。每批成品留样数量为按注册批准的质量标准完成两次全检量，无菌检查和热原检查除外，新产品宜适当增加留样量。

凡有重大工艺改进或检验方法改变的产品，应视为新产品，重新进行留样跟踪观察。

（四）留样观察的期限

留样观察人员负责观察留样室温度、相对湿度，留样外观情况，每天详细填写观察记录一次；对留样观察结果、质量变化情况进行分析，填写报表定期报告，并纳入质量档案。

（五）留样期满的处理

留样仅供观察、研究储存期内产品质量变化规律之用，任何人不可取用或赠送。必要时须经质量管理部门负责人同意，办理手续后方可取用留样。观察期满的留样产品，由留样观察人员填写留样处理申请表，报质量管理部门负责人批准后进行处理，不得让患者使用。

任务实施

（一）物料的留样

教师准备好物料，学生根据所给的物料制定留样程序，并按照程序进行留样练习。

（二）中间产品的留样

教师准备好中间产品，学生根据所给的中间产品制定留样程序，并按照程序进行留样练习。

（三）半成品的留样

教师准备好半成品，学生根据所给的半成品制定留样程序，并按照程序进行留样练习。

（四）成品的留样

教师准备好成品，学生根据所给的成品制定留样程序，并按照程序进行留样练习。

任务强化

学生分组进入 GMP 教学工厂，完成对应岗位的留样工作并填写相应记录。

任务三 放行管理

任务目标

知识目标：了解放行管理的术语；掌握物料与产品放行的要求；掌握不合格品的处理方法。

技能目标：能够按照 GMP 要求正确进行物料和产品的放行。

素质目标：培养学生科学严谨的学习态度，提高分析问题的能力和团队协作能力。

任务卡

<table>
<tr><td>任务名称</td><td>放行管理</td><td>学号</td><td></td><td>姓名</td><td></td></tr>
<tr><td>关键点</td><td colspan="5">一、放行管理的要求
二、不合格品的处理</td></tr>
<tr><td>开始时间</td><td colspan="2"></td><td>完成时间</td><td colspan="2"></td></tr>
<tr><td>执行人</td><td colspan="2"></td><td>审核人</td><td colspan="2"></td></tr>
</table>

任务情景

1. 场地：多媒体实训室。
2. 材料：GMP 各类文件资料、课程教材、GMP 法规等。
3. 要求：① 掌握放行管理的要求；② 掌握不合格品的处理方法。

任务准备

（一）任务术语

放行是指对一批物料或产品进行质量评价，批准使用或发运及其他决定的操作过程。

放行涉及物料、关键的中间产品、待包装产品和成品，应有相应的放行规程，药品生产企业一般指定质量受权人或质量负责人履行物料与产品的放行职责。

（二）物料与产品放行的要求

1）物料放行　物料的放行应当至少符合以下要求：物料应来自于经批准的物料供应商；接收的物料包装完整、密封，标志信息正确、完整，随货同行的文件齐全；生产厂商的检验报告中的检验项目与执行标准一致，物料验收、取样、检验符合企业规程，操作无异常；有特殊储运要求的物料入库前均符合企业规程，物料的检验结果符合质量标准。符合放行要求的物料方可批准发放使用。

2）产品放行　产品包括药品的中间产品、待包装产品和成品。产品放行应进行合规性审查，实施电子记录的，应对电子记录予以审核和确认。

产品生产过程和检验应审查以下内容：产品批号、数量与生产指令相符，生产操作过程和时间应与 SOP 和指令相符，如有偏差或变更，应有处理记录或审批记录；操作记录清晰，更改规范，原辅料的检验报告齐全；检验操作正确，结果应符合内控标准。

审查应确保生产和检验的合规性、真实性、完整性、一致性和可追溯性，对于批记录审核合格的，须经受权人或质量管理负责人批准放行，中间产品可进入下一道工序或使用，成品可发运投放市场。

疫苗类制品、血液制品、用于血源筛查的体外诊断试剂及国家食品药品监督管理总局规定的其他生物制品放行前还应当取得批签发合格证明。

（三）不合格品的处理

检验不合格的物料，按不合格品退货处理。

制剂产品不得重新加工，不合格的制剂中间产品、待包装产品和成品一般不得返工。生产过程中不合格的中间产品，由车间会同有关人员调查原因，提出纠正措施或变更措施，并进行风险评估，报质量管理部门审核批准，如确认可能影响产品质量，则应报废销毁。

任务实施

（一）物料的放行

教师准备好物料，学生根据所给的物料制定放行程序，并按照程序进行放行练习。

（二）中间产品的放行

教师准备好中间产品，学生根据所给的中间产品制定放行程序，并按照程序进行放行练习。

（三）半成品的放行

教师准备好半成品，学生根据所给的半成品制定放行程序，并按照程序进行放行练习。

（四）成品的放行

教师准备好成品，学生根据所给的成品制定放行程序，并按照程序进行放行练习。

任务强化

学生分组进入 GMP 教学工厂，完成对应产品的放行并填写相应记录。

任务四 偏差管理

任务目标

知识目标：了解偏差管理的术语；了解偏差处理的意义；掌握偏差的类型与类别；掌握偏差处理过程的管理。

技能目标：能够按照GMP要求正确进行偏差管理。

素质目标：培养学生科学严谨的学习态度，提高分析问题的能力和团队协作能力。

任务卡

<table>
<tr><td>任务名称</td><td>偏差管理</td><td>学号</td><td></td><td>姓名</td><td></td></tr>
<tr><td>关键点</td><td colspan="5">一、偏差管理的类型与类别
二、偏差处理过程的管理</td></tr>
<tr><td colspan="2">开始时间</td><td></td><td>完成时间</td><td colspan="2"></td></tr>
<tr><td colspan="2">执行人</td><td></td><td>审核人</td><td colspan="2"></td></tr>
</table>

任务情景

1. 场地：多媒体实训室。
2. 材料：GMP各类文件资料、课程教材、GMP法规等。
3. 要求：① 掌握偏差管理的类型与类别；② 掌握偏差处理过程的管理。

任务准备

（一）任务术语

偏差是指任何偏离生产工艺、物料平衡限度、质量标准、检验方法、操作规程的情况。

在药品生产管理、质量控制及其他活动中，都可能会发生偏差，如果没有纠正和预防措施，就会对药品质量产生不利影响。

（二）偏差处理的意义

1）防止偏差再次发生及避免事故　通过执行偏差调查、评估程序，采取纠正和预防措施，可防止类似的偏差再次发生，避免造成事故。

2）确保实施GMP的符合性　确保出现的偏差被识别、记录、调查、评估并处理，保持药品生产管理与质量控制的合规性、可控性、真实性和一致性。

3）降低质量风险　通过偏差处理，采取纠正和预防措施，消除和降低偏差与质量风险。

（三）偏差的类型与类别

1. 偏差的类型

按偏差发生的领域，可将偏差分为生产偏差和检验偏差两类。

1）生产偏差　是指偏离生产工艺、规程和过程控制的情况，包括非生产工艺偏差和生工艺偏差。

（1）非生产工艺偏差系指因人为操作错误、设备故障、生产环境等引起的对产品质量产生实际或潜在影响的偏差。

（2）生产工艺偏差是指生产工艺不完善、存在缺陷，引起产品质量发生可发现的或潜在影响的偏差，即使人员操作、设备和物料完全正确也不可避免。

2）检验偏差　是指因质量控制实验室检验过程的相关因素引起的检验结果偏差，包括取样、仪器、试剂、检验操作、计算错误等引起的偏差，也称为"实验室偏差"。

2. 偏差的类别

生产偏差与检验偏差按严重程度分为重大偏差、次要偏差和轻微偏差三个类别。

1）重大偏差　可能对产品质量、安全性和有效性产生严重后果的偏差，或涉及多个批次的产品，或与国家法规和标准不符，可能导致产品不合格或报废的偏差。例如，混药，中间产品或成品受到污染导致报废，检验结果超出纠偏限度等。

2）次要偏差　可能对产品质量产生实际或潜在影响的偏差，或者性质严重、影响范围较大的偏差。例如，工艺参数超出规程规定，物料平衡超出标准，检验结果超过警戒限度等。

3）轻微偏差　轻微偏离法规或规程，对产品质量无影响或者经评估风险可接受的偏差。例如，非关键部位的设备故障等。

（四）偏差处理过程的管理

企业应建立由质量管理部门主持的偏差处理系统，应覆盖生产管理和质量控制的全过程，质量管理部门负责偏差处理文件的起草和修订，部门负责人负责文件审批。

1）偏差的发现与识别　所有参与药品生产管理和质量控制的相关人员应经培训，理解偏差内涵并具备识别偏差的能力。

2）偏差的记录与报告　所有岗位人员发现偏差或潜在偏差时应立即报告并填写偏差记录，尽可能详细描述偏差情况，确认后应尽快向质量管理部门或质量受权人报告。

3）偏差的分类　质量管理部门或质量受权人对上报的偏差进行编号、登记和分类。偏差分类的主要依据是对产品质量的影响程度。

4）产生偏差的原因调查　调查方法与偏差的级别相适应，一般偏差可不填写调查报告，对重大偏差或次要偏差需联合调查，其中重大偏差需成立跨部门联合调查团队调查。

5）偏差的影响评估　确定偏差产生的根本原因后，应联合调查团队对偏差影响的范围和程度进行评估，包括对产品质量的影响和对质量管理体系的影响。对重大偏差和次要偏差还应考虑是否对产品进行额外的检验及对产品有效期的影响，必要时进行稳定性考察。

6）纠正和预防措施　根据调查和评估结果，制订纠正措施，应明确相关的负责人和完成时限，纠正和预防措施实施前应经质量管理部门批准。

7）偏差处理的关闭　纠正行动执行完毕后，质量受权人和质量管理部门的偏差管理员应确认纠正措施与预防措施的执行情况，偏差报告、调查表及纠正和预防措施经确认后，经质量受权人批准该偏差处理关闭，转入相应的纠正和预防措施执行跟踪程序。

8）审核的放行　质量受权人在收到偏差完成报告，并确认偏差原因、后果已调查清楚，评估和纠正措施正确，没有影响产品质量，纠正和预防措施已实施后，可对合格的中间产品或成品放行。

9）偏差处理的档案　质量管理部门负责偏差处理档案资料的保存，重大偏差和次要偏差处理文件在完成偏差处理及效果评估后应长期保存。

偏差处理流程如图 13-2 所示。

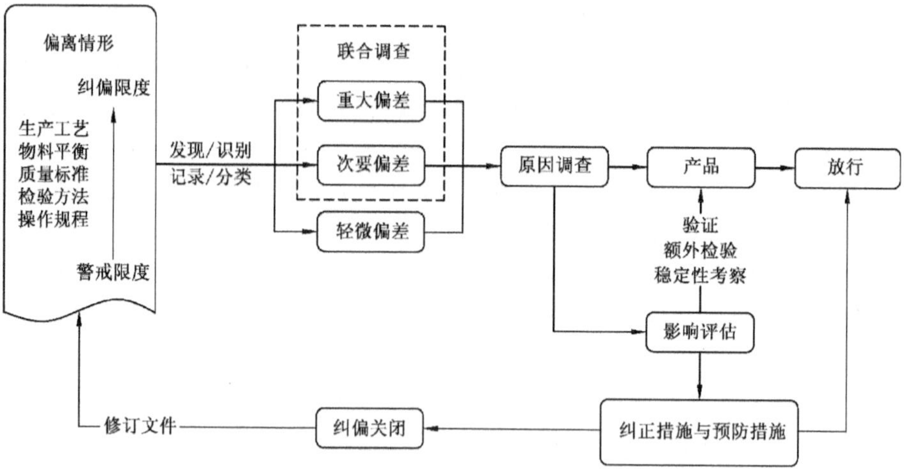

图 13-2　偏差处理流程

任务实施

围绕下面的案例，分组讨论，进行偏差分析和处理。

【案例一】

事件： 2017 年 12 月 20 日，QA 抽查发现包装的 × × 胶囊 171201 批有 5 件有塑瓶倒置现象。

技术处理措施： 要求逐件开箱，返工检查。

预防措施及建议： 加强培训，提高操作人员的质量意识，并进行自检和互检，减少差错。

涉及的 GMP 条款：

第二十七条　与药品生产、质量有关的所有人员都应当经过培训，培训的内容应当与岗位的要求相适应。除进行本规范理论和实践的培训外，还应当有相关法规、相应岗位的职责、技能的培训，并定期评估培训的实际效果。

第二十八条　高风险操作区（如：高活性、高毒性、传染性、高致敏性物料的生产区）的工作人员应当接受专门的培训。

【案例二】

事件： 2017 年 01 月 13 日 16：00，QA 发现 × × 片 170101 批在铝塑包装时包衣片没有晾片，包衣工序 13：00 开始生产，大约 15：00 包衣完成，经称量发现只剩下 25. 7 kg（每锅 60 kg）。

技术处理措施： 立即暂停生产，将已经泡罩的另外放置，24 h 后观察片面，无异常后包装，并重点进行留样观察，监测质量变化，及时反馈信息。

预防措施及建议： 完善操作规程，并增加晾片时间，按照工艺要求操作，加强检查力度，避免偷工减料、赶生产进度。

涉及的 GMP 条款：

第一百八十七条 每批产品应当检查产量和物料平衡，确保物料平衡符合设定的限度。如有差异，必须查明原因，确认无潜在质量风险后，方可按照正常产品处理。

第一百九十五条 应当尽可能避免出现任何偏离工艺规程或操作规程的偏差。一旦出现偏差，应当按照偏差处理操作规程执行。

【案例三】

事件： 2017 年 01 月 16 日下午 14：00，QA 发现 × × 片 170101 批小盒没有打印防伪码，只打印了 3 位流水号。

技术处理措施： 将已经包装的拆掉小盒，重新打印防伪码。

预防措施及建议： 操作人员的自检是减少差错的一项重要措施，自检不仅针对包装打印操作人员，对其他操作人员同样如此。故必须对操作人员，特别是对一些关键岗位的人员进行 GMP 系统知识的培训，引导操作人员自觉进行自检，并加强首检，同时健全相关的制度，贯彻始终。

任务强化

1. 简述偏差的类型与类别。
2. 简述偏差处理过程的管理。
3. 学生分组进入 GMP 教学工厂，完成对应岗位的偏差处理。

任务五 变更控制

任务目标

知识目标： 了解变更控制的术语；掌握变更控制的类型与类别；掌握变更控制的管理。

技能目标： 能够按照 GMP 要求正确进行变更控制。

素质目标： 培养学生科学严谨的学习态度，提高分析问题的能力和团队协作能力。

任务卡

任务名称	变更控制	学号		姓名	
关键点	一、变更控制的类型与类别 二、变更控制的管理				
开始时间			完成时间		
执行人			审核人		

任务情景

1. 场地：多媒体实训室。
2. 材料：GMP 各类文件资料、课程教材、GMP 法规等。
3. 要求：① 掌握变更控制的类型与类别；② 掌握变更控制的管理。

任务准备

（一）任务术语

变更是指注册申报或已获批准证明文件的药品，在生产管理、质量控制、使用条件等方面发生变化。

在生产管理过程中，为避免随意变更，防止造成不利影响及导致不期望的后果，确保产品质量稳定，便于追溯，使变更后生产管理与质量控制处于受控制状态，须对变更进行控制。

（二）变更控制的类型与类别

根据管理方式、实施步骤及行政许可要求归纳，变更可概括为以下几种类型。

1. 变更的类型

按变更的计划性、许可方式等，变更可分为以下三个类型：

1）永久性变更与临时性变更　永久性变更为批准后将长期执行的变更。临时性变更是因某种因素而做出的临时改变，随后即恢复到现行状态。

2）计划性变更与紧急性变更　属永久性的变更，按计划性变更执行，偏差处理的变更归属紧急性变更。

3）行政许可变更与内部变更　行政许可变更就是超出药监部门批准的处方、物料与供货方式、生产工艺和质量标准的描述，需向原批准部门申报批准的变更，如报送与药品直接接触的包装材料与容器变更。内部变更为无须报送药监部门批准的企业自主变更。

2. 变更的类别

按照变更控制对象的范围、对产品质量的影响程度，变更主要分为以下三个类别：

1）主要变更 对产品关键质量特性有潜在的重大影响，需经稳定性考察、验证等研究，以确定主要因素变化的合理性，并报送药品监督管理部门批准或备案的变更。

2）次要变更 由企业控制，无须批准或备案，生产工艺不发生漂移，对产品关键质量特性基本不产生影响，确认与验证结果支持的变更。

3）一般变更 属于主要变更和次要变更之外的，对产品质量特性无影响的变更。

（三）变更控制管理

1. 变更控制系统

变更控制系统由企业质量受权人及生产管理、质量控制、药物不良反应监测、工程设备、物料供应等部门负责人和专业人员组成，必要时聘请医药领域内相关学科专家。

2. 变更控制管理的职责

按照变更控制规程对变更进行分类、评估、审核、批准，确定额外的检验、稳定性考察、确认与验证的必要性，以及文件的充分性和技术依据。

3. 变更控制流程

变更控制过程包括以下流程：

1）变更的申请变更 通常由变更发生的部门发起。变更应提出申请，主要内容包括变更描述，变更理由，受影响的文件和产品，受影响的供应商、客户，支持变更的依据文件及需要追加的文件，实施计划及需要进行的验证。

2）变更的评估 应由变更控制小组基于风险管理评估变更可能带来的影响并确定应采取的行动，评估内容包括对产品质量的影响、质量标准、检验方法、稳定性研究、生物等效性研究、工艺验证、杂质等情况。需报送食品药品监管部门批准或备案的，企业批准变更前，应备齐相关资料，报经药监部门批准方可实施。

3）变更的审核和批准 变更控制系统的管理人员应负责变更申请文件的形式审查，确保资料填写齐全，内容准确，所附资料完整，符合规程的要求。如果变更影响到其他供应商、客户等，则应通知到位并获得其认可。

4）变更执行 变更批准后，方可执行变更，质量管理部门及相关部门应建立追踪监控体系，以确保变更的实施。对于不影响注册内容的内部变更，批准后即可执行。

5）变更效果的评估 变更执行后质量管理部门应组织效果评估，以确认变更是否已达到预期目标。

6）变更关闭　当变更执行完毕，相关文件已被更新，完成评估并得出变更的有效性和可控性结论后，变更即关闭。

变更控制程序如图 13-3 所示。

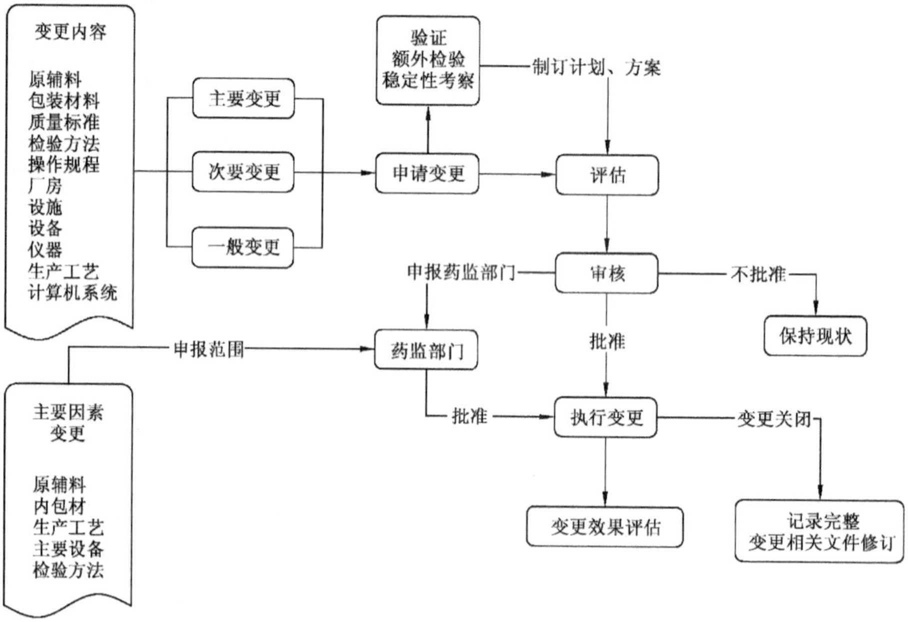

图 13-3　变更控制程序

任务实施

（一）变更任务

学生分组，教师发布“变更内容”任务，按照变更控制流程进行变更控制，并完成相应表格和文件的填写。

（二）分组讨论

学生分组讨论结果，进行初步总结并汇报。

（三）教师总结

学生互评，教师点评结果。

任务强化

1. 简述变更控制的类型与类别。
2. 简述变更控制的管理。

任务六　纠正与预防

任务目标

知识目标：了解纠正与预防的术语；了解纠正与预防的意义；掌握纠正与预防措施的管理。

技能目标：能够按照 GMP 要求正确进行纠正与预防。

素质目标：培养学生科学严谨的学习态度，提高分析问题的能力和团队协作能力。

任务卡

<table>
<tr><td>任务名称</td><td>纠正与预防</td><td>学号</td><td colspan="2"></td><td>姓名</td><td></td></tr>
<tr><td>关键点</td><td colspan="6">一、纠正与预防的意义
二、纠正与预防的管理</td></tr>
<tr><td colspan="2">开始时间</td><td colspan="2"></td><td colspan="2">完成时间</td><td></td></tr>
<tr><td colspan="2">执行人</td><td colspan="2"></td><td colspan="2">审核人</td><td></td></tr>
</table>

任务情景

1. 场地：多媒体实训室。
2. 材料：GMP 各类文件资料、课程教材、GMP 法规等。
3. 要求：① 理解纠正与预防的意义；② 掌握纠正与预防的管理。

任务准备

（一）任务术语

1）纠正措施（corrective action）　是指消除已发现的不符合或消除不良原因所采取的措施，防止问题再次出现。

2）预防措施（preventive action）　是指消除潜在的不符合或其他隐患所采取的措施，防止问题出现。

3）纠正和预防措施　简称“CAPA”，是“纠正措施”和“预防措施”首个英文字母缩写组合，纠正措施和预防措施的区别在于，纠正措施是防止问题再次发生，而预防措施是防止问题发生。企业应当建立纠正和预防措施系统，对投诉、召回、偏差、自检或外部检查结果、工艺性能和质量监测趋势等进行调查并采取CAPA。

（二）纠正与预防措施的意义

药品生产企业建立并实施规范的、完善有效的纠正和预防措施系统，具有以下意义：

（1）消除偏差、缺陷、不规范或其他隐患；

（2）防止已识别的偏差及潜在隐患再次发生，可降低因缺陷无法消除造成的风险；

（3）减少已知的偏差和事故造成的药品召回频次，确保一次合格率提高；

（4）确保生产管理和质量控制符合药品标准和监督管理法规要求；

（5）使生产管理和质量控制过程更严格、持续，提高客户满意度。

（三）纠正与预防措施的管理

在生产管理和质量控制过程中发现偏差后，按偏差处理程序对问题进行识别与记录，对发生情况进行分析并报告，启动应急措施，按以下程序采取CAPA。

1）调查与评估　问题调查即原因分析，通过分析造成不合格、缺陷或潜在隐患及不良趋势的原因，找到产生问题的根本原因。

2）制订CAPA计划和方案　根据评估结果，制订CAPA，对物料、生产工艺、关键设备、检验方法等进行改进和变更，并增加额外的检验、稳定性考察、确认与验证。

3）CAPA计划的批准与发布　CAPA制订以后，一般由质量管理部门和相关职能部门进行评估审核，以确保CAPA实施的有效性。

4）CAPA的执行　CAPA完成期限可以根据CAPA的内容和难易程度而定，一般CAPA应在最短的时间内完成，性质轻微的缺陷项目可在现场立即纠正。

5）CAPA的跟踪　进行CAPA的跟踪确认，目的是监督相关部门CAPA的执行情况，防止缺陷情况再次发生。CAPA的有效性跟踪确认一般由质量管理部门负责，以确保跟踪确认正常有序地实施。

6）CAPA的关闭　质量管理部门针对缺陷情况采取CAPA后，进行可控性跟踪确认，并有记录，可宣布CAPA关闭。

纠正和预防措施管理流程如图13-4所示。

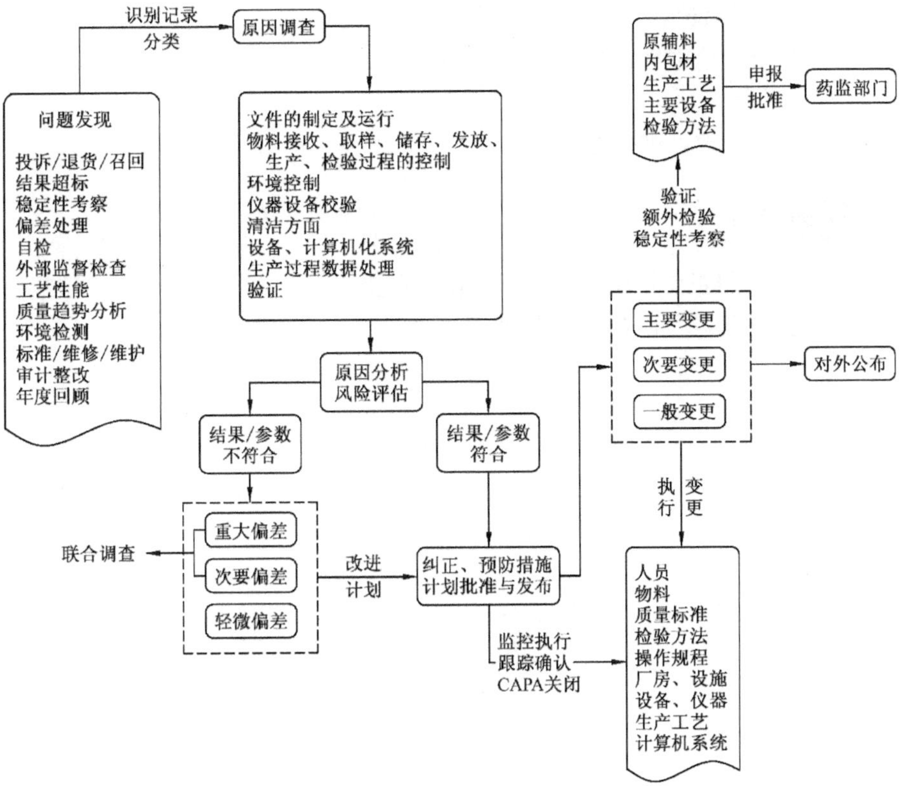

图 13-4 纠正和预防措施管理流程

任务实施

（一）案例分析

【案例】 2007 年 8 月 1 日，某生产线生产人员反映该生产线在生产×××胶囊 0001 和 0002 批时，由于水泡板成型不良造成胶囊不能填充，致使胶囊在水泡机扫描站处被挤出后夹破。为了证实此情况，生产车间对 0001 批的第 11 托板和第 14 托板进行人工返检，在返检过程中发现确实存在生产线人员反映的质量缺陷，随后按照偏差处理程序（偏差处理单编号：AN×××）对 0001 和 0002 两批×××胶囊成品进行返工。

分析过程： 为全面调查此次质量事故，对这两批次的生产文件、库存、销售等生产文件进行复核，主要调查的依据有批包装记录、操作工作业单、库存记录、发货记录、返工挑选记录、生产和发货的基本情况、返工情况。

分析结果： 水泡成型不良，胶囊挤破；胶囊漏粉；水泡板在传输过程中被拔叉拔坏。

（二）分组讨论

学生分组讨论案例，并进行总结汇报。

（三）教师点评

学生互评，教师进行点评。

任务强化

1. 说一说纠正与预防对于制药企业的重要性。
2. 简述纠正与预防措施的管理。

项目十四 确认与验证

任务一 确认与验证的目的和作用

任务目标

知识目标： 了解确认与验证的术语；了解确认与验证的目的；掌握确认与验证的作用。

技能目标： 能够正确区分确认与验证。

素质目标： 培养学生科学严谨的学习态度，提高分析问题的能力和团队协作能力。

任务卡

任务名称	确认与验证的目的和作用	学号		姓名	
关键点	一、确认与验证的目的 二、确认与验证的作用				
开始时间			完成时间		
执行人			审核人		

任务情景

1. 场地：多媒体实训室。
2. 材料：GMP 各类文件资料、课程教材、GMP 法规等。
3. 要求：① 了解确认与验证的目的；② 掌握确认与验证的作用。

任务准备

（一）任务术语

1）确认　确认是指证明厂房、设施、设备能正确运行并可达到预期结果的一系列活动。

2）验证　验证是指证明操作规程、方法、生产工艺或系统能够达到预期结果的一系列活动。

由确认和验证术语的描述可知，它们的实施对象不同，但对目标的表述却相同，都是为了证明达到预期结果。确认是已经有了明确的要求或标准，确认结果是证明对象与设计要求或标准的符合性；验证是已经有了明确的目的，验证结果是证明系统和过程的可靠性、重现性。

确认是已有设计要求和标准的规定结论，检查是否被有效执行，无须探究其正确性。验证是用试验的方法，来检验设计要求和拟定标准是否正确。验证之前，这些设想可能是正确的，也有可能是错误的，需要通过实践即验证来检验设想是否成立。确认与验证两者对比见表 14-1。

表 14-1　确认与验证对比

项目	确认	验证
方式	证明设计要求或标准的符合性	证明设计要求或标准的可靠性和重现性
对象	人员、厂房设施、设备、产品、检验仪器等结果	规程、方法、生产工艺、系统等过程
侧重点	结果	过程
项目	设计、安装、校准、运行、性能、试车	空白物料或模拟产品试产、连续三批试产
参与者	内部、第二方、第三方	内部、第二方、第三方

（二）确认与验证的目的

确认与验证的目的都是以真实证据证明人员、硬件、软件达到 GMP 要求和相关标准，即提供以下书面证据：

（1）企业生产和质量岗位人员，特别是关键人员的资质、能力和经验符合 GMP 规范；

（2）厂房、设施、设备、工艺、检验方法设计符合预定用途和 GMP 规范；

（3）厂房、设施和设备的建造、安装、运行符合用户需求和设计标准；

（4）厂房、设施、设备在正确的操作方法、工艺条件下及最差条件下能够持续符合标准；

（5）物料选择、采购、储运及供应商符合 GMP 规范和标准；

（6）工艺、检验方法、清洁方法经过确认或验证符合 GMP 规范和标准；

（7）计算机系统及计算机化系统性能可靠并符合 GMP 规范和标准；

（8）纠正和预防偏差、关键因素变更符合 GMP 规范，并经风险评估；

(9) 能够按设计的工艺参数持续生产出符合预定用途和注册要求的产品。

（三）确认与验证的作用

药品生产企业实施确认与验证，具有以下作用：

(1) 确保操作规程文件中有控制整个过程的运行标准，包括产品关键质量属性、常规生产及工艺控制中的关键工艺参数范围的工作指引和依据；

(2) 确保厂房设施、系统、设备、计算机系统、物料、生产过程处于受控状态并持续保持最佳状态；

(3) 确保厂房设施、系统、设备、计算机系统、工艺、物料、规程、生产过程、检验方法、清洁方法等新项目和改造项目变更后的可靠性；

(4) 确保有关操作的关键要素能够得到有效控制；

(5) 确保为相应的偏差纠正措施和预防措施提供依据；

(6) 确保消除隐患，降低质量风险。

《药品生产质量管理规范》(2010 年修订)　［节选］

第七章　确认与验证

第一百三十八条　企业应当确定需要进行的确认或验证工作，以证明有关操作的关键要素能够得到有效控制。确认或验证的范围和程度应当经过风险评估来确定。

第一百三十九条　企业的厂房、设施、设备和检验仪器应当经过确认，应当采用经过验证的生产工艺、操作规程和检验方法进行生产、操作和检验，并保持持续的验证状态。

第一百四十条　应当建立确认与验证的文件和记录，并能以文件和记录证明达到以下预定的目标：

（一）设计确认应当证明厂房、设施、设备的设计符合预定用途和本规范要求；

（二）安装确认应当证明厂房、设施、设备的建造和安装符合设计标准；

（三）运行确认应当证明厂房、设施、设备的运行符合设计标准；

（四）性能确认应当证明厂房、设施、设备在正常操作方法和工艺条件下能够持续符合标准；

（五）工艺验证应当证明一个生产工艺按照规定的工艺参数能够持续生产出符合预定用途和注册要求的产品。

第一百四十一条　采用新的生产处方或生产工艺前，应当验证其常规生产的适用性。生产工艺在使用规定的原辅料和设备条件下，应当能够始终生产出符合预定用途和注册要求的产品。

第一百四十二条　当影响产品质量的主要因素，如原辅料、与药品直接接触的包装材料、生产设备、生产环境（或厂房）、生产工艺、检验方法等发生变更时，应当进行确认或验证。必要时，还应当经药品监督管理部门批准。

第一百四十三条　清洁方法应当经过验证，证实其清洁的效果，以有效防止污染和交叉污染。清洁验证应当综合考虑设备使用情况、所使用的清洁剂和消毒剂、取样方法和位置以及相应的取样回收率、残留物的性质和限度、残留物检验方法的灵敏度等因素。

第一百四十四条　确认和验证不是一次性的行为。首次确认或验证后，应当根据产品质量回顾分析情况进行再确认或再验证。关键的生产工艺和操作规程应当定期进行再验证，确保其能够达到预期结果。

第一百四十五条　企业应当制定验证总计划，以文件形式说明确认与验证工作的关键信息。

第一百四十六条　验证总计划或其他相关文件中应当作出规定，确保厂房、设施、设备、检验仪器、生产工艺、操作规程和检验方法等能够保持持续稳定。

第一百四十七条　应当根据确认或验证的对象制定确认或验证方案，并经审核、批准。确认或验证方案应当明确职责。

第一百四十八条　确认或验证应当按照预先确定和批准的方案实施，并有记录。确认或验证工作完成后，应当写出报告，并经审核、批准。确认或验证的结果和结论（包括评价和建议）应当有记录并存档。

第一百四十九条　应当根据验证的结果确认工艺规程和操作规程。

任务实施

（一）问题讨论

请以组为单位，就以下问题进行分析讨论：

问题1：以手机为例，某款手机说明书上指出，手机电池待机时间为72 h。

如何证明此款手机电池待机时间为 72 h?

问题 2：以冰箱为例，某款冰箱说明书上指出，冰箱空载时，其冷冻室在 1 h 之内就可以达到 -10 ℃；冰箱冷冻室满载时在 2 h 之内就可以达到 -10 ℃。如何证明此款冰箱能够达到说明书的要求?

（二）总结与引用

教师对学生回答进行总结，以日常生活中存在的验证为例，把验证概念引申到制药行业中。

（三）案例分析

请根据以下药品生产安全事故案例谈一谈“验证”的意义。

【案例】药品公共安全事件典型案例——“欣弗事件”

● 事件发生：2006 年 7 月 22 日，青海省食品药品监督管理局开始收到使用安徽华源克林霉素磷酸酯葡萄糖注射液（商品名“欣弗”）的不良反应报告。7 月 28 日，国家食品药品监督管理总局 ADR 中心获知事件情况。

7 月 29 日，国家食品药品监督管理总局 ADR 中心专家参加青海省专家的讨论会。专家一致认为：该严重不良反应事件与安徽华源克林霉素磷酸酯葡萄糖注射液存在较为明确的关联关系。随后数日，又陆续有其他地区发生类似事件。

8 月 4 日，国家食品药品监督管理总局在全国采取紧急措施，全国范围内停用安徽华源克林霉素磷酸酯葡萄糖注射液（商品名“欣弗”）。

● 案例真相：8 月 15 日，国家食品药品监督管理总局通报调查结果，安徽华源违反规定生产克林霉素磷酸酯葡萄糖注射液，未按批准的工艺参数灭菌，是导致这起不良事件的主要原因。

● 事件后果：截至 2006 年 8 月 19 日，“欣弗”已导致 11 人死亡，上百人病危。

任务强化

每组利用网络资源搜集与验证有关的药品安全事故案例资料，然后制作 PPT 进行分组展示。PPT 展示时，主要分析此药品安全事故发生的原因和解决对策，其他各组进行点评。

任务二 确认与验证的管理

任务目标

知识目标：了解确认与验证组织；掌握确认与验证的职责；掌握确认与验证的工作流程。

技能目标：能够正确制定确认与验证的工作流程。

素质目标：培养学生科学严谨的学习态度，提高分析问题的能力和团队协作能力。

任务卡

任务名称	确认与验证的管理	学号		姓名	
关键点	一、确认与验证的职责 二、确认与验证的工作流程				
开始时间			完成时间		
执行人			审核人		

任务情景

1. 场地：多媒体实训室。
2. 材料：GMP 各类文件资料、课程教材、GMP 法规等。
3. 要求：① 理解确认与验证的职责；② 掌握确认与验证的工作流程。

任务准备

（一）确认与验证组织

药品生产企业中，确认与验证是一个经常性工作，需投入资金、时间和人力资源，并进行协调、管理。企业根据不同确认与验证对象，分别组建由相关部门人员参加的项目验证小组，明确各个验证小组成员的责任，由主管验证工作的企业负责人担任验证组织负责人。目前国内外已有一些咨询机构，专门提供企业验证服务，但企业日常确认与验证管理工作主要还是依靠企业内部组织完成。

（二）确认与验证组织的职责

药品生产企业确认与验证组织的主要职责包括：① 负责建立项目确认与验证小组，指导和检查确认与验证工作；② 制定和修订有关确认与验证的操作规程；③ 负责确认与验证所需的培训；④ 审批确认与验证计划、方案及其变更；⑤ 指导和监督确认与验证项目的实施；⑥ 指导确认与验证文件的编制和管理；⑦ 审批确认与验证过程的每个阶段具体方案和报告；⑧ 负责确认与验证文件的审批和管理。

（三）确认与验证组织的工作流程

1. 制订确认与验证总计划

由企业确认与验证小组按 GMP 规程，针对企业的厂房设施、系统、设备、生产过程、活动等制订确认与验证总计划，提交企业确认与验证负责人批准。

2. 确定确认与验证项目

确认与验证项目由企业确认与验证组织或生产技术、质量管理、工程部门、车间等各有关部门提出，提交企业确认与验证组织审核，企业确认与验证负责人批准确定。

3. 实施确认与验证

1）确认与验证方案的制订　确认与验证方法由验证项目小组专业人员起草，确认与验证方案经确认与验证小组审核通过，并交由企业确认与验证负责人批准。

2）确认与验证的实施　确认与验证方案批准后，由确认与验证项目小组组织实施。验证小组负责主持试验，收集、整理数据，分析并经风险评估，起草阶段性和最终结论文件，交由企业确认与验证负责人审批。

3）确认与验证结果的审核评价　对厂房、设施、设备、物料、产品、工艺、方法、系统等确认或验证后，对所有数据分析后得出确认或验证结果和评价，上报企业确认与验证负责人审批。在确认与验证实验完成后，只要结果符合要求，企业确认与验证负责人审核批准已确认或验证的产品投入生产，生产活动照常进行。如发现结果出现异常，则应暂停生产，调查原因，再次验证，并对产品做额外的检验和持续稳定性考察。

4）确认与验证报告的审批　确认与验证小组成员按各自分工，分别编制相关项目的确认或验证报告，确认与验证小组汇总经分析评估后，再由组长编制确认或验证报告，报企业验证负责人批准。

任务实施

（一）发布“确认与验证”任务

教师发布“确认与验证”任务，学生分组，按照 GMP 教学工厂车间和岗位设置，制订相应的确认和验证计划书。

（二）实施“确认与验证”

学生分组分岗位完成对应的“确认与验证”任务内容，并进行总结汇报。

（三）教师总结

学生互评，教师点评结果。

任务强化

1. 确认与验证组织的职责是什么？
2. 简述确认与验证组织的工作流程。

任务三 确认与验证的分类

任务目标

知识目标：了解确认与验证的分类；了解持续工艺的确认；掌握首次验证的范围和内容；掌握变更验证、同步验证和再确认与再验证。

技能目标：能够正确进行首次验证、变更验证、同步验证和再确认与再验证。

素质目标：培养学生科学严谨的学习态度，提高分析问题的能力和团队协作能力。

任务卡

<table>
<tr><td>任务名称</td><td>确认与验证的分类</td><td>学号</td><td></td><td>姓名</td><td></td></tr>
<tr><td>关键点</td><td colspan="5">一、首次验证的范围和内容
二、区分变更验证、同步验证、再确认与再验证</td></tr>
<tr><td colspan="2">开始时间</td><td colspan="2"></td><td>完成时间</td><td></td></tr>
<tr><td colspan="2">执行人</td><td colspan="2"></td><td>审核人</td><td></td></tr>
</table>

任务情景

1. 场地：多媒体实训室。

2. 材料：GMP 各类文件资料、课程教材、GMP 法规等。

3. 要求：① 识读首次验证的范围和内容；② 正确区分变更验证、同步验证、再确认与再验证。

任务准备

确认按实验阶段的不同，可分为设计确认（design qualification，DQ）、安装确认（installation qualification，IQ）、运行确认（operational qualification，OQ）和性能确认（performance qualification，PQ）。

验证按实施阶段的不同，可分为首次验证、持续工艺确认、变更验证、同步验证、再确认与再验证。

（一）首次验证

导入案例

2007 年 7 月 6 日，全国多个地区收到药物不良反应报告，部分医院白血病患者在使用上海医院（集团）有限公司上海联华制药厂生产的部分批号的鞘内注射用甲氨蝶呤和阿糖胞苷后，出现行走困难等神经损害症状，有些出现下肢疼痛、麻木，继而萎缩，甚至瘫痪。调查结果表明，该药厂有关岗位人员将硫酸长春新碱尾液混入包括上述药品的多个批次、多个品种，造成混药污染的重大生产质量事故。

讨论：为何会发生此类事故？

首次验证是指厂房、设施、物料、工艺、检验和计算机系统等项目投入运行试验前，或已投入运行但采用新的生产处方或生产工艺时进行并达到预期结果的验证。

首次验证包括设计确认、安装确认、运行确认、性能确认、系统与方法验证、工艺验证、运输确认与验证、检验确认与验证、清洁验证、计算机系统验证。

企业对验证的全过程负责，但实施验证过程中，验证的具体工作却并非完全由企业人员承担。首次验证流程如图 14-1 所示。

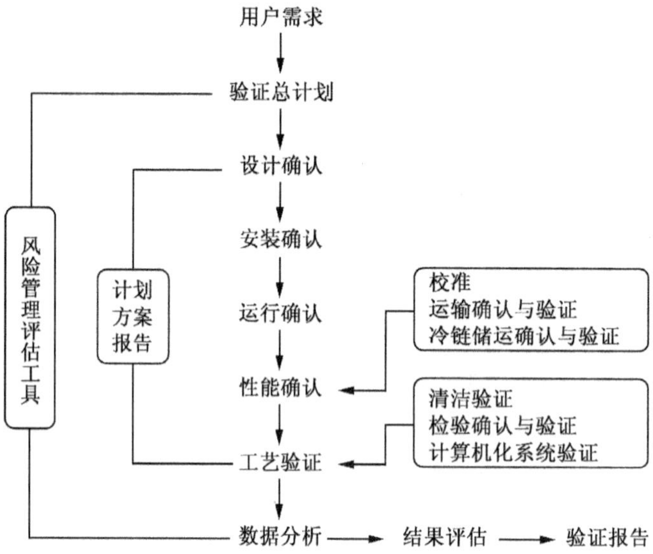

图 14-1　首次验证流程

1. 设计确认

设计确认是确认设施、系统和设备的设计方案符合期望目标所做的查证及文件记录。

设计确认旨在审查设计的合理性，即所选用制药设备或系统的性能及配置的技术参数是否符合使用方的产品、生产工艺、维修保养、清洗和消毒等方面的要求，是否符合 GMP 要求和制药设备产品标准。

设计确认工作由科研机构、设计单位、咨询机构专家承担。本企业主管生产技术负责人和专业技术人员参加，对设计进行审查和确认。

设计确认内容主要包括：① 选型、性能参数范围；② 按用户需求标准对主要性能指标进行确认，如生产力、产品规格、主要技术参数、噪声；③ 主要工艺功能；④ 可清洗和消毒（灭菌）性；⑤ 关键部分材质；⑥ 电器系统和控制功能；⑦ 与设备及相关公用设施的接口关系；⑧ 结构外观。

2. 安装确认

安装确认是确认安装或改造后的设施、系统和设备符合已批准的设计及制造商建议所做的各种查证及文件记录。

安装确认旨在验证制药设施、系统和设备安装符合随机安装手册提供的技术要求，且其外形特征和规格、电气性和设备性能都将被验证。

安装确认的内容主要包括以下几点：

1）检查文件

（1）基本文件资料，包括装箱单、产品合格证书、使用说明书、主要配套件合格证书和说明书、主要零件清单等。

（2）安装、维护所需要技术资料，包括搬运示意图、安装及基础图、电气原理及接线图、润滑位置图表、备件明细表、易损件目录等。

（3）检查报告，包括药物接触零件部件和密封件的材质证明书、主要零件材质证明书、润滑油证明书、主要配套件合格证书、压力容器质量报告、压力容器设计和制造资格证复印件等。

（4）仪器、仪表配置的合格证明文件，包括仪器、仪表清单及合格证书，安装位置，编号，生产厂家，校验，校准周期。

（5）相关公用介质，包括工艺气体、工艺用水、蒸汽、冷媒等验收合格文件。

（6）操作规程，包括设备操作规程、清洗规程、维护检修规程等。

（7）设备竣工图。

2）检查安装设备

（1）安装地点的环境符合制药设备使用要求。

（2）安装位置和空间满足设备操作、清洗和维修的需求。

（3）按制药设备清单、管道和仪表流程图检查安装情况。

（4）工艺管道满足工艺的需求，如需保温应满足保温要求。

（5）电气控制系统。

（6）主要机械零件和结构完整性。

（7）GMP 规范符合性。

安装确认的实施应得出结论。

3. 运行确认

运行确认是确认已安装或改造后的设施、系统和设备能在预期的范围内正常运行而做的试验、查证及文件记录。

运行确认旨在通过对制药设备各功能的测试、空载和负载的运行，确认制药设备运行、操作和控制性能符合相应生产工艺条件和生产力的要求。

运行确认内容主要包括：① 工作条件确认；② 功能确认；③ 空载、负载运转确认；④ 控制程序确认；⑤ 安全性能确认；⑥ 各项技术指标确认；⑦ 负载运行可靠性试验。

4. 性能确认

性能确认是确认已安装连接的设施、系统和设备能够根据批准的生产工艺和产品的技术要求有效稳定及重现性好地运行所做的试验、查证及文件记录。

性能确认旨在证明制药设备运行可达到预定用途，通过观察、记录、取样检测等手段，采集及分析数据，考察制药设备运行的可靠性、主要参数的稳定性和结果的重现性。

性能确认一般要求在安装确认和运行确认合格后进行，用替代物或实际生产原材料按设定的程序进行系统性运行，必要时进行挑战性试验。

性能确认的主要内容包括：① 在负载运行条件下，对药品生产要求的适应性；② 生产能力；③ 药品生产质量相关指标；④ 运行结果的重现性；⑤ 控制精准度、准确性；⑥ 安全性能；⑦ 负载运行的可靠性；⑧ 其他所需的调整性试验。

性能确认的实施应得出结论。

5. 系统与方法验证

系统与方法验证的内容主要包括：① 计量器具检定和校准；② 性能测试；③ 制药操作规程及培训；④ 执行标准和规范；⑤ 所用仪器；⑥ 试验内容、要求、合格标准、试验方法、试验结果及分析等。

系统与方法验证的实施应得出结论。

6. 工艺验证

工艺验证是证明工艺在设定参数范围内能有效稳定地运行并生产出符合预定质量标准和质量特性药品的验证活动。

工艺验证分以下三个阶段：① 工艺设计阶段，在该阶段，基于从开发和工艺放大过程中得到的经验确定商业化生产工艺；② 工艺评价阶段，在该阶段，对已经设计的工艺进行确认，证明其能够进行重复性的商业化生产；③ 持续工艺确证阶段，此阶段工艺的可控性在日常生产中得到持续的验证。

工艺验证内容主要包括：① 工艺过程的设计，包括批量等；② 关键质量属性的设计及可接受限度；③ 关键工艺参数的设计及设定参数范围；④ 应当进行验证的其他质量属性和工艺参数的设计；⑤ 确认使用的主要的设备、设施清单及校准状态；⑥ 产品放行的质量标准；⑦ 使用的检验方法并列出清单；⑧ 中间控制参数及其范围；⑨ 拟进行的包括最差条件挑战试验等额外试验及其测试项目的可接受标准和已验证的用于测试的分析方法；⑩ 取样方法及计划；⑪ 记录和评估结果的方法，包括偏差处理。

关键质量属性是指物理、化学、生物学或微生物学方面的性质，应当有适当限度、范围或分布，保证预期的产品质量。

最差条件是指在标准操作规程范围内或超出范围，由工艺参数的上、下限和相关因素组成的一个或一系列条件。与理想条件相比，最差条件下产品或生产工艺失败的概率最大，但不一定导致产品或生产工艺的失败。

7. 运输确认与验证

1）运输方式的确认与验证　运输方式确认与验证的主要内容包括：

（1）法规、批准文件、标准及客户需求的符合性确认：有特殊运输要求的物料和产品，其运输条件应当符合相应的批准文件、质量标准中的规定，以及企业或供应商的要求，须经确认或验证。

（2）运输影响因素的敏感度确认或验证试验：运输确认应当对运输涉及的影响因素进行挑战性测试，应当明确规定运输途径，包括运输方式和路径，长途运输还应当考虑季节变化的因素。

（3）其他不可预见影响因素的评估和监控：除温度外，还应当考虑和评估运输过程中的其他相关因素对产品的影响，如湿度、振动、操作、运输延误、数据记录器故障、液氮冷冻储存方式、产品对环境因素的敏感性等。在产品运输过程中可能会遇到各种不可预计的情况，运输确认应当对关键环境条件进行连续监控。

2）冷链运输方式的确认与验证　对于有冷藏、冷冻要求的物料和产品运输，依据《药品冷链物流运作规范》（GB/T 28842—2012）要求，应对冷藏和冷冻的运输条件、运输过程、冷藏车及其温度控制和监控进行确认或验证。冷链运输确认与验证的主要内容如下：

（1）冷链运输用户需求的确认：冷链储运应满足用户的冷藏需求。

（2）冷链运输温度监控及温度数据可追溯性确认：冷链运输应提供温度监控记录，确保运输过程中温度可追溯，并予以确认。

（3）冷链运输温度异常应急预案确认或验证：冷链运输应制订温度要求的异常应急预案，并经确认或验证。

（4）冷链运输受托方质量保证体系的确认：应查验受托方的冷链条件，签订合同时应明确温度要求。

3）冷链运输工具的确认与验证　冷链运输工具确认与验证的主要内容如下：

（1）冷链运输工具满足客户需求的确认：运输方式应确保温度符合要求，应根据情况选择运输工具，并经确认或验证。

（2）冷链运输保温箱保温性能的确认与验证：冷藏箱或保温箱应验证其材质、配置方式及环境温度的保温性能。

（3）冷链运输车辆技术参数的确认与温度分布的验证：冷藏车应符合规定和要求，实施实时温度监测，应对空载的温度分布、配送在途及满载时的温度分布进行验证，以明确装车要求、货品摆放位置及注意事项。

（4）冷藏运输设施温度的校准：冷藏药品的运输设施、设备应有专人定期校准、检查、清洁、管理和维护。

（5）冷链运输发运前查验的确认：应制定冷藏发运流程，运输人员出行前应进行检查，确保所有过程都正常并符合温度要求。

（6）冷链运输冷藏箱标识的确认：采用冷藏箱或保温箱运输时应注明储存条件、启运时间、保温时限、特殊注意事项或运输警示，并经确认。

(7) 冷链运输时限的确认：冷链运输时，要在规定时限内送达，期间不得开启冷藏箱。

(8) 冷链运输中温度监控的确认或验证：在冷链运输中应密切查看温度记录显示仪。

(9) 冷链运输中温度记录数据完整性、一致性的确认或验证：运输途中应对温度实时监测，数据应可导出或上传且不可更改，并经确认或验证。温度记录应当随药品移交收货方。

(10) 冷藏运输温度监控方式及自动报警、记录的确认：可采用温度记录仪、温度电子标签、温湿度监控仪等温度记录设备或温度检测材料，做好温度监测和超标报警情况的记录。

8. 检验确认与验证

检验方法确认与验证项目的主要内容包括：① 鉴别；② 杂质鉴定；③ 含量测定及溶出量测定；④ 校正因子。

检验项目确认与验证质量指标的主要内容包括：① 系统适用性，仪器检验还包括理论板数、分离度、灵敏度、拖尾因子；② 准确度；③ 精密度包括重复性、中间精密度和重现性；④ 专属性；⑤ 检测限；⑥ 定量限；⑦ 线性；⑧ 范围和耐用性。

9. 清洁验证

清洁验证是有文件和记录证明所批准的清洁规程能有效清洁设备，使之符合药品生产的要求。

清洁验证主要内容包括：① 设备使用及被清除物质的情况；② 所使用的清洁剂和消毒剂的性质；③ 取样方法和位置；④ 取样回收率；⑤ 活性物质残留、清洁剂和微生物污染的限度标准；⑥ 残留物检验方法的灵敏度；⑦ 使用清洁剂、去除方法及残留量的限定；⑧ 设备清洁效果的持续确认；⑨ 基于法定标准、毒理试验数据或毒理学文献资料评估的活性物质残留限度标准；⑩ 细菌内毒素污染评价。

10. 计算机系统验证

计算机系统及计算机化系统的验证范围与程度应当基于科学的风险评估，应当充分考虑计算机化系统的使用范围和用途，应当涵盖药品生产质量管理全过程，计算机化系统代替人工操作时，还应当考虑患者安全、真实性、数据完整性、一致性、审计可追踪性和产品质量，应当在计算机化系统生命周期中保持其验证状态。

计算机系统确认与验证的主要内容如下：

1) 人员资质、培训确认　配备适当的专业人员，并对计算机化系统人员进行培训和指导，这需要各相关职能部门的管理人员、技术人员紧密合作。明确所有使用和管理计算机系统及计算机化系统人员的职责和权限，让他们接受相应的使用和管理培训。

2）系统供应商管理操作规程的确认 应制定系统供应商管理的操作规程，供应商提供产品或服务时，应当与其签订正式协议，明确双方责任。根据风险评估的结果提供供应商质量体系及与审计相关的文件，对计算机系统及计算机化系统所采用的软件进行分级管理，应当指定专人对通用的商业化计算机软件进行审核，确认满足用户需求。

3）计算机系统及计算机化系统安装位置的确认 系统应当安装在适当的位置，以防止外来因素干扰。系统的关键部分应当有详细阐述的文件，并须及时更新。

4）计算机系统、计算机化系统清单的确认 应当建立药品生产质量管理过程中涉及的所有计算机系统、计算机化系统清单，标明与药品生产质量管理相关的功能。清单应当及时更新。

5）软件验证 软件是计算机化系统的重要组成部分，应当建立对计算机系统及计算机化系统验证的操作规程，规程应涵盖基础设施软件、不可配置软件、可配置软件、定制应用软件的验证。确保在生命周期内评估系统的质量和性能。

6）首次验证 在计算机化系统使用之前，应对系统进行全面测试，验证并确认系统可以获得预期的结果。当计算机化系统替代某一人工系统时，可采用两个系统，即人工和计算机化平行运行的方式作为测试和验证内容的一部分。

7）访问与使用权限的验证与确认 进入和使用系统应制定授权、取消及授权变更的操作规程，只有经许可的人员才能进入和使用。未经许可应有拒绝的措施，必要时，应当考虑系统能记录未经许可的人员试图访问系统的行为。对于系统自身缺陷，无法实现人员控制的，必须具有书面程序、相关记录本及相关物理隔离手段，确保经许可的人员方能操作。各类人员身份与使用权限确认可采用用户名与密码或生物识别。

8）人工输入数据的准确性确认与验证 采用人工输入关键数据的，应复核输入数据确保其准确性。可由另一人完成复核，或采用经验证的电子方式复核，确保数据输入的准确性和电子数据处理过程的正确性。系统应当记录输入或确认关键数据的人员的身份。只有经授权的人员，方可修改已输入的数据。每次修改已输入的关键数据均应当经过批准，并应当记录更改数据的理由。应当根据风险评估的结果，在计算机化系统中建立电子数据审计跟踪系统，用于电子记录数据的输入和修改，以及系统的使用和变更。

对于电子数据和纸质打印文稿同时存在的情况，应有文件明确规定以电子数据为主数据还是以纸质打印文稿为主数据。

9）数据完整性、一致性、可追踪性的确认与验证　电子数据转换格式或迁移时，应当确认数值及含义没有改变，采用经验证的方式迁移电子数据。

10）计算机化系统变更的验证　系统变更应根据预定的操作规程进行，应包括评估、验证、审核、批准和实施变更等过程，变更情况应有记录。

11）计算机系统故障损坏应急的验证　应制定系统出现故障或损坏时如何处理的操作规程，应急方案启用的及时性应当与需要使用该方案的紧急程度相关。必要时对该操作规程的相关内容进行验证，以便系统出现损坏时启用。

12）物料与产品放行的确认　采用计算机化系统放行物料和产品时，计算机化系统应当能明示和记录放行物料和产品的人员身份。

13）电子数据合规性的确认　电子数据可以采用电子签名的方式，电子签名应当遵循相应法律、法规的要求。签名必须是独特的，应能追溯到个人。错误输入用户名或密码能够被系统拒绝，签名与所签的电子记录必须永久连接，不可被系统标准功能所消除或重签。

14）数据备份的确认与验证　备份的电子数据应当储存在另一个单独的、安全的地点，保存时间应当至少满足GMP中关于文件、记录保存时限的要求。

（二）持续工艺确认

持续工艺确认是指在产品生命周期中，应当进行的对商业化生产的产品质量进行监控和趋势分析，以确保工艺和产品质量始终处于受控制状态的确认。

在产品生命周期中，对工艺的理解和工艺确认应当按照批准的文件进行，并根据结果形成相应的报告。必要时，应当使用统计工具进行数据分析，以确认工艺处于受控状态。持续工艺确认的结果可以用来支持产品质量回顾分析，确认工艺验证处于受控制状态。当趋势出现渐进性变化时，应当进行评估并采取相应的措施。

在持续工艺确认中，生产工艺保持验证受控状态的主要措施包括：① 设备设施的预防性维护保修；② 计量仪器、仪表的定期校准；③ 变更控制；④ 包括物料采购、生产管理、质量控制的生产过程控制；⑤ 产品年度回顾分析；⑥ 再确认与再验证管理。

（三）变更验证

变更是指注册申报或已获批准证明文件的药品，在生产工艺、质量控制、使用条件等方面发生变化。变更验证是指影响产品质量的因素发生变化时需进行并达到预期结果的验证。

为防止随意变更导致不期望的后果发生，使变更后的生产管理与质量控制处于受控状态，须对变更进行控制，对产品特性有潜在重大影响的变更须经确认和验证，并增加额外的检验与稳定性考察，以确定变更的合理性。

药品生产变更涉及的情形包括：① 产品所用原辅料、与药品直接接触的包装材料的所有变更，尤其是来自新供应商的原辅料、与药品直接接触的包装材料；② 生产设备发生变更，特别是更换了不同设计和不同操作原理的生产设备；③ 生产环境、厂房发生变更，特别是生产过程在不同建筑物内，生产设备、人员、操作规程、环境条件、空气洁净度等均发生变化的；④ 生产工艺、关键中间控制点发生变更；⑤ 关键中间控制点及成品的检验结果出现异常；⑥ 所有重大偏差及相关的调查、所采取的整改措施和预防措施的有效性考察结果不符合要求或出现异常；⑦ 检验方法发生变更；⑧ 已批准或备案的药品注册发生变更；⑨ 稳定性考察的结果及出现的任何不良趋势；⑩ 所有因质量原因造成的退货、投诉、召回及调查结果；⑪ 相关设备和设施，如空调净化系统、水系统、压缩空气等的确认状态结果不符合要求或异常；⑫ 委托生产或检验的技术合同履行情况不符合要求或出现异常。

当药品生产企业发生如上情形的变更时，应当进行确认或验证，其中涉及物料、设备、工艺、检验方法等主要变更的，须经药品监督管理部门批准。

（四）同步验证

同步验证是指在商业化生产过程中进行的验证，验证批次产品的质量符合验证方案中所有规定的要求，但未完成该产品所有工艺和质量的评价即放行上市。

因同步验证批次产品的工艺和质量评价尚未全部完成，产品即已上市，企业应当增加对验证批次产品的监控。

同步验证的适用条件：生产及工艺条件的监控比较充分，有完善的取样计划，有经过确认或验证的检验方法，对所验证的产品或工艺已有相当的经验及把握。

（五）再确认与再验证

再确认与再验证是指对设施、设备和工艺、清洁方法应当进行定期评估，以确认它们持续保持验证状态。

关键的生产工艺和操作规程应当定期进行再验证，确保其能够达到预期效果，应当采用质量风险管理方法评估变更对产品质量、质量管理体系、文件、验证法规符合性、校准、维护和其他系统的潜在影响，必要时，进行再确认或再验证。验证状态未发生重大变化的，可采用对设施、设备和工艺等的回顾审核来满足再确认或再验证的要求。当有充分的历史数据可以利用时，可以采用这种方式进行再确认与再验证。其优点是积累的资料比较丰富，对大量历史数据的回顾分析可更好地考察工艺控制状况的全貌，因而其可靠性也更好。

当趋势出现渐进性变化时，应当进行评估并采取相应的措施。再确认与再验证应具备的必要条件包括：有符合规定数量的批次及符合要求的数据；检验方法经过验证；检验的结果可以用数值表示；可以进行统计分析；批记录符合GMP的要求；记录中有明确的工艺条件，有关的工艺变量是标准化的，并一直处于受控状态。

再确认与再验证方法适用条件包括：① 关键质量属性和关键工艺参数均已确定；② 已确立了合适的中间控制和可接受标准；③ 从未有除操作人员失误或设备故障等与设备适应性无关的因素之外的原因造成值得注意的生产事故或产品不合格；④ 现有成品的杂质情况已确定。

再确认与再验证适用于下列情形：① 灭菌工艺的有效性应定期进行再验证，每年至少一次；② 对检验方法获得的结果做趋势分析，发现系统性偏差；③ 对工艺方法进行了修订，工艺条件、生产作业有关规程发生了变更；④ 生产过程、设备、物料、活动或系统验证后经过一段时间的使用；⑤ 关键设备、仪器更新或大修；⑥ 程控设备经过一定时间的运行；⑦ 批次量数量级的变更。

如果认为变动是较小的，一般只需再确认而无须再验证，但必须有书面的评价和技术上的理由，并填写变动控制程序申请。

较小的变动情况主要有：① 产品处方中减少或取消了色素和香料；② 批量大小变化不大于10%；③ 制造场所改变发生在同一建筑物内，而生产设备、人员、操作规程、环境条件、空气洁净度等没有变化；④ 更换了相同设计和操作原理的生产设备。

验证后，任何较小的变化均应做出评价，确保不对产品、生产工艺产生影响。

对于产品、工艺带来重大影响的变化，如原料技术等级或物理特性的改变，批量大小变化大于10%但不大于100%，生产厂房变更到工厂不同的建筑物内，但生产设备、人员、操作规程、环境条件、空气洁净度等没有变化，工艺条件变化等情况，若评估后认为对这种较大的变化不必再验证，则至少要做一次再确认试验。

重大变化是指诸如产品从一处移植到另一处开发生产的变化。可能对产品及工艺产生重大影响的，如制造工艺过程有重大变化，批量大小变化超过100%，更换不同设计和操作原理的设备。

任务实施

（一）首次验证

教师发布“首次验证”任务，学生分组，按照GMP教学工厂车间和岗位设置，完成各项表格和文件的填写和记录。

（二）变更验证

教师随机更换仪器设备，学生分组分岗位完成对应的“变更验证”任务内容，完成各项表格和文件的填写和记录。

（三）学生汇报

学生将上述两个验证进行总结汇报。

（四）教师总结

学生互评，教师点评并总结。

任务强化

1. 首次验证主要包括哪些内容？
2. 如何区分变更验证、同步验证和再确认与再验证。

任务四　确认与验证文件

任务目标

知识目标：了解档案验证；掌握确认与验证文件的内容；掌握确认与验证文件的标志；掌握确认与验证文件的审批。

技能目标：能够正确进行确认与验证文件的审批。

素质目标：培养学生科学严谨的学习态度，提高分析问题的能力和团队协作能力。

任务卡

任务名称	确认与验证文件	学号		姓名	
关键点	一、确认与验证文件的内容 二、确认与验证文件的标志 三、确认与验证文件的审批				
开始时间			完成时间		
执行人			审核人		

任务情景

1. 场地：多媒体实训室。

2. 材料：GMP 各类文件资料、课程教材、GMP 法规等。

3. 要求：① 正确识读确认与验证文件的内容；② 正确进行确认与验证文件的审批。

任务准备

（一）文件内容

验证文件主要包括验证总计划、验证方案、验证原始记录和验证报告等。

1. 验证总计划

根据验证要求制订验证总计划，主要内容包括：① 确认与验证的基本原则；② 确认与验证活动的组织机构及职责；③ 待确认或验证项目的概述；④ 确认或验证方案、报告的基本要求；⑤ 总体计划和日程安排；⑥ 在确认与验证中偏差处理和变更控制的管理；⑦ 保持持续验证状态的策略，包括必要的再确认和再验证；⑧ 所引用的文件、文献等。验证总计划时间表编制方法见表 14-2。

表 14-2　验证总计划时间表

序号	任务名称	时限	2017—2018 年											
			3 月	4 月	5 月	6 月	7 月	8 月	9 月	10 月	11 月	12 月	1 月	2 月
1	项目限定工作日	12 个月	◆	◆	◆	◆	◆	◆	◆	◆	◆	◆	◆	◆
2	验证准备工作	4 周	◆											
3	制订验证设计方案	1 周	▌全体人员											
4	目标讨论、审核	1 周	▌验证小组											
5	审核验证所需标准	1 周		▌验证小组										
6	制订准备方案	5 天		◆◆◆◆										
7	审核供应商文件	2 周		█验证小组										
8	制订验证计划	3 周			█验证小组									
9	制订验证方案	2 周			▌项目小组									
10	审核验证方案	1 周			◆◆◆◆									
11	批准验证方案	3 天				◆◆◆◆								

续表

序号	任务名称	时限	2017—2018 年											
			3 月	4 月	5 月	6 月	7 月	8 月	9 月	10 月	11 月	12 月	1 月	2 月
12	培训	3 天				◆验证小组								
13	执行	40 天					◆项目小组							
14	校验仪器	2 天					◆项目小组							
15	检验方法验证	60 天						◆项目小组						
16	计算机系统验证	20 天						▌项目小组						
17	清洁验证	30 天						■项目小组						
18	纠偏及意外处理	5 天							▌验证小组					
19	重新执行标准测试	3 周							■项目小组					
20	汇总结果编制报告	1 周								▌验证小组				
21	审核验证试验结果	3 天								◆	◆			
22	准备验证报告	2 周									▌验证小组			
23	审核验证报告	3 周									■验证小组			
24	结论和建议	1 周									▌验证小组			

2. 验证方案

验证方案的起草是部署设计、试验及检查的方法过程，它是实施验证的工作依据，也是重要的技术标准。

确认与验证方案由验证小组专业人员起草，内容包括：① 验证文件的编制、审核与批准；② 验证小组人员登记表，包括人员姓名、所属部门、职务、分工；③ 验证目的；④ 确认与验证对象的基本情况；⑤ 执行标准和规范；⑥ 使用仪器登记表；⑦ 试验内容、要求、合格标准、试验方法；⑧ 试验结果分析；⑨ 偏离说明与结论。

确认与验证方案经验证小组审核通过，交由企业验证负责人批准。

工艺验证方案内容主要包括：① 工艺的简短描述，包括批量等；② 关键质量属性的概述及可接受限度；③ 关键工艺参数的概述及其范围；④ 应当进行验证的其他质量属性和工艺参数的概述；⑤ 所要使用的主要设备、设施清单及它们的校准状态；⑥ 成品放行的质量标准；⑦ 相应的检验方法清单；⑧ 中间控制参数及其范围；⑨ 拟进行的额外试验、测试项目的可接受标准，以及已验证的用于测试的分析方法；⑩ 取样方法及计划；⑪ 记录和评估结果的方法，包括偏差处理；⑫ 职能部门和职责；⑬ 建议的时间进度表。

3. 验证原始记录

验证按预先制订并批准的方案实施。验证方案包括指令及记录两大部分，即除了规定应当如何做、达到什么标准以外，还规定应当完成的记录。指令有时只有文件的编号，如清场的操作规程，内容需要从相应的规程中查阅。验证的记录应及时、清晰并有适当的说明。

4. 验证报告

某一验证活动完成后，应同时完成相应的验证报告。这同生产作业一样，每一工序生产作业完成后，就得到该工序的批生产记录。

验证报告应包括简介、系统描述、相关的验证文件，人员及职责，验证可接受标准，验证的实施情况，验证实施的结果、偏差及措施，验证的结论。

（二）文件标识

每个文件的封面、页眉应包含下列文件标识性信息：文件编号、版本号（修订版本号）、页码、文件标题、起草人、审核人和批准人的信息，如姓名、所属的部门、职务等，以及签署内容和日期。

验证文件封面应有验证文件修订记录，包括修订日期、修订版本号、修订内容、修订人签名、审核人签名。

验证文件的标识是验证资料具备可追溯性的重要特征，同其他 GMP 文件一样，每一个文件都须用专一性的编号进行标识。标识的方法与操作规程或基准批生产记录相类似。

（三）文件审批

所有的验证文件必须由相关人员审核、批准并签署姓名和日期，文件须经过质量管理部门负责人签字批准，以保证验证方法、有关试验接受标准、验证实施过程及结果符合 GMP 规范和企业内控标准的要求。

验证文件是重要的质量体系文件，它直接关系到验证活动的科学性、有效性及将来的产品质量水平。因此，必须经主管验证企业负责人认可和批准。

生产技术部或设备工程部门负责人应当通过验证熟悉并掌握保持稳定生产的关键因素，以便履行各自的职责；应提供验证所必需的资源、人员、材料、时间及服务；对验证报告和验证小结中的结果、建议及评估结论表示认可。

验证实施人员按文件要求实施验证，观察并做好验证原始记录，对实施验证的结果负责。

审核人员通常为专业技术人员，应确保文件准确可靠，并审核确认其中的内容与结论。

（四）档案验证

质量管理部门的验证主管负责验证文件的文档管理。验证完成后，有关文件的复印件应交付有关部门作为验证档案，成为历史文件的重要组成部分。

任务实施

（一）制订验证方案

教师提供验证方案模板，学生分组，按照 GMP 教学工厂车间和岗位设置，完成对应验证方案的制订。

（二）学生汇报

学生分组讨论，并总结汇报。

（三）教师总结

学生互评，教师点评并总结。

任务强化

1. 验证文件主要包括哪些内容？
2. 简述确认与验证文件审批的要求。

参考文献

[1] 黄家利. 药品 GMP 车间实训教程 [M]. 北京：中国医药科技出版社，2016.

[2] 杨永杰，段立华. 制药企业管理与 GMP 实施 [M]. 北京：化学工业出版社，2018.

[3] 段立华，李洪. 制药企业管理与 GMP 实务 [M]. 北京：化学工业出版社，2017.

[4] 何思煌，罗文华. GMP 实务教程 [M]. 北京：中国医药科技出版社，2017.

[5] 梁毅. 新版 GMP 教程 [M]. 北京：中国医药科技出版社，2011.

[6] 万春艳. 药品生产质量管理规范（GMP）2010 年版教程 [M]. 北京：化学工业出版社，2012.

[7] 国家药典委员会.《中华人民共和国药典》（2015 年版）[M]. 北京：中国医药科技出版社，2015.

[8]《药品生产质量管理规范》2010 年版.